丛书编委会

建设广东现代化
产业体系研究丛书

丛书主编　胡军

创新突围

推动传统产业转型升级

杨亚平　等 主编

SPM 南方传媒
广东经济出版社
· 广州 ·

图书在版编目（CIP）数据

创新突围：推动传统产业转型升级 / 杨亚平等主编 .
广州：广东经济出版社，2025. 8. -- （建设广东现代化
产业体系研究丛书） -- ISBN 978-7-5454-2104-0

Ⅰ. F269.276.5

中国国家版本馆 CIP 数据核字第 2025A7F268 号

策　　划：王成刚　刘健华　陈　晔
责任编辑：赵　娜　陈　晔
责任校对：李孜孜　郝云霞
责任技编：陆俊帆
封面设计：**奇文雲海 CHIVAL design**

创新突围：推动传统产业转型升级
CHUANGXIN TUWEI: TUIDONG CHUANTONG CHANYE ZHUANXING SHENGJI
出 版 人：刘卫平
出版发行：广东经济出版社（广州市水荫路 11 号 11 ～ 12 楼）
印　　刷：广州小明数码印刷有限公司
（广州市天河区高普路 83 号 B 栋 C5 号）

开　　本：730 mm×1020 mm　1/16　　**印　　张**：20.5
版　　次：2025 年 8 月第 1 版　　**印　　次**：2025 年 8 月第 1 次
书　　号：ISBN 978-7-5454-2104-0　　**字　　数**：320 千字
定　　价：78.00 元

发行电话：（020）87393830
如发现印装质量问题，请与本社联系，本社负责调换

总　序

当前，全球经济格局深度调整，科技革命加速演进，广东作为我国经济发展的前沿阵地，肩负着推动产业转型升级、提升国际竞争力的重任。现代化产业体系是现代化国家的物质技术基础，必须把经济发展的着力点放在实体经济上。只有打造自主可控、安全可靠、竞争力强的现代化产业体系，才能为中国式现代化建立行稳致远的关键支撑。习近平总书记明确要求广东"建设更具国际竞争力的现代化产业体系"，这不仅是对广东的深切期许，更是赋予广东在新时代的重大使命。

广东建设现代化产业体系，有着坚实的产业基础和迫切的现实需求。从基础来看，广东是全球重要的制造业基地，拥有全部31个制造业大类，2024年全省规模以上工业企业实现营业收入19.4万亿元，占全国总量的近1/7，电子信息、汽车、电气机械等15个行业规模位居全国第一，已形成基础雄厚、门类齐全、配套完善的工业体系。然而，随着全球产业链供应链加速重构，贸易保护主义抬头，广东产业发展面临着外部市场不确定性增加、关键核心技术"卡脖子"等严峻挑战，加快产业转型升级迫在眉睫。

产业体系是由相互联系的各个产业构成的有机整体。产业体系内横向或纵向关联越密切，就越能产生"1+1>2"的网络效应，其功能相应就越大，韧性就越强，效率就越高。现代化产业体系是指顺应当前科技革命、消费结构和国际格局变化新趋势，以科技创新为牵引，以实体经济为支撑，以现代金融为保障，以人力资源为基础，新质生产力持续替代传统生产力的产业体系。具有国际竞争力的现代化产业体系是指，与其他国家或地区相比，这个国家或地区的产业体系具有更大的功能、更高的效率和更强的韧性，更能适应科技革命、消费结构和国际格局的变化。

结合时代要求、国家战略和地方特色，广东建设更具国际竞争力的现代化产业体系需要满足四个方面的基本要求：一是顺应科技革命浪潮，以创新驱动“三化”转型。智能化、绿色化、融合化是现代化产业体系的三个基本特征。要紧扣新一轮科技革命和产业变革机遇，将创新作为核心驱动力，聚焦人工智能、大数据等前沿技术突破，以培育新质生产力为关键抓手，推动制造业、服务业等各领域向智能化升级、绿色化转型、融合化发展，通过技术迭代重塑产业形态，提升全要素生产率。二是对接全球分工重构，强化产业体系“三性”根基。完整性、先进性、安全性是现代化产业体系的三个基本要求。要适应全球产业链供应链深度重构趋势，以产业基础高级化、产业链现代化为主线，靶向攻关核心零部件、关键基础材料等“卡脖子”环节，补齐产业链短板。同时，巩固优势产业集群的完整性，提升技术和产品的先进性，增强关键领域自主可控能力，筑牢产业体系的安全屏障。三是立足双循环节点优势，服务国家现代化产业体系建设。依托广东产业体系高度国际化的独特优势，深度融入全球市场，既鼓励企业“走出去”参与全球竞争，又积极“引进来”集聚高端要素，强化作为国内大循环重要支点和国内国际双循环战略链接的功能，高效统筹利用国内国际两个市场、两种资源，提升在全球价值链中的位势。四是深化区域协同融合，构建大湾区产业创新生态系统。积极联动港澳地区，以粤港澳大湾区为核心载体，打破地域壁垒和体制限制，推动珠三角与粤东粤西粤北产业协同，促进创新资源、产业链环节、要素市场跨区域流动，构建“基础研究+技术攻关+成果转化+科技金融+人才支撑”的区域产业创新生态，通过一体化布局实现区域产业优势互补、融合发展，彰显现代化产业体系的地方协同特色。

结合地方特色，广东建设更具国际竞争力的现代化产业体系的主要特征可以概括为“三化三性两特色”。

“三化”是指智能化、绿色化、融合化。第一，智能化是广东现代化产业体系的基本趋势。要支持制造业人工智能链式改造，鼓励人工智能企业开发更多面向制造业的多任务智能体。开放先进技术和应用场景，“大手拉小手”带动中小企业发展。同时，培养“懂行业、懂制造、懂数字化”的复合型人才，提升产业生产效率与智能化水平。第二，绿色化是广东现代化产业体系的鲜明底色。要支持企业应用先进生产工艺和设备，在降碳减污中实现扩绿增长，形成政府引导、市场发力、企业主动的绿色转型新格局。第三，融合化是广东现代化产业体系的牵引力量。针对广东产业门类齐全、产业配套能力完善的特质，推动制造业与服务业融合、数字经济与实体经济融合，以龙头企业为牵引深化链条融合，鼓励一二三产业跨界融合，实现产业体系整体效能提升。

“三性”是指完整性、先进性、安全性。第一，产业体系的“完整性”是广东推进新型工业化的必然趋势。作为区域现代化产业体系，其完整性不仅是指产业门类要相对齐全，更强调重点产业内部即产业链层面的相对完整性，尤其要补齐广东关键中间品和核心部件的配套短板以及促进生产性服务业扩容提质。第二，产业体系的“先进性”是广东增强产业国际竞争力的迫切要求。要加快基础研究投入，强化原始创新能力，瞄准共性技术“爆破点”。依托广深科技创新走廊组建产学研联合体，攻关新材料、工业软件等“卡脖子”技术。同时，鼓励企业加强品牌建设，推动传统产业通过技术突破向产业链高端攀升，实现“价值跃迁”。第三，产业体系的“安全性”是广东应对全球产业链重构的现实需要。产业体系没有绝对安全，只有相对安全。要加大对关键核心技术的研发投入，减少对国外技术的依赖，通过在部分关键产品和核心技术层面建立非对称战略优势，来追求产业体系的自主可控和安全稳定。

“两特色”是指规模化、国际化。第一，规模化是广东建设现代化产业体系的厚重家底。大规模参与国际分工带来的低成本优势在一定时期内仍是广东制造的主要优势。在保持制造业比重基本稳定的基础上，以电子信息、智能装备等优势制造业为核心，推动产业集群横向扩容与纵向深耕，强化产业链上下游协同。支持龙头企业引领中小企业形成规模效应，利用产业园区集聚降低综合成本，将规模优势转化为技术迭代速度与市场议价能力的提升。第二，国际化是广东建设现代化产业体系的显著特色。要以品牌全球化为核心，推动家电、电子等优势产业从“产品出海”向“品牌出海”升级，通过海外展会、本土化营销强化品牌认知。企业要依托“一带一路”节点布局海外生产基地，结合当地资源禀赋实现研发、制造、销售本地化，同时通过参股、并购全球优质企业整合技术与渠道，逐步构建自主可控的全球价值链，提升产业链在全球分工体系中的主导权。

从现代化产业体系的建设内容来看，广东应构建“领头雁型”现代化产业体系，需以“四梁八柱”为框架，强化工业、农业、服务业与基础设施的结构性关联、融合性互动，形成以创新为内核、“主干+两翼+底座+尾翼”协同支撑的整体架构。一是要发挥科技创新作为“雁头”的引擎带动作用。通过科技创新突破引领新质生产力培育，推动科技创新与产业创新深度融合，既为传统产业升级注入“智改数转”动力，也为战略性新兴产业和未来产业开辟赛道，更通过技术溢出效应带动农业、服务业、基础设施向现代化跃迁。二是要把现代化工业作为现代化产业体系的“主干”与“两翼”。以战略性支柱产业为“主干”，巩固电子信息、汽车制造、智能家电等万亿级产业集群优势，通过技术改造推动传统产业高端化、智能化升级，筑牢产业根基；以战略性新兴产业和未来产业为“两翼”，聚焦新能源、生物医药、低空经济、量子科技等领域，加大研发投入和场景培育，形成新的增长引擎。工业内部通过“主干”为“两翼”提供产业链配套支撑，“两翼”反哺“主干”实现技术迭代，形成动态升级的工业生态。三是要通过现代化服务业筑牢“底座”实现协同赋能。以生产性服务业为核心“底座”，强化研发设计、现代物流、金融科技、工业互联网等对工业、农业的全链条服务，提升产业协同效率；生活性服务业聚焦品质升级，满足城乡居民需求，反哺消费对产业的拉动作用。服务业通过“黏合剂”作用，促进工农业要素流动、技术共享和市场联通，实现“产业服务化、服务产业化”。四是要通过现代化农业夯实基础与延伸价值。以科技赋能农业现代化，发展智慧农业、设施农业，稳定粮食和重要农产品供给，同时推动农业与加工、文旅、电商等产业融合，延伸产业链价值链。农业既为工业提供绿色原料，又通过消费需求牵引服务业升级，成为产业体系的基础支撑。五是要通过现代化基础设施强化“尾翼”支撑保障。构建“硬基建+软基建”双轮驱动的基础设施体系：硬基建聚焦新型基础设施（如5G、数据中心、智能交通）与传统基建升级，打通产业跨区域联通的物理通道；软基建侧重标准体系、要素市场、营商环境等制度建设，降低产业协同成本。基础设施作为“尾翼”，既为工农业、服务业提供空间和技术支撑，又通过互联互通放大“主干+两翼+底座”的协同效应。

当前及今后一个时期，广东将处于建设更具国际竞争力的现代化产业体系的关键时期。“建设广东现代化产业体系研究丛书”立足新时代广东聚力推动高质量发展的背景，聚焦广东现代化产业体系建设主题，融产业理论研究、政策分析与实地调研于一体。丛书运用理论分析、调研数据论证、比较研究及案例剖析等社会科学方法，系统梳理广东产业体系的产业链基础、发展现状、演化脉络与核心特征，明确其发展方向，并从中观与微观层面深入探讨七大关键产业的建设现状、市场规模、主体构成、实现条件及实施路径。同时，丛书凝练国内外产业发展经验，力求全面且有重点地呈现广东现代化产业体系建设的最新研究成果，针对“卡脖子”难题提出可行对策，为地方政府经济部门落实高质量发展目标、制定产业政策，以及企业投资决策提供实践指引。

本丛书以“广东现代化产业体系建设”为战略主线，围绕现代化产业体系的“四梁八柱”，形成现代服务业、战略性新兴产业、传统优势产业、现代农业、数字经济、产业链韧性、现代化基础设施等七大专题研究板块。各分册在内容上既各有侧重，又相互呼应，共同构建起从产业链、创新链到服务链、要素链的系统化研究框架。丛书整体架构力求理论研究与政策分析相结合、宏观战略与微观案例相统一，为广东建设更具国际竞争力的现代化产业体系提供系统化研究成果与实践指引。各分册主题和内容安排大体如下：

第一册《优质高效服务：构建现代服务业新体系》由暨南大学副校长顾乃华研究员主编。本册聚焦现代服务业的高质量发展路径，结合生产性服务业、消费性服务业与公共服务业发展实际，系统分析现代服务业对制造业转型的赋能机制与国际竞争力提升策略，提出服务型经济的结构优化和质量提升方案。

第二册《新增长极：推进战略性新兴产业融合集群发展》由暨南大学产业经济研究院院长陶锋研究员主编。本册聚焦战略性新兴产业融合集群发展，通过整体评估广东战略性新兴产业融合集群发展现状与问题，深入探究了制度创新、生态构建、韧性提升和创新环境优化等多维因素如何驱动融合集群演进，并通过对广东新能源汽车、人工智能、生物医药三大战略性新兴产业集群的深度案例剖析，为广东锻造新质生产力增长极提供实施路径与战略样本。

第三册《经济新生态：培育数字产业融合与集群发展》由暨南大学产业经济研究院副院长李杰研究员主编。本册聚焦数字技术驱动的新型产业生态，探讨电子信息制造、工业机器人、数字创意产业等数字经济核心领域的产业融合路径，提出数字赋能实体经济的政策建议与实践案例，描绘广东数字经济发展蓝图。

第四册《稳链：打造安全发展的产业链》由暨南大学产业经济研究院余壮雄研究员主编。本册聚焦产业链安全与自主可控发展战略，探讨全球产业链重构背景下广东关键领域“补链、延链、强链”策略，提出产业链韧性建设、供应链多元化布局和风险防控体系的优化路径，全面提升广东产业链体系的稳定性与运行效率。

第五册《创新突围：推动传统产业转型升级》由暨南大学经济学院杨亚平教授主编。本册围绕传统制造业的转型升级与创新突破，深入剖析在新一轮科技革命和产业变革背景下广东家电、纺织服装、食品饮料、建筑材料等重点产业面临的结构性挑战，提出数字化转型、绿色化改造、智能化提升、跨界融合等系统解决方案，推动广东传统产业迈向高端化、智能化、绿色化和融合化。

第六册《乡村振兴：加快农业现代化》由暨南大学产业经济研究院燕志雄副研究员主编。本册聚焦国家乡村振兴战略，详细剖析了全球农业发达国家的农业发展模式以及中国代表性地区的农业现代化发展概况。深入探究了技术创新、模式创新、渠道创新和产业链组织创新等因素如何推动农业现代化进程，并进一步解析了广东种业、渔业等产业案例的现代化实践，为广东农业高质量发展和乡村振兴提供可复制的经验与案例参考。

第七册《硬核力：建设现代化基础设施》由暨南大学产业经济研究院潘珊副研究员和张红副研究员主编。本册聚焦现代基础设施的硬核支撑作用，系统梳理了广东传统基础设施、信息基础设施、创新基础设施和融合基础设施的发展和趋势，提出进一步推动现代化基础设施同信息技术深度融合的发展路径，在融合创新中加快形成新质生产力，全面提升广东现代化产业体系的承载力与发展韧性。

本丛书的研究团队主要来自暨南大学产业经济研究院，同时整合学校经管学科优势力量。始有暨南，便有商科。根据2023软科世界一流学科排名，暨南大学经济学科中国内地排名并列第12；2023ESI全球排名，暨南大学经济学与商学稳居前1%。产业经济研究院是暨南大学国家重点学科“产业经济学”的所在单位，拥有华南地区最早的博士点，建有华南地区第一个应用经济学博士后流动站。学院秉承“顶天立地”的学术传统，坚持“学科交叉研究、产业精英培养、新型智库建设”三位一体，致力成为全国产业经济领域领先的学术单位和卓越智库。近年来，全职教师获批国家自然科学基金重点项目、教育部重大攻关项目、国家社会科学基金重大项目和重点项目等国家级项目，在国内外重要期刊发表了一批有影响力的研究成果。同时，学院积极对接国家重大战略，深度服务于粤港澳大湾区产业转型升级，在产业竞争力、产业发展规划、产业政策与企业发展战略等领域承担各类横向课题200多项。研究成果成为地方政府决策的重要依据，或被以政府文件形式发布。学院现已形成“科研课题、政策辅导、项目把关、干部培训”四位一体决策咨询服务体系，深度嵌入政府部门决策过程，在广东省及主要地市历次产业发展战略转换和产业转型升级中，发挥着不可或缺的政府政策辅导和决策顾问作用。

本丛书的顺利出版，离不开广东经济出版社的鼎力支持与精心组织。作为国内具有重要影响力的专业出版机构，广东经济出版社始终坚持“立足学术前沿、服务经济社会发展”的出版理念，在选题策划、内容统筹、质量把控等方面展现出卓越的专业能力与独到的战略眼光。在丛书的策划与出版过程中，出版社秉承严谨务实的学术态度与高水准的专业精神，从框架设计、内容整合、审稿论证到版式编排、封面设计等每一个细节，都给予了我们极具建设性的意见和全方位的支持。特别要感谢出版社编辑团队，他们以丰富的出版经验、深厚的专业素养和高效的工作作风，全程投入丛书的编辑加工之中。无论是在文本精修、逻辑校对，还是在版式细节、整体美学呈现方面，编辑团队都倾注了大量心血和智慧，对书稿进行了耐心、细致而精准的打磨与校订，确保了丛书的学术深度、政策价值和出版品质达到最佳状态。正是由于广东经济出版社的高度重视与倾力协作，才使得“建设广东现代化产业体系研究丛书”能够以更加完整、成熟与高质量的面貌呈现在广大读者和研究者面前。

由于研究时间和精力有限，本丛书仍难免存在不足与疏漏。我们深知，广东现代化产业体系建设是一个持续演进、动态优化的复杂过程，政策导向、技术变革与全球竞争格局的不断变化，都可能带来新的研究视角和问题挑战。因此，本丛书的成果更应被视为一次阶段性的探索与学术积累。编者期望，通过本丛书能够为相关研究与实践提供有益的参考与启发，推动更多深入的思考与探讨。恳请读者批评指正，以便我们在后续研究与修订中不断完善！

胡　军
暨南大学

preface

前言

习近平总书记在第二十届中共中央政治局第十四次集体学习时强调，“因地制宜发展新质生产力，改造提升传统产业，培育壮大新兴产业，布局建设未来产业，完善现代化产业体系”。传统产业是我国具有国际比较优势的产业，是现代化产业体系的根基，其转型升级直接关乎现代化产业体系建设全局。坚持创新驱动，推动传统产业转型升级，是建设现代化产业体系的必然要求，也是因地制宜发展新质生产力的重要内容。

作为中国第一经济大省、人口大省，广东省不仅是我国经济的顶梁柱，也是我国对外开放的前沿阵地。广东省在中国式现代化建设大局中地位重要、作用突出。广东省是我国传统产业发展的排头兵，中国传统产业要实现高质量发展，广东省责任重大。改革开放四十多年来，广东省形成了以纺织服装、食品饮料、建筑材料等行业为支柱的优势传统产业体系，产业规模、企业数量均居全国前列，对于我国提升传统产业核心竞争力、占领产业发展制高点、保持经济持续健康发展、满足人民美好生活需要具有重要意义。然而，目前广东省传统产业仍面临着行业竞争激烈、竞争优势有所弱化、创新能力不强、缺乏核心技术、品牌影响力较弱、产品同质化严重、转型动力不足、高端专业人才缺乏等困难和挑战。这些问题在我国面临逆全球化、地缘政治动荡、对华技术封锁等形势时暴露得更为充分，也使得当前传统产业体系难以有效抵御外部风险带来的冲击。

当今世界正经历百年未有之大变局，推动传统产业转型升级，是主动适应和引领新一轮科技革命和产业变革的战略选择，是提高产业链供应链韧性和安全水平的重要举措，是推进新型工业化、加快制造强国建设的必然要求，关乎现代化产业体系建设全局。面对新的战略机遇，广东省应当以推动高质量发展为主题，以深化供给侧结构性改革为主线，以改革创新为根本动力，以满足人民日益增长的美好生活需要为根本目的，同时遵循“创新驱动，重点突破”“质效优先，绿色发展”“开放合作，畅通循环”“市场主导，政府引导”等原则，努力打造传统优势产业基地、创新集聚地、开放合作先行地、发展环境高地。广东省要提升传统产业在全球产业分工中的地位和竞争力，使传统产业从依靠模仿创新和追随创新转向依靠原始创新和引领创新，从依靠市场占有率提升转向依靠标准建设和品牌化发展，从依靠技术改造升级转向依靠“智能制造+服务化发展”，从依靠组织形态调整和商业模式创新转向依靠产业生态平台发展，从依靠节能减排技术应用转向依靠绿色化综合发展。

本书面向“十四五”时期以及更长远的未来，以广东省主要传统产业为研究对象，由暨南大学经济学院组织教师和研究生团队开展研究并编写。本书特点如下：

第一，本书立足广东省乃至我国实际情况，基于创新突围视角，尝试探索推动传统产业转型升级的发展路径。首先，对传统产业及其转型升级等相关范畴进行界定，并就创新驱动传统产业转型升级的相关理论进行研究评述（第一章）。其次，对广东主要传统产业转型升级的现状、问题和发展环境（第二章）以及传统产业转型升级案例（第三章）、广东主要传统产业转型升级的发展思路和对策建议（第四章）进行总体分析。最后，选取家电、纺织服装、食品饮料和建材四个主要传统行业（第五至八章）进行行业研究。

第二，本书利用历年广东统计年鉴等数据，从三大产业产值占比、产业结构高级化水平以及产业结构合理化水平等对广东省产业结构现状进行分析，以期为广东省传统产业转型升级提供政策建议。此外，本书聚焦家电、纺织服装、食品饮料、建材四个广东主要传统行业，从两方面分别分析其转型升级过程和成效：一方面，基于多年份的广东省投入产出表测算这些传统行业与数字化核心部门的经济联系；另一方面，利用增加值率和研发投入强度指标对这些传统行业的转型升级状况进行测度。

第三，本书从区域、开发区和企业层面选取了多个国内外不同领域的传统产业转型升级案例进行案例分析，以期为广东省传统产业转型升级提供经验启示。具体而言，旧金山湾区和东京湾区通过科技创新、产业集聚、人才引进等手段成功发展为国际湾区；剑桥科技园、日本筑波科学城和首钢园通过知识产权保护、产学研合作、政府主导规划、发展都市经济等途径成功实现产业转型升级，为经济社会发展注入新动力；美的集团、苏宁集团和TCL集团通过引入新技术、开发新产品、探索新市场等创新举措，成功引领了行业的发展方向，并带动了整个产业链的升级转型。

第四，本书利用“产业链+RSCP”分析范式对家电、纺织服装、食品饮料和建材四个传统行业展开研究，这是对当前业界流行的产业分析范式的创新和拓展。目前，在新技术、新业态、新模式推动下，产业链结构日趋复杂，给传统产业组织理论中的产业分析范式带来挑战。以哈佛学派的SCP范式为基础，结合广东省乃至我国实际情况，本书提出了“产业链+RSCP”分析范式，其中，R表示政府规制或产业政策。先是解析传统产业的产业链结构，包括上中下游环节的纵向市场和同一环节的横向市场，接着分别讨论市场结构（S）、市场行为（C）、市场绩效（P）及其相互之间的联系，最后探究政府规制或产业政策对产业链各环节带来的深层影响。这一分析范式有助于读者在全球科技革命快速演进和我国经济转型背景下，更清晰、深入地认识和把握传统产业发展的结构特征与动态趋势。在“产业链+RSCP”研究的基础上，本书对广东省家电、纺织服装、食品饮料和建材行业的现状、存在的问题进行分析，最后提出对策建议。

立足广东省传统产业发展基础及未来发展趋势，坚持稳中求进工作总基调，加快形成新质生产力，推动传统产业转型升级，打造广东传统产业竞争新优势，是广东省引领中国传统产业实现高质量发展的重要使命。编者期待此书能够为读者提供有价值的参考，并引发读者深层次的思考。本书由暨南大学经济学院杨亚平教授设定编写框架，并进行统稿与定稿。各章具体编写分工如下：第一、三章由王东编写，第二、四章由刘歆编写，第五章由高孟军编写，第六章由刘心语编写，第七章由余梦玲编写，第八章由贾双编写。在撰写书稿的过程中，编者参考了产业经济学领域众多专家和学者的研究成果，在此致以诚挚的谢意。本书的出版尤其得益于广东经济出版社编辑们严谨的校对、编辑与审核工作。编者期望本书能够吸引更多专家学者就传统产业转型升级和创新发展展开更为深入的交流与探讨，也恳请相关专家学者及各界人士在百忙之中予以批评指正！

编　者

2025年6月

contents

目录

第一章
传统产业转型升级的概念界定及相关理论回顾[①]

推动传统产业转型升级，对于培育和发展新质生产力、建设现代化经济体系、保障我国产业安全和国家安全具有重要意义。创新是引领发展的第一动力，以创新引领传统产业转型升级，是我国新时期发展的必然选择。

本章对传统产业及其转型升级、创新的相关范畴进行界定，介绍创新与传统产业转型升级的相关理论，探讨创新驱动传统产业转型升级的方向，分析创新驱动传统产业转型升级的作用机制和实现路径，剖析推动传统产业转型升级和培育新兴产业的关系，从而为后续章节奠定理论基础。

第一节　传统产业及其转型升级的相关范畴

一、传统产业及其转型升级的概念

产业是社会分工的产物，随着社会分工的产生而产生，并随着社会分工的发展而发展。产业是一个应用广泛的经济学概念，该词从近代到现代，内涵和外延经历了深刻演变。在重农学派鼎盛时期，产业主要指农业及其生产活动。在工业革命后，产业则主要用于指代工业生产。如今，但凡有效运用资金与劳力从事生产经济物品的业态均可以纳入“产业”的范畴。

传统产业是相对于新兴产业和未来产业的一个概念，各界对传统产业概念的界定存在一定差异，尚未形成统一定义。编者认为，传统产业是指在

① 本章执笔人为暨南大学经济学院王东、杨亚平。

世界各国经济发展过程中较早兴起、历史上曾经高速增长但如今发展速度趋缓、对经济增长的贡献率在逐步下降、使用的技术相对成熟、研究投入占比较低、资源综合利用水平低的产业。在我国，传统产业的内容主要涵盖了国家统计局所制定的国民经济行业分类中的煤炭开采和洗选业，农副食品加工业，酒、饮料和精制茶制造业，家具制造业，电力、热力生产和供应业，土木工程建筑业和铁路运输业等。

关于传统产业转型升级，不同学者对其概念界定存在差异。有学者认为，所谓传统产业转型升级，是中国工业化内在逻辑的现实演绎，本质是传统产业所具有的创新性和革命性的自发彰显，在此过程中，一方面要发挥市场在资源配置中的决定性作用，另一方面要“安排”和“塑造”有利于传统产业转型升级的制度和政策。

从字面组成上看，传统产业转型升级包含了传统产业转型和传统产业升级两个方面。传统产业升级指初级阶段的产业由低层次、低附加值向高层次、高附加值演变的过程，目的是提高生产效率和实现产品升级。传统产业转型则指以技术进步为根本特征的经济活动方式的转变过程。具体而言，在发展动力上是从资源拉动到资本拉动再到创新拉动的转变过程；在要素密集层面是从劳动密集型向资本密集型、技术密集型再到智能密集型转换的过程；在与环境关系上是从破坏环境、耗竭资源向环境共生、资源再生转变的过程。

因此，传统产业转型升级是综合的概念，可以看作是传统产业技术与体系的进步过程，既包括技术层面的进步，也包括产业体系层面的变革。传统产业转型升级包含以下几方面的内容：一是宏观层面上的产业结构升级，从低附加值、低技术含量、高能耗、高污染的传统产业向高附加值、高技术含量、低能耗、低污染的现代产业转变；二是技术层面的产品结构升级，增加产品的品种，提高产品的技术含量和质量，以及开发具有自主知识产权的核心技术和产品；三是价值链层面的附加值升级，企业向价值链两端——品牌运营、市场开拓、开发设计、研发创新等高附加值环节延伸。

二、传统产业的分类

（一）按行业分类

传统产业如果按行业分类，可以分为制造业，采矿业，交通运输、仓储和邮政业，批发和零售业，农、林、牧、渔业等（见图1-1）。

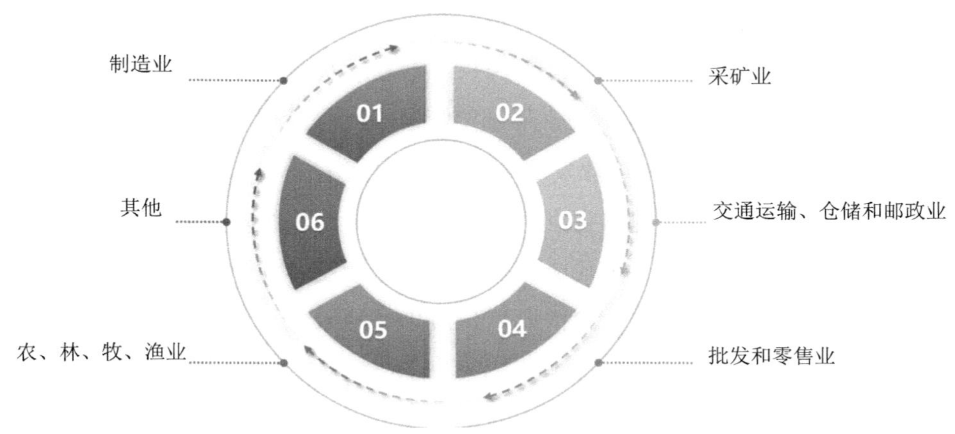

图1-1　传统产业按行业分类

（1）制造业。制造业是国家实体经济的基础构成，是立国之本、强国之基，指通过物理或化学加工将原材料、零部件转化为具有使用价值的产品（如消费品、工业设备等）的工业部门。在我国，制造业主要包括汽车制造、食品制造等产业。

（2）采矿业。采矿业承担着为经济社会提供能源和动力的重任，在国民经济发展中具有重要作用。该产业是对天然赋存的矿产资源进行采掘的工业部门，主要包括煤炭、金属矿、非金属矿等领域的开采活动。

（3）交通运输、仓储和邮政业。交通运输、仓储和邮政业是国民经济的基础性、先导性和服务性行业，承担人员与货物的流通、存储及信息传递职能，对经济发展、社会运行和民生保障至关重要。

（4）批发和零售业。批发和零售业连接生产与消费，是广泛吸纳社会就业、反映区域经济发展水平的基础性产业，在经济、社会、文化、生态等方面具有不可替代的作用。

（5）农、林、牧、渔业。农、林、牧、渔业属于第一产业，作为国民经济的基础部门，直接利用自然资源进行生产活动，为宏观经济提供基础原材料和食品保障。

（二）按技术先进程度进行分类

按技术先进程度分类，是经济学家在研究科学技术发展对产业发展和产业结构变迁的作用过程中，为区分高技术产业与传统产业比例关系和结构演变状态而采用的一种分类方法。其分类依据是产业结构在工业化进程中的技术演变特征和产业技术在产业发展中的地位与作用。

具体而言，按技术先进程度可以将产业划分为传统产业和高技术产业。传统产业是指应用的技术不代表现代新技术的发展、在经济发达国家中增长缓慢甚至下降的产业；高技术产业是指应用的技术水平高、研发投入高且在经济发展中增长较快的产业。高技术产业与传统产业特征差异见表1–1。国家统计局于2002年首次颁布实施《高技术产业统计分类目录》，随后于2013年和2017年对《高技术产业统计分类目录》进行了两次修订。高技术产业分类（2017）见表1–2。

表1–1　高技术产业与传统产业特征差异

对比维度	产业形态	
	高技术产业	传统产业
技术成熟度	技术发展初期，研发投入增加	技术进步曲线变得平坦
产业规模	产业规模较小	产业已经形成可观的规模
产业发展潜力	巨大	较小
产业生命周期	萌芽期或成长期	成熟期或衰退期

表1–2　高技术产业分类（2017）

行业大类	主要内容
医药制造业	化学药品制造，中药饮片加工，中成药生产，生物药品制品制造，卫生材料及医药用品制造等
航空、航天器及设备制造业	飞机制造，航天器及运载火箭制造，航空、航天相关设备制造，其他航空航天器制造，航空航天器修理等

续表

行业大类	主要内容
电子及通信设备制造业	电子工业专业设备制造，光纤、光缆及锂电池制造，广播电视设备制造，电子元件及专用材料制造，智能消费设备制造等
计算机及办公设备制造业	计算机整机、零部件、外围设备制造，工业控制计算机及系统制造，信息安全设备制造，办公设备制造等
医疗仪器设备及仪器仪表制造业	医疗仪器设备及器械制造，通用、专用仪器仪表制造，光学仪器制造，其他仪器仪表制造业等
信息化学品制造业	文化用、医学生产用信息化学品制造等

资料来源：国家统计局。

三、传统产业的特征

传统产业主要呈现如下几个显著特征（见图1–2）。

（一）技术的成熟性与稳定性

传统产业相较于新兴产业，所应用的技术相对成熟，生产标准和生产规模相对固定，产业技术创新难度较大，研发投入强度不高，通常表现为劳动或资源密集型特征。

（二）增长方式的外延性

传统产业发展速度相对缓慢，其增长方式表现为外延型增长为主，是主要通过增加生产要素的投入数量推动经济增长的模式。改革开放初期，我国资本相对短缺，而劳动力资源相对丰富，这使得我国形成了以劳动、资源和土地等要素投入为主的外延式扩张的经济增长模式。当前，中国的传统产业增长方式仍然以外延型增长为主，主要依靠扩大生产规模和增加要素投入来促进经济增长，并具有路径依赖的惯性。为了加快建设现代化产业体系，传统产业应加快改变以外延式扩张为主导的经济模式，迅速建立起以创新驱动为主的内涵型增长模式。

（三）需求价格弹性较小

传统产业所面对的市场需求比较稳定，满足的通常是马斯洛需求层次理论中的“塔底”需求。从需求来看，大多数传统产业面临的市场已趋于饱和，已从“增量竞争”转入“存量竞争”，需求价格弹性较小。

（四）附加值相对较低

一方面，传统产业往往表现为劳动密集型和资源密集型的特征，依赖于大量的人力和资源投入，劳动生产率、资源利用率和全要素生产率较低，表现为产品附加值相对较低。另一方面，传统产业内的企业数目众多，市场集中度低，产品同质化较为严重，价格变动引起的供给波动相对较大，特别是工业制造品供给价格弹性大。传统产业的市场竞争激烈，企业较难获取垄断利润或高额利润。

（五）相对性

传统产业是一个相对的概念，这种相对性表现在两方面。一是产业或行业是否被定义为传统产业，要在技术成熟度、附加值的高低、产业发展速度、产品和服务新旧程度等方面进行比较后才能判断。例如，人形机器行业研发应用的是全新产品和服务，产业发展时间短，技术尚未成熟，产业增速快，属于新兴产业。二是产业先进性在国别经济体之间比较具有相对性。例如，我国的轻工、纺织、机械、食品、家电产业虽然属于传统产业，但具有雄厚的制造实力，并建立了完整、系统的产业链和供应链，在国际上具有相对竞争优势。国家对这些产业采取“出海”策略，延伸国内产业链。这些产业在欠发达国家则是相对先进的产业。

（六）动态性

传统产业是动态发展的，具体表现在两方面。一是从产业生命周期的维度来看，在某一时期是新兴产业，经过萌芽期和成长期，进入成熟期和衰退期就成为传统产业。二是传统产业经过技术改造和要素再组合，又可能成为新兴产业。例如，18世纪的英国手工棉纺织业是个典型的“传统产业”，但这个“传统产业”，却引发了人类历史上的第一次工业革命。手工棉纺织业这一传统产业通过引入最先进的生产技术和工厂制度，使得纺织业成为当时的新兴产业。所以，传统产业不是低端产业，只有“夕阳”技术，没有“夕阳”产业。

图1-2 传统产业的特征

第二节 推动传统产业转型升级和培育新兴产业的关系

统筹推动传统产业转型升级与培育新兴产业发展，是中国产业深度转型升级的必然选择，也是催生新质生产力的重要路径。2024年全国两会期间，习近平总书记指出，“发展新质生产力不是忽视、放弃传统产业”“用新技术改造提升传统产业，积极促进产业高端化、智能化、绿色化”。这些重要论述充分表明，推动传统产业转型升级和培育新兴产业并非非此即彼的关系，必须科学把握两者的辩证关系，既要重视培育新兴产业，也不能忽视新技术推动传统产业转型升级。

一、传统产业是新兴产业发展的根基

传统产业是现代化产业体系的基础，其关系到产业链供应链的韧性与安全水平，同时为新兴产业和未来产业提供发展的土壤，新兴产业和未来产业发展离不开传统产业的有力支撑。历史发展经验表明，一些发达国家在发展新兴产业的过程中忽视了传统产业，导致传统产业空心化和“去工业化”现象。将所有传统产业都当成“低端产业”简单清退，不仅会带来巨大的产

业链供应链断裂风险，而且会危及社会和经济稳定。我们需要吸取其中的教训，绝不能一味地追求新兴产业和未来产业，忽视甚至放弃传统产业，以免导致经济结构出现断层。

关于传统产业与新兴产业的发展关系，习近平总书记强调“先立后破”，这是实践经验的科学总结，也是解决改革发展稳定一系列问题的重要方法论。发展新兴产业必须避免未立先破或只破不立。腾笼换鸟，腾笼不能空笼。如果把传统产业丢弃，必然造成经济结构断层和经济发展不稳定。“先立后破”要注意时、度，在新动能尚未形成、新模式并未确立之前，不宜操之过急地“破”。例如，山西省发展新能源的同时没有简单地抛弃传统煤电，而是着力推动煤电和新能源一体化发展，有效提升电网稳定性和绿色化程度，推动两个能源赛道互补互动、协调发展。

此外，传统产业的改造提升是新兴产业发展的基石，通过技术创新、管理优化和产业升级，促进生产要素高效配置，有望孕育新的增长点。一些传统产业经过改造提升后，能成为新兴产业甚至未来产业。另一些传统产业，因为能够为新兴产业和未来产业发展提供人力资源、资金、中间产品等的支撑，也是现代化产业体系的重要组成部分。比如嫦娥五号探测器携带的五星红旗，具有不褪色、不串色、不变形特性，能抵御月球表面的恶劣环境。制作这面国旗的基础材料——高性能芳纶纤维来自煤化工产业。这一产品助力企业实现了从“按吨卖煤”到“按克卖工业品”的蜕变。

二、新兴产业能够促进传统产业发展

新兴产业的发展也为传统产业改造升级提供了新技术、新工具、新理念，从设备更新、工艺迭代、管理创新、服务优化等方面更好地赋能传统产业，提升了传统产业的发展质量和劳动生产率。战略性新兴产业渗透性、融合性强，通过与传统产业交叉、渗透、融合，能够推动传统产业升级，促进先进技术产业化、提升产业层次，更加合理地利用资源构建现代化产业体系，也大大增强全社会可持续发展能力。可以预见，在未来，大量传统产业，包括餐饮业、食品加工业、影视业、出版业、物流运输产业等，在新的互联网技术和新的社会生活形态的引领下，必然会发生极大的改变，从而引发整个行业的颠覆性变革。

三、培育壮大新兴产业和改造提升传统产业是融合促进的关系

新兴产业是形成我国未来新质生产力的主阵地，与此同时，也不能忽视传统产业。传统产业是现代化产业体系的基础，不仅关乎国家的核心竞争能力，而且也为新兴产业和未来产业发展提供了坚实的支撑。统筹推动传统产业与新兴产业发展，是产业深度转型升级的必然选择，是催生新质生产力的重要路径。处理好新兴产业与传统产业的关系，必须着眼建设现代化产业体系，既大力发展战略性新兴产业、培育未来产业，又应用先进适用技术改造提升传统产业。换言之，改造提升传统产业与培育发展新兴产业相辅相成、融合促进。

第三节　创新的相关范畴

一、创新的定义

创新是一个十分重要的概念，在经济社会中被广泛地应用。著名经济学家、创新理论鼻祖约瑟夫·阿洛伊斯·熊彼特（Joseph Alois Schumpeter）较早地将创新这一概念应用于经济学分析之中，他将创新定义为“将新的方式或新的事物引入原有生产体系”。在经济合作与发展组织（OECD）发布的《奥斯陆手册》中，关于创新的定义——“创新是在商业实践中实行一种新的产品或流程”获得了国际学界和业界的普遍认可。熊彼特罗列了五种创新形式：引入新产品、采用新技术和新生产方法、开辟新市场、获得原材料的新来源、实现工业生产的新组织。这五种创新组合都离不开技术创新。因此，本书界定的创新以技术创新为核心，涵盖由此衍生的知识创新、市场创新、组织创新和流程创新等多元形式，是企业以获取利润为主要目的的系统性创

新活动。

二、传统产业创新的类型

传统产业创新的类型可以按照多个维度来划分。按照创新表现形式划分，可以分为产品创新、工艺创新、市场创新和组织管理创新。其中，产品创新、工艺创新是传统产业技术创新的主要形式。按照技术创新的激烈程度划分，可以分为剧烈创新、微小创新和综合创新。以下主要介绍按创新表现形式来划分的类型。

（一）产品创新

产品创新是指传统企业为了满足不断变化的市场需求，通过引入新技术、新工艺、新理念、新流程，对已有产品或服务进行变革或改进，以提高市场竞争力。具体而言，产品创新可以是对产品进行功能、外观、结构和技术规范等方面的改进，也可以是开发一种新的产品。以三星Galaxy Fold折叠屏手机为例，其作为智能手机领域的创新之作，兼具手机和平板两种形态，可以为用户提供一种新的交互体验，适用于娱乐、办公、阅读等场景。

（二）工艺创新

工艺创新是指企业在生产方法或工艺上进行了重大改进或彻底的变革，尤其是在工艺流程和生产设备上的改进或变革。一般而言，新的工艺对于本企业是一种突破和创新，但对于其他企业未必如此。工业创新方面的例子有商用汽车制造商采用自动化设备组装汽车、工厂使用条形码追踪产品去向等。

（三）市场创新

市场创新是指传统企业采用新的市场营销策略，开拓新的市场或布局下沉市场等。传音手机在市场创新方面极具代表性。考虑到公司产品在中国市场中的竞争十分激烈，已经进入存量市场，传音集团决定另辟蹊径，针对非洲消费者的消费偏好和消费习惯，深入定制适合非洲消费者的手机，成功打入非洲市场，成为全球出货量较大的手机厂商之一。著名调研机构Canalys的报告显示，2023年传音手机在非洲的市场份额为50%，年增长率8%（见表1–3）。

表1-3　非洲各品牌手机市场份额

厂商	2023年		2022年		年增长率
	出货量/万部	市场份额	出货量/万部	市场份额	
传音	3450	50%	3200	49%	8%
三星	1770	26%	2020	31%	-12%
小米	610	9%	420	6%	45%
OPPO	280	4%	190	3%	50%
realme	200	3%	140	2%	44%
其他	540	8%	510	8%	6%
合计	6850	100%	6480	100%	6%

资料来源：《2023年非洲智能手机市场传音占50%份额，华为大增371%》，https://news.qq.com/rain/a/20240305A08AJD00，2024年3月5日。

注：由于采用四舍五入法，百分比相加可能不等于100%。

（四）组织管理创新

组织管理创新是指企业采用更为先进的组织管理模式，或者对内部层级、工作流程以及企业文化进行深入变革。事实上，任何组织机构都必须随着外部和内部条件的变化，进行组织结构调整和管理变革，才能适应持续且多变的外部环境。典型的组织管理创新，如一些企业的外包、分包模式，既可以有效节约人力资源成本，也有助于企业更加注重核心业务和战略规划。

三、传统产业创新的动力

传统产业转型升级是转变经济发展方式、调整产业结构的重要举措，也是应对外部环境不确定性及基于自身要素禀赋结构所进行的战略改革，受到多种因素相互作用的影响。图1-3展示了传统产业创新的六大动力。

图1-3　传统产业创新的动力

（一）市场需求变化

市场需求是企业创新的重要源泉，中国快速增长的市场需求是中国科技创新的根本动力。具体而言，市场需求可以分为公共需求和个体需求。公共需求主要是社会对可持续发展的需要。近百年来，人类社会经历了深刻的工业化进程，人们的物质生活水平得到了极大的提高。然而，这一进程也导致了资源过度消耗和生态环境持续恶化等问题，亟须构建绿色低碳循环发展的经济体系，为传统产业转型升级提供强劲的创新驱动力。而个体需求是传统产业创新的核心动力。数字经济时代下，个体消费者对新产品和新服务的多样化、个性化需求为传统产业创新提供了方向。由个体消费者的需求催生的创新在全球屡见不鲜，中国的腾讯和大疆、美国的苹果和特斯拉等企业的产品创新起初都是为了满足消费者需求。

（二）技术进步

技术进步正成为推动企业进行创新的关键力量。技术进步使得企业能够采用先进的技术和装备，提高生产效率、改善产品质量。企业内部各环节联动带来的效率提升和质量提升，为企业创新奠定了坚实基础。企业还可以通过新技术的应用，研发具有竞争优势的新产品，或优化服务流程、服务体验。技术进步还深刻影响企业的管理模式和决策过程。新兴技术的应用为企业决策提供科学依据，帮助企业提高管理效率，降低运营成本。技术进步还能强化同行业企业的竞争，以及企业与上下游和市场的联动，从而提高企业创新效率，改变企业创新类型和方式，进一步放大市场需求对创新的驱动作用。例如，海尔通过创新平台鼓励用户参与企业产品的设计及研发；小米通过小米社区获得用户反馈，进行产品改进和创新。

（三）竞争压力

在快速变化的市场需求和激烈竞争的市场环境中，创新是企业适应市场变化、实现可持续发展的关键。由于传统产业的市场主体较多，市场竞争激烈，传统企业只有不断进行创新，引入新产品、新服务和新流程，才能具有竞争优势，实现可持续发展。例如，中国著名的空调制造商格力为了不断适应日益激烈的空调市场，推出了“老年人空调”“睡眠空调”“厨房空调”等新产品，通过技术和产品创新成为空调市场的引领者。

（四）政策引导和支持

由于企业创新存在溢出效应，制度不健全往往会导致“搭便车行为”，这会严重损害传统企业创新的积极性。因此，加强政策引导和支持就显得十分重要。政府需要采取适当的激励政策，给予创新企业导向性和针对性强的奖励或补贴，以减少企业创新收益的不确定性。与此同时，还需加强对企业知识产权的保护、对人才及金融要素的保障等，构建良好的创新生态环境。

（五）可持续发展需求

一方面，可持续发展理念的推广，会使很多行业制定减少排放、适应新政策的生产标准，这将有助于传统企业发现新的市场机会。另一方面，传统企业为了适应可持续发展目标，需要寻求更高效和更环保的方案，而这一过程有助于创新活动的产生。

（六）人才培养与引进

创新是企业取得竞争主动权的制胜法宝，是从根本上打开增长之锁的钥匙，创新驱动实质上是人才驱动。当今创新的竞争，其本质是人才的竞争，尤其是创新人才的竞争。每项技术的诞生和革新，都离不开人才的智慧和汗水。“功以才成，业由才广。”传统产业要推动深度转型，要在全球产业竞争中走到前列，就必须发挥人才的重要作用，营造重视人才、尊重人才、用好人才的浓厚氛围，提供舞台让人才得以施展才华、大显身手。

四、传统产业创新的制约因素

传统产业创新的制约因素涉及多个方面，这些因素可能阻碍或限制创新活动的进行。以下是一些主要的制约因素（见图1–4）。

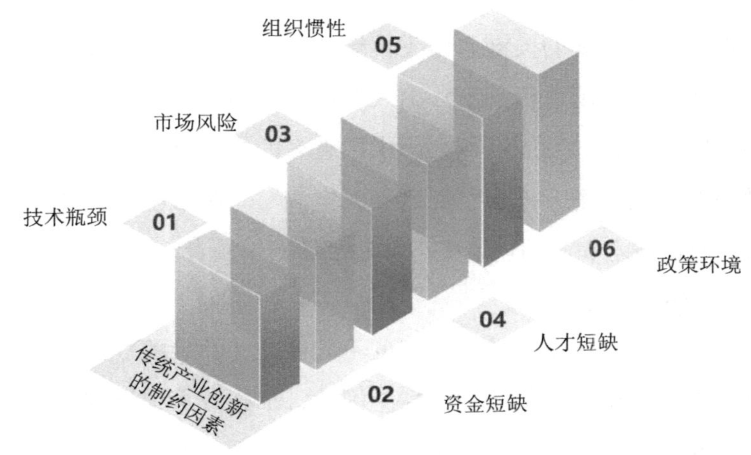

图1–4　传统产业创新的制约因素

（一）技术瓶颈

相较于新兴产业，中低端传统产业市场相对饱和、竞争更加激烈，通过创新来实现转型升级是必由之路。然而，不少传统企业研发意愿不强，自主创新能力弱，长期依靠进口或模仿，未形成内生的创新体系。另外，新技术在传统产业的应用需克服一系列技术壁垒，包括设备兼容、工艺适配等，新技术和新业态与传统产业的融合面临技术等方面的不确定性。创新往往需要高端技术、先进材料进行支撑，但我国部分领域关键核心技术受制于人，如高档数控机床、可编程控制技术等的设计和仿真软件还严重依赖进口，给传统产业改造提升带来诸多挑战。

（二）资金短缺

长期以来，资金短缺是阻碍传统产业进行创新和改造升级的重要因素。相关资料显示，2019—2022年制造业31大类之中，黑色金属冶炼和压延加工业、家具制造业、纺织业等行业阶段性需求增速放缓，净利润出现罕见的负增长，相比前几年出口增速明显放缓。这使得传统产业面临设备更新、技术研发和人才引育等方面缺乏资金投入的困境。此外，传统产业更容易面临融资渠道有限、融资成本高、银行惜贷、投资机构不愿投资等问题，传统企业难以获得开展创新所需的足够资金支持。此外，对于中小型传统企业而言，它们更愿意将有限的资金用于能让企业存活下来的业务，而不是开展高风险的创新活动。

（三）市场风险

企业的创新活动是充满风险的，尤其是存在较大的市场风险。市场风险是指企业推出的新产品，由于难以适应市场需求及变化，没有得到消费者的认可，从而未被市场接受的风险。一般而言，由于消费品规模较大且替代性强，新的产品可能无法投入市场或获得竞争优势，产品创新失败率居高不下。卡巴斯基2020年研究数据显示：全球95%的企业创新负责人承认其创新项目在商业化前就已失败，其中36%的项目甚至未能完成开发阶段。面对如此高的市场风险，传统行业企业不愿开展创新活动。

（四）人才短缺

人才短缺是传统产业创新的重要制约因素。一方面，传统产业往往劳动强度较大、薪酬福利不高、工作环境较差，难以吸引高素质人才和创新型人才。另一方面，许多高校毕业生受传统观念影响，对传统产业存在偏见，认为传统产业的职业前景黯淡，更倾向于选择新兴产业。

（五）组织惯性

对传统产业而言，历史实践中留下的组织结构设计、惯例规则、稳固关系及心智模式，往往带有一定惯性，是企业开展创新活动的基础。而固化的意识和过度的路径依赖，一般会阻碍企业开展技术创新，给企业技术创新带来负面影响。

（六）政策环境

制定科学合理的政策和措施，推进创新体系和机制建设，加大税费减免、金融扶持等政策支持力度，可以增强企业创新动能，强化企业科技创新主体地位，激发市场主体创新活力。从实际情况来看，部分地区的传统产业面临政策支持不足的问题。一些地方政府制定的创新激励政策更关注新兴产业，对传统产业关注较少。

第四节　创新与传统产业转型升级的相关理论

一、技术创新理论

1912年，熊彼特在其著作《经济发展理论》中，首次将创新概念应用于经济学分析之中，他将创新定义为“将新的方式或新的事物引入原有生产体系”，具体内容主要包括：

①产品创新——引入一种新的产品，即消费者尚不了解的产品或拥有新功能的老产品。

②工艺创新——采用一种新的生产方式，这种方式是相关部门还未应用过的。

③市场创新——开拓一个新的市场，这个市场是之前企业尚未涉足的。

④生产要素创新——将原材料或半成品的来源进行改变或扩展。

⑤组织创新——对原有组织模式进行改革或使用新的组织模式。

在此之后，熊彼特又陆续在其著作《经济周期：资本主义进程的理论、历史和统计分析》和《资本主义、社会主义与民主》中完善了创新理论体系。

熊彼特的创新理论在提出之初，并未受到学界和业界过多的关注。20世纪50年代之后，许多国家的经济出现过较长时间的高速增长，如日本和韩国等。然而，在此之前，这种经济的高速增长一般不会超过十年。因此，许多国家的经济的高速增长，无法使用传统经济学理论中经济增长依赖资本、劳动的理论框架进行解释。于是，许多经济学家开始关注技术创新对经济增长的作用，极大地丰富了创新理论的相关研究。纵观整个创新理论的发展脉络，可以将技术创新理论分为新古典学派、新熊彼特学派、制度创新学派和国家创新系统学派。

技术创新的新古典学派的奠基人和开拓者是经济学家罗伯特·默顿·索洛（Robert Merton Solow）。他在1987年获得诺贝尔经济学奖，因其对经济增长理论作出的贡献。他提出了著名的“索洛模型”，将资本、劳动和技术纳入经济增长的同一理论框架，认为经济增长的主要来源是资本、劳动及技术创新。他将经济增长的来源分为两种：一是增加要素投入而取得的经济增长，二是因技术创新而取得的经济增长。

技术创新的新熊彼特学派的代表学者是埃德温·曼斯菲尔德（Edwin Mansfield），他同样强调技术创新在经济发展中的地位和作用，指出技术创新是一个复杂的过程。他关注的核心问题主要是新技术的推广、企业规模如何影响创新和国际技术转让、技术预测的不准确性等。另外，曼斯菲尔德对技术的传播问题进行了深入研究，探讨了技术推广的速度及其影响因素。

技术创新的制度创新学派以美国经济学家兰斯·埃德温·戴维斯（Lance Edwin Davis）、道格拉斯·C.诺斯（Douglass C. North）等人为代表，他们认为所谓“制度创新”，是企业的获利能力难以在当前制度安排下达到最大化，从而产生一种新的制度安排，或对原有组织形式或经营管理方式进行重大变革。制度创新学派探讨了制度安排对国家经济增长的影响，制度安排包括金融组织、公司制度和工会制度等。

技术创新的国家创新系统学派的代表学者是英国学者克里斯托夫·弗里曼（Christopher Freeman），他认为技术创新不应该仅仅是企业的行为，也应该由国家创新系统所推动，强调国家制度的安排可以推动知识的创新、引进、扩散和应用。

进入数字经济和知识经济时代，技术创新被认为是各创新主体、创新要素交互复杂作用下的涌现现象，是创新生态系统下技术进步与应用创新的创新双螺旋结构共同演进的产物。各类新兴技术的发展和知识网络的形成进一步推动了技术创新理论的发展和实践应用。

二、创新扩散理论

创新扩散理论（Diffusion of Innovations Theory）由美国学者埃弗雷特·M.罗杰斯（Everett M. Rogers）于1962年提出，旨在解释新观念、技术或产品如何通过特定渠道在社会系统中逐渐传播并被采纳的过程。该理论认为创新扩散是一种社会变革的普遍规律，其核心关注个体或群体从“知晓”到“决定采纳”的动态机制。

创新扩散理论强调创新扩散不仅是技术或产品的传播，更是社会系统中成员间互动、信息交流和决策的结果。罗杰斯指出，扩散速度受创新属性（如相对优势、兼容性、复杂性等）、传播渠道、时间维度和社会系统结构的综合影响。该理论揭示了社会网络在推动或阻碍创新中的作用，并隐含了“采纳者分类”对扩散进程的关键影响。

创新扩散理论将创新扩散过程划分为五个阶段：认知（knowledge）、说服（persuasion）、决策（decision）、实施（implementation）和确认（confirmation），见图1–5。

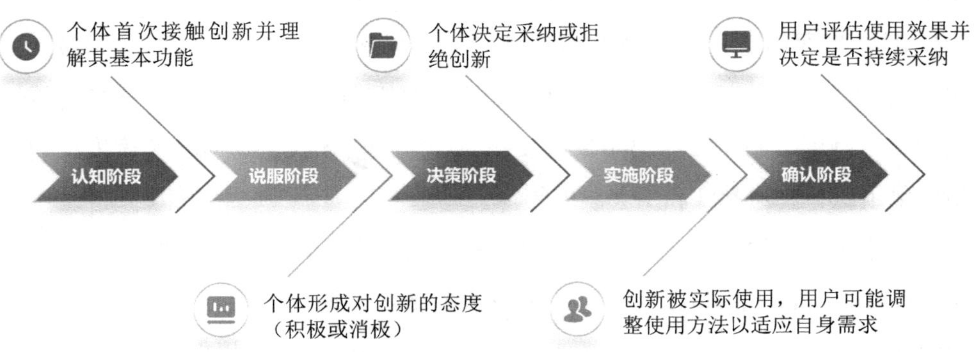

图1–5　创新扩散的五个阶段

技术进步和创新是推动产业结构升级的内在驱动力，而技术扩散则是实现这一目标的重要手段。在新的经济范式下，新兴产业往往会超越传统产业逐渐成为产业体系中的主导产业，并通过产业关联、技术扩散等带动传统产业转型升级，从而使产业结构向更高水平升级。

三、数字创新理论

随着5G、大数据、云计算、人工智能等数字技术加速创新，数字化触角延伸到社会生活的方方面面，正深刻改变着经济社会的生产与生活方式。当今世界正处于大发展大变革大调整时期，数字技术不断增进不同创新要素、不同创新主体之间的信息流动，推动创新要素配置方式变革，使得新型创新要素不断涌现，改变了原有许多创新模式，甚至颠覆了许多创新理论的基本假设。

数字创新是指在创新过程中，使用数字化资源，采用信息、计算、沟通和连接技术的组合，对企业产品、组织及商业模式进行变革。数字创新具有技术驱动、数据核心、跨界融合、快速迭代、需求为本、生态系统整合等特征。

数字创新除了对技术层面的突破，还涵盖了数字产品创新、数字过程创新，且延伸至组织架构及商业模式的全方位革新。具体而言，数字产品创新指的是运用各类数字技术，开发出前所未有的且尚未被市场验证与接纳的创新产品。数字过程创新，则是借助数字技术对现有业务流程进行深度改造与优化，实现流程的智能化与高效化。数字组织架构创新，强调的是利用数字技术对组织架构进行重塑，优化组织形态，提升组织效能。而数字商业模式创新，则是指将数字技术巧妙融入原有商业模式之中，开创出全新的商业价值创造路径。

数字创新应用在不同领域、不同行业中，助力产品实现从低端向高端的转变，高端产品有智能手机、智能网联无人驾驶汽车、智能家居、移动支付和虚拟货币等。数字创新作为当今时代发展的重要驱动力，正以前所未有的方式推动着传统产业的转型升级。

四、产业布局理论

产业布局是社会经济各部门发展运动规律的具体表现，是指生产力诸要素在各个产业区域范围内的组合分布情况。产业布局理论可以分为成本学派理论、市场学派理论、成本—市场学派理论、以后起国家为出发点的西方产业布局理论。

阿尔弗雷德·韦伯（Alfred Weber）是成本学派的代表性人物，其核心观点是工业布局应以生产成本最低为准则来确定，合理的工业区位是运输成本、劳动力成本和聚集成本三者总和最小的地方。

市场学派理论则认为成本最低并不意味着利润最大化，市场因素对产品价格影响越来越重要，产业布局必须充分考虑市场因素，应将企业布局在利润最大化的区位。

成本—市场学派理论是在成本学派和市场学派的理论基础上形成的，其指出运输方便的区域能够吸引到大量的资本和劳动力，并能成为重要市场，因此可专门生产面向市场、规模经济优势明显和难以运输的产品；而运输不方便的区域则应专门生产易于运输、小规模生产可以获利的产品。

以后起国家为出发点的西方产业布局理论主要包括增长极理论和点轴理论。增长极理论的主要观点是后起国家在进行产业布局时，首先可以通过政府计划和重点吸引投资的形式，有选择地在特定地区和城市形成增长极，然后凭借市场机制的引导，使增长极的经济辐射作用得以充分发挥，并从其邻近地区开始逐步带动增长极以外地区经济的共同发展。点轴理论的主要观点是随着经济的发展和工业的增多，点与点之间由于经济联系的加强，必然会建设各种相互联系的交通线路，这一线路即为轴线。轴线一经形成，对人口和产业就具有极大的吸引力，企业和人口向轴线两侧聚集，并产生新的增长点。由点到轴，由轴带面，最终促进整个区域经济的发展。

产业布局是影响传统产业转型升级的关键因素。合理的产业布局能够优化资源配置，促进产业链上下游的协同发展，提高企业生产效率和创新能力，从而推动传统产业向高端化、智能化、绿色化方向转型升级。不同地区需要从实际出发，因地制宜、分类指导，根据本地的资源禀赋、基础设施、要素条件、产业基础、科研环境等，有选择地进行产业布局。

五、波特竞争理论

美国竞争战略分析专家迈克尔・E. 波特（Michael E.Porter）被誉为“竞争战略之父”，他从产业组织分析理论SCP分析模型出发，认为企业盈利的首要因素是“产业吸引力”。“产业吸引力”包含五个部分，又称“波特五力模型”（见图1-6），分别是现有竞争者的竞争力，潜在竞争者的威胁，替代品的价格、性能或可用性等因素，供应商的议价能力和购买者的议价能力。这五种因素决定了产业的盈利能力。因此，企业如果想获得长期的竞争力，就必须分析自己在市场中的地位，并顺势而为塑造有利的产业结构。波特五力模型通过深入分析行业内的竞争态势，指导传统产业识别并应对外部威胁与机会，为传统产业转型升级提供有力的理论支持和实践指导。

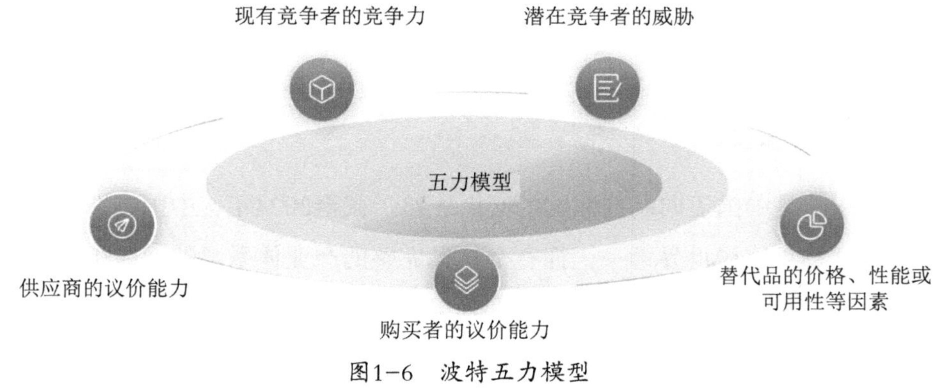

图1-6　波特五力模型

第五节　创新驱动传统产业转型升级的方向

近年来，党中央、国务院将传统产业转型升级作为推动经济高质量发展的重要抓手，尤其对传统制造业转型升级给予了前所未有的政策支持和战略部署。鉴于此，针对创新驱动传统产业转型升级方向的分析，将主要聚焦于传统制造业展开深入探讨。

2023年12月，工业和信息化部等八部门联合发布了《关于加快传统制造业转型升级的指导意见》。该意见设定了到2027年，中国传统制造业在全球产业分工中的地位和竞争力进一步巩固增强，关键核心技术基本实现自主可控，传统制造业在高端化、智能化、绿色化、融合化方面实现发展水平明显提升的目标，并列出了发展战略和重点领域。这一政策的出台，为传统制造业的转型升级提供了明确的方向（见图1–7）。

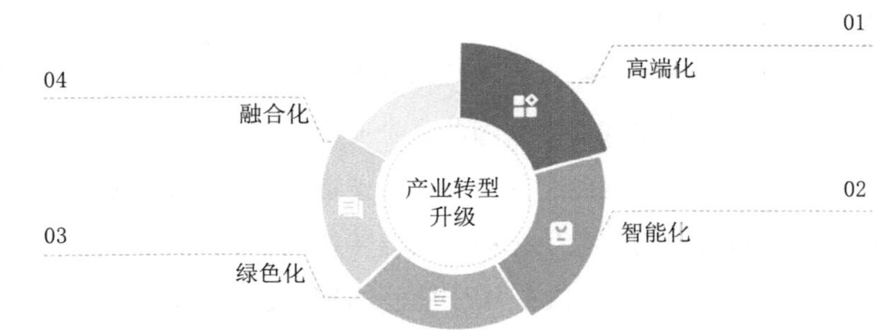

图1–7　传统制造业转型升级的方向

一、高端化

高端化是中国迈向制造强国的必由之路。截至2024年，中国制造业总体规模连续15年位居世界第一，拥有全球最完整的产业体系。然而，中国传统制造业大而不强、全而不精的问题十分突出，低端制造业过剩和高端制造业严重依赖进口并存，制造业的关键领域和核心领域还无法在全球占据领先地位。因此，传统产业如果要由大到强，就必须坚持高端化，推动价值链向中高端攀升。

在附加值方面，要占据研发、设计、关键部件制造、增值服务等高附加值环节，提高我国制造业在全球价值链中的位次，提高出口产品的国内附加值率。在结构方面，要提高关键零部件、元器件和关键材料上的自给率，打造更具技术附加值和绿色价值的中间产品。在生产模式方面，要引导企业围绕增品种、提品质、创品牌，不断提升产品、服务的质量水平和层次；要增加高端产品供给，加快产品迭代升级；要提高质量管理能力，全面提升产品质量；要加快企业品牌、产业品牌、区域品牌建设，打造一批具有国际竞争力的“中国制造”高端品牌。在动力方面，要转向创新驱动，推动传统制造业优势领域锻长板，推进强链延链补链，加强新技术新产品创新迭代，聚焦消费升级需求和薄弱环节，大力开发新产品，补齐基础元器件、基础零部件、基础材料、基础工艺和基础软件等短板，加快攻关突破和产业化应用。

改革开放以来，中国不少传统产业已迈向了高端化。如汽车产业，在过去一直以生产和销售低价车型为主，这使得国产汽车成为低端、廉价的代名词。而随着中国供应链、研发设计的快速进步，中国汽车产业已经逐渐从低端走向了中高端，初步实现了高端化。

案例1–1：中国汽车产业转向高端化发展

长期以来，国产汽车往往与“廉价”和“低端”等标签相伴，市场定位似乎被局限在10万元以下的价格区间。如今，部分国产汽车品牌已经迈向高端化，例如售价百万元以上的比亚迪仰望U8和红旗LS7。中国汽车产业推进产业基础高级化和产业链建设，鼓励民营汽车制造企业发展，现拥有完整的产业链，还拥有多个具有国际知名度的汽车品牌。

比亚迪仰望U8和红旗LS7的出现，是中国汽车工业发展中的重要里程碑，不仅标志着国产豪华汽车品牌的崛起，更预示着中国汽车制造业正以前所未有的速度和质量迈向全球舞台中央。

二、智能化

2023年12月，中央经济工作会议召开，会议强调“广泛应用数智技术、绿色技术，加快传统产业转型升级”。智能化是加速“制造”向“智造”转变的重要途径，也是传统产业转型升级的重要方向。传统产业智能化的过程，就是应用人工智能、大数据、云计算、5G、物联网等新一代数字技术对生产制造全流程、全要素、各环节进行赋能的过程。

一要顺应世界科技革命和产业变革趋势，把握数字化、网络化、智能化方向，加快人工智能、大数据、云计算、5G、物联网等信息技术与传统产业的深度融合。二要提升研发、设计、生产、企业管理等各环节的数字化水平，推动数字化设计、数字化控制、数字化管理、数字化服务的发展，降低设计和生产成本。三要通过应用网络技术，实现网络协同设计、远程设计，实现生产制造过程的信息共享、企业设备的监控和运维，提高产品、管理和服务的精准性、协同性，推动工业互联网与重点产业链协同发展，建设智慧供应链。四要大力发展智能产品、智能制造装备、智能工厂，在重点行业推动人工智能规模化应用。通过引入人工智能，实现设计、生产、管理、服务等各个环节决策和执行的敏捷性，缩短设计周期，降低生产成本，化解劳动力成本上升带来的影响。

案例1-2：互太（番禺）纺织印染有限公司转向智能化发展

广州工业智能研究院与广东省针织印染行业的领军企业互太（番禺）纺织印染有限公司（简称“互太纺织”）携手合作已长达十年，研究院科研团队始终扎根于企业的生产一线，深入挖掘企业实际生产过程中遇到的痛点难点问题，通过制定技术方案反复进行验证和迭代升级，最终实现互太纺织从传统制造企业向智能化、绿色化制造企业的“华丽转身”。

三、绿色化

党的二十大报告提出，“推动绿色发展，促进人与自然和谐共生”。绿色发展不仅是实现经济高质量发展的内在要求，也是实现传统产业转型的重要途径。

传统产业，尤其是传统制造业，往往是资源和能源密集型产业，有限的技术和管理水平决定了传统产业需要消耗较多的资源和排放较多的污染，绿色转型任务更为紧迫。

实现传统产业的绿色化转型，要进一步优化产业结构，正确处理高质量发展和高水平保护的关系，坚决关停不符合要求的高耗能、高排放项目，深入推进重点领域和行业节能改造，加快绿色能源建设，加大对煤炭清洁高效利用的支持力度，提高企业资源利用水平。推进产业链供应链全链条、产品全生命周期的绿色化，推进建设智能工厂和智慧供应链，加速构建绿色产业体系。

案例1-3：伊利转向绿色化发展

食品行业产业链长，且90%以上的碳排放来自食品企业的范围三（价值链上下游的碳排放），实现碳中和任务艰巨。2022年，伊利提出将在2050年前实现全产业链碳中和，并制定了2030年、2040年、2050年3个阶段的具体任务。为此，伊利实施全生命周期绿色行动，探索了“碳足迹+水足迹”的“双足迹”解决方案，通过打造绿色牧场、绿色供应链、绿色包装、低碳物流、废弃物管理和零碳产品，构建全链条的绿色生态发展格局，并在业内率先探索产品的水足迹认证，完成了4家工厂和2款产品的水足迹认证，以低水促进低碳，成为联合国《水行动议程》的首家中国企业。

四、融合化

现代化产业体系是一个内部存在有机联系、功能互补的复杂生态系统。习近平总书记在党的二十大报告中明确要求“推动现代服务业同先进制造业、现代农业深度融合”。产业融合特别是先进制造业和现代服务业深度融合，是21世纪世界经济发展的重要趋势，也是全球各国政策重点支持的方向。

在产业结构方面，要促进传统制造业与现代服务业融合发展，促进一、二、三产业融合发展，促进传统产业与新兴产业融合发展，深化业务关联、链条延伸、技术渗透。在资源利用方面，要促进行业耦合发展，实现能源资源梯级利用和产业衔接。在生产要素配置方面，要促进新型生产要素与传统生产要素有机融合，促进新模式和新业态的发展。在技术应用方面，要促进数字技术等新兴技术对传统技术的改造，促进实体经济与数字经济融合发展。因此，需要坚持制造业与服务业的融合发展，指导相关行业加快发展生产性服务业，促进工业制造向智慧化、数字化综合设计服务转型。

案例1-4：陕鼓集团[①]转向融合化发展

陕鼓集团作为传统制造业企业，是陕西工业领域国有骨干企业。陕鼓集团顺应外部形势变化，从传统的产品制造转型到集合战略咨询、先进设计、科技服务、物流和供应链管理、金融服务等要素的先进制造业，从单一产品供应商向系统解决方案商和系统服务商转变，加速向“制造+服务”“产品+服务”转型。

第六节　创新驱动传统产业转型升级的作用机制和实现路径

一、创新驱动传统产业转型升级的作用机制

（一）技术创新引领产业升级

目前，传统产业普遍存在环境污染、竞争力不强等问题，转型升级有较大的空间。通过技术创新，可以提升传统企业的生产效率和产品质量。近年来，应用大数据、云计算和人工智能的工厂越来越多，工业机器人、自动化流水线越来越多地出现在一些传统企业中，建设“智能工厂”或“黑灯工厂”成为许多传统企业转型升级的重要内容。例如，钢铁行业可以利用数字技术进行全流程控制和优化。高污染企业可以借助绿色低碳技术实现绿色低碳发展。

（二）产品创新增强市场竞争力

首先，产品创新可以帮助企业在市场竞争中脱颖而出，促进企业可持续发展，提高竞争力。其次，产品创新有助于企业提升利润，提高市场占有

① 陕西鼓风机（集团）有限公司，简称“陕鼓集团”。

率。最后，产品创新有助于企业提升品牌形象，吸引更多合作伙伴。例如，有一款在道路上使用的智能交通信号灯，它可以利用摄像头感知是否有行人、车辆通过，从而调整红、绿灯时长，减少行人、车辆不必要的等待时间。该产品凭借这项创新功能赢得了市场青睐，为厂商带来了大量订单。又如SmartHalo这款自行车导航器，它通过霓虹灯来导航，如果将其放置在自行车上，骑行者可以一目了然地知道前进的方向，避免了一边骑行一边查看手机导航引发的危险。因其智能、便捷的特点，这款自行车导航器受到了骑行者的欢迎。

（三）市场创新拓展发展空间

市场创新与技术创新、产品创新之间存在一定的差异，属于更为广义的创新活动。市场创新包括两个部分的内容：一是开拓新市场，二是创造市场新组合。例如，2024年春节期间，李宁运动品牌以多重系列活动覆盖线上和线下市场，借助“年味”进行市场营销活动，不仅得到了消费者的认可，还为品牌打开了创新空间。

（四）商业模式创新重塑产业生态

商业模式创新是推动企业可持续增长的核心动力。现有研究表明，商业模式是影响企业竞争优势和绩效的关键因素。尤其在数字时代，商业模式创新已经提升到与产品创新同样高的地位，许多颠覆性的商业模式不断出现，成为传统企业获得持续竞争优势的利器。近十年出现的共享经济模式——所有人都能共享资源、商品和服务，如共享单车和共享充电宝等颠覆了很多行业的传统商业模式，成为推动商业发展的新动力。

（五）组织与管理创新提升运营效率

企业组织与管理创新是通过调整、优化人、财、物、时间、信息等资源的配置结构，提高现有管理要素的效能来实现的。例如，阿里巴巴集团于2023年实施的“1+6+N”组织架构变革是其成立24年来最具突破性的战略调整。该架构采用分权化设计：“1”指集团控股总部，专注资本运作与战略协同；“6”为六大独立业务集团（如淘天、阿里云等），实行公司化治理；“N”则代表若干创新业务单元，享有高度运营自主权。这一改革突破了互联网企业传统的集中化中台模式，通过组织解耦实现了三重制度创新：业务单元的市场化竞争机制、差异化的战略决策权配置，以及动态平衡的规模经济与组织敏捷性。

二、创新驱动传统产业转型升级的实现路径

创新驱动传统产业转型升级，其本质是通过技术创新、模式创新和制度创新，推动传统产业向高端化、智能化、绿色化方向跃升，培育新质生产力。本部分选取全国各地典型案例，旨在通过多元实践揭示创新驱动的共性规律与差异化策略，为广东传统产业转型升级提供路径参考。

（一）围绕产业链布局创新链，加强科技成果转化

北京市顺义区依据本地的资源禀赋、产业基础、科研条件等，制定并出台《顺义区加快科技创新促进科技成果转化实施细则》，围绕重点产业和关键技术在推进科技创新和科技成果转化两个环节上同时发力。通过整合高校、研究机构、企业等各方的研发资源和技术需求，推进大型科研仪器设备开放共享，促进央国企、创新型民营企业、高校、科研院所等主体开展协同创新。积极为企业与高校、科研院所合作牵线搭桥，推动产学研深度融合。为企业提供“一对一”指导服务，帮助企业创新发展、降本增效。2024年1—5月，顺义区输出技术合同成交额66.8亿元，同比增长64.2%；吸纳北京市技术合同成交额29.1亿元，同比增长352%。

河南省平顶山市推动建立健全“高校院所+技术平台+产业基地+人才招引”的创新链条，多措并举推动科技创新工作提质增效，推动高校与企业共建研发中心，成立联合研发团队。河南平顶山市紧盯世界科技发展前沿动态和趋势，在新能源储能技术、高压绝缘材料、尼龙新材料、金属新材料、化工新材料等领域，一批关键核心技术获得突破。

（二）坚持绿色转型，提升可持续发展能力

贵州省六盘水市加快传统产业转型升级，坚持先立后破，大力推进碳达峰碳中和工作，在“减量化、再利用、资源化”的基础上，提出了“减量化优先”的原则。全面推进循环型生产方式，构建资源循环型产业体系，

推动煤电、钢铁、石化、建材等高耗能高排放行业节能降耗。建成首钢水钢“水—气—固废”、盘江发电“煤—电—化—建”循环利用链条。2020年，全市瓦斯利用率51%、矿井水达标排放率实现100%、煤矸石综合利用率83.2%。全市生态利用型、循环高效型、低碳清洁型、环境治理型等“四型”产业的绿色经济增加值占地区生产总值比重达到44.02%。

内蒙古自治区鄂尔多斯市全面推进羊绒行业可持续发展进程，建设高标准的绿色食品原料标准化生产基地。在产业链中间环节，致力于建立环境友好的绿色生产体系，围绕生产、原奶、包装、运输等环节，加快低碳转型进程。在产品侧，开发可持续消费产品，扩大绿色低碳产品供给，激励消费者作出绿色选择。在消费端，打造可持续消费全体验，引领时尚可持续风潮，传递可持续理念。目前，鄂尔多斯市绿色生产、绿色产品获多项国际认证，可持续时尚品牌形象获世界认可。

（三）建设工业互联网，推进产业数字化“链式转型”

广东围绕战略性产业集群，创新性发展产业集群数字化转型工程，建设以“工业互联园区+行业平台+专精特新企业群+产业数字金融”为核心架构的新型制造生态系统，探索从“单点突破”（龙头骨干企业和中小企业数字化转型）到“链式改造”（产业链供应链整体数字化转型）的实践模式。围绕电子信息、先进装备、食品医药、轻工材料等典型场景，广东通过精准施策，分类促进标杆企业和产业集群开展数字化集成应用创新，集中力量培育转型标杆示范，推动3万多家规模以上工业企业数字化转型，带动一大批中小企业运用新一代信息技术实现降本提质增效，数字经济规模、产业数字化规模、工业互联网平台区域发展指数等关键指标位列全国第一，持续擦亮国家级工业互联网示范区金字招牌。

湖北省襄阳市以纵深推进制造业数字化转型为主线，通过数智化赋能加快传统生产力的升级跃迁；加大激励支持力度，引导中小微企业“上云用数赋智”；以赛事为依托，大力推动数字经济与实体经济深度融合发展。截至2022年底，襄阳市已有国家级“两化”融合示范企业3家、国家级制造业“双创”平台试点示范项目1个、国家级制造业与互联网融合发展示范企业1家、国家级上云典型案例1个、国家级两化融合管理体系贯标试点企业8家、国家工业互联网平台创新领航应用案例1个。

（四）高质量承接都市圈产业转移，推动产业链跨区域协作

湖北省黄石市抢抓大武汉的辐射效应和产业外溢机遇，积极承接武汉产业转移和高端科创成果转化，深度嵌入武汉“光芯屏端网”光电子信息产业链，与武汉共建光谷产业协同发展示范区，200多家规模以上企业与武汉配套，覆盖印制电路板、激光、终端显示等领域，建成全国最大印制电路板（PCB）产业集聚区和全国电子信息基础产业基地之一，形成主链在武汉、配套在黄石的发展格局。

广东省清远市毗邻粤港澳大湾区中心城市广州，部分区域划入广州都市圈范围。清远市积极融圈入链，与广州合作共建广清产业园、携手共建广清纺织服装产业圈等，全力打造全省产业有序转移的主战场、首选地。依托“广州总部+清远基地”“广州总装+清远配套”“广州研发+清远制造”合作模式，广清产业园初步形成以智能家居、汽车零部件、新材料为主导，以高新现代农业生物技术、食品美妆为重点发展的“3+2”产业集群。

（五）依托龙头企业带动，培育发展新兴产业

湖南省株洲市创造了中国轨道交通装备领域诸多新纪录，是全国首个千亿轨道交通装备产业集群地，按照“建链引龙头、强链建集群、补链抓深耕”的要求，以3家中车轨道交通装备企业为龙头，400多家上下游企业协同，本地配套率超过80%，形成了自主创新程度高、核心竞争力强、影响力大的轨道交通装备产业集群。

福建省泉州市传承弘扬、创新发展“晋江经验”，引导中小企业走专业化、精细化、特色化、新颖化发展之路，持续推动培优扶强龙头企业、专精特新企业倍增，增强配套龙头企业的生产服务能力，进一步延伸产业链。泉州市在龙头企业带动下，形成专精特新、高新技术企业、中小企业融通发展格局，覆盖机械装备、材料制造、电子产品及元器件等行业，截至2024年5月，有国家级专精特新“小巨人”企业47家、数量居全省第二位，省级专精特新中小企业527家、数量居全省首位。

（六）强链补链延链，提高产业竞争力

河北省唐山市紧紧围绕环渤海地区新型工业化基地建设这一主线，加快推动全省钢铁产业转型提质、结构调整和布局优化。唐山市着力发展高附加值、高竞争力的精品钢产品，延伸钢铁产业深加工链条，全面提升高端精品钢材比重，打造全国一流的钢铁产业基地。

福建省福州市加快培育一批具有产业生态主导力和锻长板优势的链长企业，为战略性新兴产业集群发展提供多项支持和保障。福州市坚持全市“一盘棋”，深入实施“一条产业链、一位市领导、一个工作专班、一套工作方案”的“链长”工作机制，推进信息链、资金链、人才链和创新链相互交流、相互支撑，推动企业和项目在人才、资金、原料、技术等方面问题的协同解决，探索产业链的垂直整合和跨区域横向拓展，打造有机融合良性循环的产业生态链生态圈，着力提升产业链供应链安全稳定水平，推进集成电路、新型显示、虚拟现实、生物医药及医疗器械等新兴产业集群发展。

（七）立足资源禀赋，做大做强特色优势产业

内蒙古自治区呼和浩特市和林格尔县是国家重要农畜产品生产基地。近年来，和林格尔县大力发展优势特色产业，培育发展新质生产力，围绕农畜产品产业，不断建链延链补链强链，不仅发展壮大了蒙草、中粮饲料、蒙牛、正大等上中游产业，也发展壮大了以纷美、艺虹等包装为配套的下游产业，推进绿色食品加工全产业链快速发展。

吉林省吉林市拥有发展冰雪产业的得天独厚的优势条件，其将“冰雪经济”作为产业转型升级的突破口，建立了全国唯一的“冰雪经济高质量发展试验区”。吉林市按照“冰雪旅游—文体旅融合—先进冰雪装备制造”的发展路径，做大冰雪经济“蛋糕”，全力打造“世界级冰雪产业基地”和“中国北方休闲旅游目的地”。

（八）占领国际市场，产品全面升级

白沟新城是河北省保定市下辖的县级经济功能区，有着水陆码头交易市场的传统。改革开放后，白沟新城依托便利的交通优势，做大做强了箱包产业链，并迅速形成全国最大的马路箱包市场。白沟新城狠抓箱包产业提档升

级，通过产业集聚、科技创新、品牌打造，研发中高端箱包产品抢滩海外市场，形成集产品设计、加工制造、产品展示和销售服务等于一体的箱包产业链条，建立了年产值超过360亿元的产业集群。

长城汽车是中国最知名的汽车制造企业之一，随着国内汽车市场竞争日趋激烈，长城汽车主动求变，勇于加入全球市场进行竞争。在发展模式上，长城汽车通过不断的市场洞察，实现了全球化的市场布局，建立了覆盖全球的工厂、研发和服务体系以及用户生态；在产品方面，长城汽车对产品进行升级换代，不断推出更多具备智能化、新能源特点的车型。截至2024年6月，长城汽车已出口到全球170多个国家和地区，海外销售渠道超过1000家，拥有超过1400万海外用户，海外累计销量超过140万辆。

第二章
广东主要传统产业转型升级的现状、问题和发展环境[①]

本章分为四小节。第一节主要从科技创新带来新动力、国际环境构成新挑战和国内经济进入新常态三部分介绍传统产业的国内外发展环境。第二节主要从全球传统产业转移趋势、全球传统产业发展趋势、国内总体政策形势和广东省政策形势四个方面介绍全球传统产业发展趋势和国内政策形势。第三节主要介绍广东主要传统产业转型升级成效，先从三大产业产值占比情况、产业结构高级化水平及产业结构合理化水平对广东产业结构现状进行整体分析，再从直接依赖度、完全依赖度、增加值率、研发投入强度等方面对纺织服装、食品饮料、家电、五金建材这几类广东主要传统产业的数字化转型和产业转型升级现状进行具体分析。第四节则重点分析广东主要传统产业发展存在的问题。

第一节　传统产业的国内外发展环境

传统产业是现代化产业体系的根基，其转型升级直接关乎现代化产业体系建设全局。党中央高度重视传统产业的转型升级。自党的二十大以来，习近平总书记更是多次在讲话中提到，要加快建设现代化产业体系，推动传统产业转型升级。当今世界正经历百年未有之大变局，各国产业竞争日趋激烈。新一轮科技革命和产业变革正深入发展，产业链、供应链、价值链加速

① 本章执笔人为暨南大学经济学院刘歆、杨亚平。

重构，使得传统产业发展环境发生巨大变化。

一、科技创新带来新动力

进入21世纪以来，科技创新始终是传统产业转型升级的驱动力，驱动传统产业焕发新活力。新兴技术，如人工智能、大数据、云计算等层出不穷，催生了数字经济这一全新的经济形态。发展数字经济已成为把握新一轮科技革命和产业变革机遇的战略选择。例如，利用工业机器人、智能设备和自动化技术可以提升传统产业生产效率并降低人力成本；通过智能电网和新能源技术可以优化传统产业能源利用效率，减少温室气体排放，从而实现绿色转型。自党的十八大以来，我国坚定实施网络强国战略和国家大数据战略，相继发布了数字经济发展战略及“十四五”数字经济发展规划。各相关部门积极落实各项决策部署，加快了数字经济的蓬勃发展。我国数字经济规模自2017年的27.2万亿元持续增长到2023年的53.9万亿元，并以不可阻挡的速度快速发展，数字经济所占GDP的比重也从32.9%增长到42.8%，表明数字经济的地位不断攀升，对于提升我国传统产业竞争力，实现经济高质量发展具有重要意义（见图2–1）。

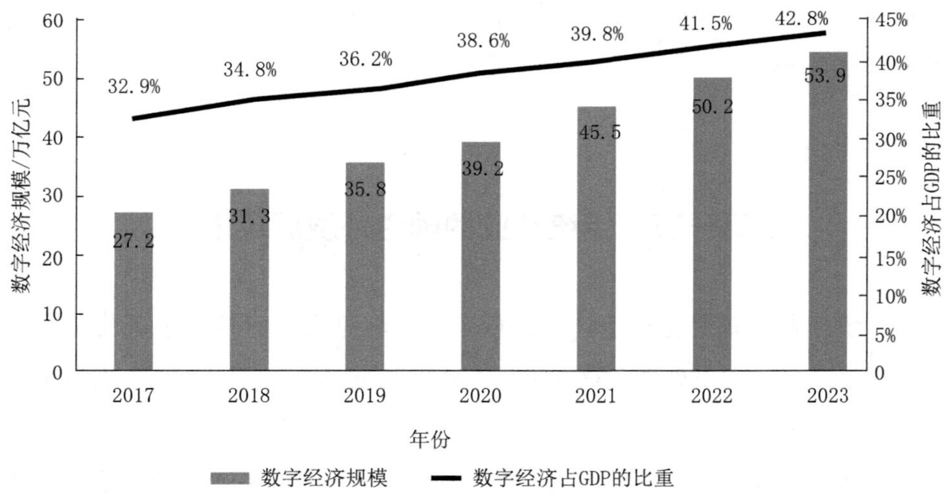

图2–1　2017—2023年我国数字经济发展规模

数据来源：《中国数字经济发展研究报告（2024年）》。

二、国际环境构成新挑战

当前全球经济增长态势呈现持续疲软之势。与此同时，国际贸易领域的保护主义思潮日趋明显，特别是中美两大经济体之间的经贸博弈愈发激烈，这无疑加剧了全球经济的不确定性。世界政治和经济的格局正处于快速变化之中，各类潜在的不稳定因素和风险逐渐凸显，给传统产业发展带来诸多挑战。

（一）全球产业合作格局面临重构

随着世界经济由“快速全球化”逐步转向“慢全球化”，全球产业合作格局正经历着深刻的调整和重塑，其指向了更加区域化、本土化、数字化和智能化的路径，这会对传统产业产生多重影响。首先，全球产业合作格局的重新构建引发了供应链关系的重大变化。传统产业面临着供应商变动频繁、物流成本显著上升和原材料获取的不确定性增加等挑战，这些挑战可能进一步导致生产成本的不断攀升和利润空间的逐渐缩小。其次，全球产业合作格局的变革对传统产业的人才需求产生了显著影响。随着新兴技术的广泛应用、国际市场的不断拓展和供应链管理的复杂化，传统产业需要不断适应和探索新的发展范式。这要求传统产业必须加大在人才培养和引进方面的投入，以满足不断变化的市场需求。最后，全球产业合作格局的重组也给国际贸易环境带来了深远的影响。贸易壁垒的增加、贸易规则的变动和贸易成本的上升等因素，都可能对传统产业的进出口业务和全球扩张战略造成直接冲击。因此，传统产业需要密切关注国际贸易环境的变化，灵活调整自身的战略布局和业务模式。

（二）国际竞争态势趋于激烈

随着国际市场的竞争日益激烈、新兴市场与发展中国家的快速崛起，传统产业正面临前所未有的全球竞争压力。一方面，新兴市场企业通过低成本劳动力和先进的制造技术，在价格与质量上均展现出了强大的竞争力，迫使传统产业必须提升生产效率、削减成本以保持市场地位。另一方面，为了在新一轮科技革命和产业变革中占据主导地位，不少国家推出了“再工业化”

战略，对产业转型进行了全面而深入的规划。例如，美国提出了《先进制造业国家战略计划》等，欧盟发布了《欧洲新产业战略》等，一方面使我国传统产业面临更加激烈的国际竞争，另一方面为我国传统产业的转型升级提供了重要机遇。例如，通过创新驱动、科技进步和产业数字化等手段，提升我国传统产业在全球产业链中的地位和影响力。

三、国内经济进入新常态

当前，我国经济正处于由高速增长向高质量发展的关键转型期。在经济发展步入新常态的背景下，资源和环境的约束日益凸显，人力、能源、土地和原材料等生产要素成本不断攀升，传统产业正面临巨大的转型升级压力，亟须加快步伐以适应新的经济形势。

（一）要素成本不断上升

目前我国传统产业劳动力工资呈持续快速上升趋势。2012—2023年，全国城镇非私营单位就业人员年平均工资（简称“人均工资”）从2012年的46769元跃升到2023年的120698元。从产业层面来看，在城镇非私营单位中，各行业的人均工资增长情况亦呈现出积极的态势。具体来说，采矿业人均工资从2012年的56946元提高到2023年的135025元；制造业人均工资从2012年的41650元提高到2023年的103932元；建筑业人均工资从2012年的36483元提高到2023年的85804元；电力、热力、燃气及水生产和供应业人均工资从2012年的58202元提高到2023年的143594元；农、林、牧、渔业人均工资从2012年的22687元提高到2023年的62952元（见图2-2）。另外，土地、能源等要素价格也明显上升。要素成本的不断上升使得中国传统产业逐渐丧失比较优势，给传统产业的转型升级带来压力和挑战。

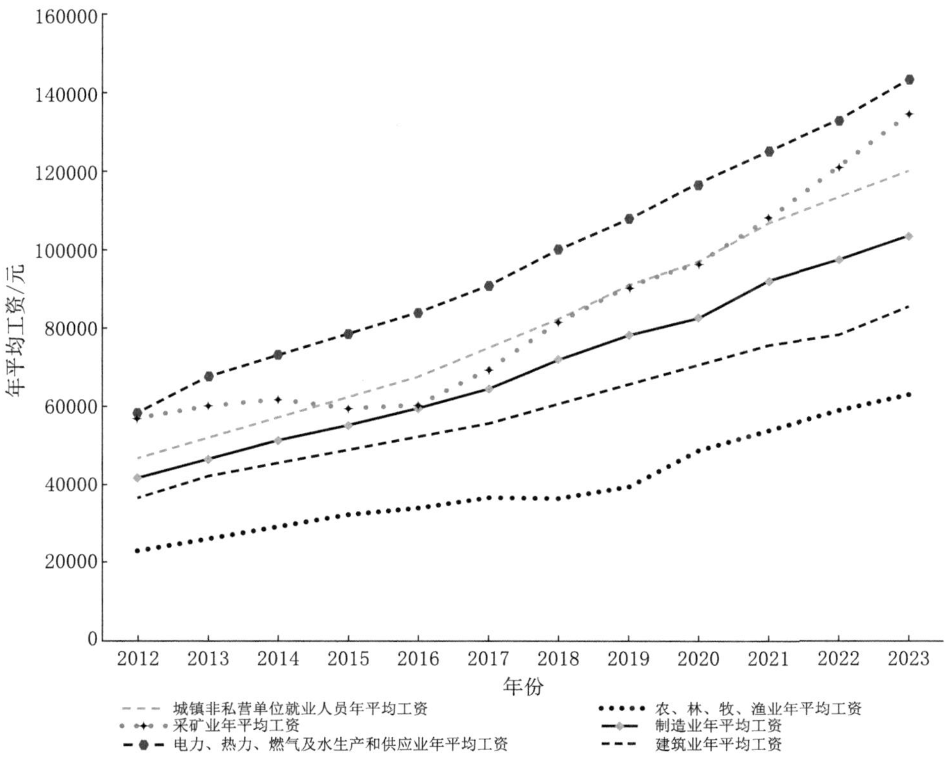

图2-2　2012—2023年我国城镇非私营单位就业人员年平均工资走势

数据来源：国家统计局。

（二）部分行业产能过剩

产能过剩现象在历史长河中屡见不鲜。改革开放以来，中国经济在人口红利、制度优势以及全球经济繁荣所激发的强劲需求等多重因素的共同作用下，长期维持了高速增长的态势，这在一定程度上掩盖了产能过剩的问题。20世纪90年代，我国就开始出现消费品工业产能过剩的问题。2011—2015年我国进入产能过剩全面加剧阶段。数据显示，2013年24个重要工业行业中，有19个行业存在产能过剩的问题。其中，传统制造业产能普遍过剩。2014年末的中央经济工作会议，首次对“新常态”的内涵进行了全面深入的阐述，并明确提出要全面治理产能过剩。党的二十大报告提出，“把实施扩大内需战略同深化供给侧结构性改革有机结合起来”。产能过剩使得传统产业效率低下，利润空间受到压缩，制造业成本优势减弱，转型升级面临较大压力。

第二节　全球传统产业发展趋势和国内政策形势

一、全球传统产业转移趋势

本部分将全球产业转移趋势划分为以下四个阶段：首次产业转移发生在19世纪下半叶至20世纪上半叶，当时英国的纺织、煤炭等劳动密集型产业开始向美国迁移，标志着全球产业布局的初步调整。20世纪50年代，产业转移进入第二阶段，美国的纺织、钢铁等劳动和资本密集型产业开始向日本、德国等国家转移，进一步推动了全球产业的再配置。20世纪80年代，产业转移迎来了第三阶段，美国、日本和欧洲等国家的轻纺、汽车、家电、电子等劳动密集型、资本密集型及一般技术密集型产业开始向亚洲“四小龙”和我国内地转移，极大地推动了这些地区经济的快速发展。自2008年起，产业转移进入了第四阶段，我国的劳动密集型产业和资本密集型产业开始逐步向东南亚国家转移，不仅有助于东南亚地区的经济发展，同时也促进了全球产业链的进一步整合与优化（见表2–1）。

表2–1　全球产业转移趋势

阶段	时间	转移方向	转移产业
第一阶段	19世纪下半叶至20世纪上半叶	英国—法国、德国等欧洲国家及美国	纺织、煤炭等劳动密集型产业
第二阶段	20世纪50—70年代	美国—德国、日本等国家	纺织、钢铁等劳动和资本密集型产业
第三阶段	20世纪80年代至2008年金融危机前	美国、日本和欧洲—亚洲“四小龙”、中国内地	劳动和资本密集型产业、一般技术密集型产业
第四阶段	2008年金融危机后至今	中国—东南亚、南亚等“一带一路”国家及中国中西部地区	劳动密集型产业、资本密集型产业、少量技术密集型产业

（一）第一阶段：英国制造业向美国等地转移，导致其综合国力下降

首次国际产业转移的浪潮发生于19世纪下半叶至20世纪50年代。这一时期，随着第一次工业革命的完成和对外殖民扩张的推进，英国在工业领域达到了巅峰状态。国内外的贸易繁荣使得英国被誉为“世界工厂”，并确立了其作为最大殖民帝国的地位。然而，至19世纪后期，随着西方主要资本主义国家纷纷完成第二次工业革命，英国的制造业优势开始逐渐丧失，特别是在19世纪末期，其制造业的领先地位被美国取代。此后，英国在全球制造业中的地位持续下降，其综合国力也因此受到了影响。

（二）第二阶段：美国制造业向日本等地转移，推动其产业结构优化升级

20世纪50—70年代，全球经历了第二次显著的国际产业转移浪潮。这一轮产业转移由美国主导，目标国家包括日本和德国等国。在这一过程中，美国成功地实现了产业结构的优化与升级。同时，日本在积极承接美国各类产业的同时，也不失时机地将国内逐渐失去比较优势的劳动密集型产业转移到亚洲“四小龙”和东盟国家，进一步巩固了其在全球制造业中的领导地位，成为继英国、美国之后的“世界工厂”。

（三）第三阶段：日本、德国等制造业向中国内地转移，实现其全球价值链高端跃升

在20世纪80年代至2008年国际金融危机爆发前的时段内，全球迎来了第三次产业转移浪潮。在此前的第二次产业转移中，日本、德国等国家作为主要的承接者，实现了经济的迅猛发展。然而，随着成本压力的不断增大，这些经济体逐渐转变为第三次产业转移的主要转出者。与此同时，自1978年起，中国内地开始成为美国、日本等经济较发达国家和地区产业转移的重要目的地，并逐步崛起为继日本之后的第四大“全球制造业中心”，被誉为新的“世界工厂”。

（四）第四阶段：我国制造业向东南亚国家转移

自2008年国际金融危机爆发以来，第四次国际产业转移的趋势日益明显，且持续至今。我国经过改革开放后三十年的飞速发展，原先的生产成本

优势和人口红利逐渐减弱，导致部分制造业开始向东南亚等欠发达国家（地区）转移。因此，我国成为第四次国际产业转移的主要转出国家。一方面，受发达国家高端制造业回流以及中美经贸摩擦等多重因素影响，部分技术密集型产业开始从我国回流至欧美等发达国家。另一方面，随着国内生产要素成本和环境成本的迅速上升，一些劳动密集型制造企业选择向越南、老挝等新兴经济体转移，这种转移趋势逐渐从短链条、低附加值的制造业向长链条、高附加值的制造业扩展。

二、全球传统产业发展趋势

传统产业作为国家或地区技术水平和综合实力的核心指标之一，历来是大国竞争的关键领域。在当前新一轮科技产业竞争的背景下，必须精准把握传统产业的发展脉络，力求打破转型升级过程中的桎梏，以推动其向更高层次、更广阔领域发展。目前，全球传统产业的发展趋势是高端化、智能化、绿色化和融合化。

（一）产业高端化

随着科技水平的持续进步，全球产业结构正经历深刻的转型升级，逐步向以高附加值、高科技含量和高智力为特征的“高端”产业转型。以我国的传统支柱产业纺织业为例，近年来，部分企业通过技术革新，对传统生产线进行智能化改造，引入前沿纺织设备，极大地提升了生产效率与产品质量；同时，聚焦研发与创新，积极开发高附加值、高性能及功能性纺织产品，如高性能纤维和智能纺织品，从而推动了整个行业向高端化发展。作为汽车制造业的翘楚，德国车企通过品牌战略的升级，成功塑造了宝马、奔驰、奥迪等高端品牌，并凭借卓越品质与先进技术在全球市场占据重要地位。同时，德国车企不断优化产品结构，增加中高端车型的比重，持续推动汽车产业向更高层次发展。

（二）产业智能化

新一代生成式人工智能的突破性进展，昭示着全球正在迈向一个创新活力迸发和产业格局重塑的新时代。在这一过程中，传统产业纷纷拥抱新一代信息技术，实施信息化、数字化与智能化的全方位革新，显著提升了生产自动化的水平。智能化已逐渐上升为产业发展的主流趋势。以我国钢铁产业为例，通过构建智能工厂，并将AI技术深度整合到钢铁生产线中，我国钢铁业已经实现了对生产流程的智能化监控与管理，推动了从“传统制造”向“智能制造”的跨越式转变。而在全球汽车制造业的舞台上，德国宝马通过与西门子等科技巨头的紧密合作，成功将智能制造技术应用于其汽车工厂，实现了生产线的智能化与自动化升级，显著提升了整个产业的智能化水平。

（三）产业绿色化

新工业革命的核心追求之一，是推动传统产业实现绿色化转型，进而实现绿色低碳高质量发展。在当前背景下，环保与可持续发展理念日益受到各国关注，绿色理念正逐步渗透到产业发展的各个层面。例如，始创于1907年的华新水泥股份有限公司，被誉为“中国水泥工业的摇篮”。虽有深厚的历史积淀，但华新水泥积极适应经济发展新常态，积极探索绿色化道路。该公司不仅致力于开发绿色水泥产品，还自主研发绿色装备，并强化技术自主创新与成果转化，形成了一条独具特色的绿色创新之路。此外，该公司还持续加大技术改造力度，成功完成了所有水泥窑线工厂脱硝系统的升级，实现了氮氧化物总量的大幅减排，达到了60%的减排目标。

此外，国际上也不乏绿色发展的案例。2020年，世界银行向摩洛哥提供了2.5亿美元的贷款，以支持其“绿色生产”农业战略。这是世界银行与法国开发署合作金融项目的一部分，旨在激励和引导年轻人投身绿色农业领域，并为相关创业和培训项目提供资金支持，以推动农村年轻创业者在绿色农业领域的发展。

（四）产业融合化

随着新一代信息技术的深入渗透与融合，产业边界正被逐步打破，涌现出诸多跨界融合的新业态和商业模式。这种“你中有我，我中有你”的产业融合态势，已成为传统产业演进的主要趋势。以国内的小米公司为例，其通过将智能家居技术与家电、家装等传统领域相结合，成功推出了智能灯具、门锁、监控等系列产品，为用户打造了一个智能化、便捷化、安全化的居住空间。在国外，线上零售巨头亚马逊则通过开设线下实体店，实现了线上线下的深度融合，并创新性地推出了“无人商店”等智能零售应用，极大地提升了消费者的购物效率和体验。这些案例充分展现了新一代信息技术对产业融合发展的推动作用。

三、国内政策形势

（一）国内总体政策形势

传统产业作为我国产业的主体，构成了现代化产业体系的根基。为适应并引领新一轮科技革命和产业变革，推动传统产业转型升级成为战略性的必然选择。此举不仅关乎产业链和供应链的韧性及安全，更是推进新型工业化、加快建设制造强国的核心驱动力，对现代化产业体系的整体构建具有深远意义。为促进传统产业的转型升级，我国实施了一系列政策（见表2-2）。2015年，我国发布《中国制造2025》，明确了强化实体经济、提升制造业国际竞争力的目标。2016年，我国印发《关于支持老工业城市和资源型城市产业转型升级的实施意见》，鼓励老工业城市和资源型城市抢抓机遇、积极作为，以实现产业的快速升级和城市发展的转型。2017年，我国发布《关于深化“互联网+先进制造业”发展工业互联网的指导意见》，旨在加快建设制造强国和网络强国。2018年，我国对《产业转移指导目录（2012年本）》进行了修订，形成《产业发展与转移指导目录（2018年本）》，进一步促进了产业合理有序转移、区域协调发展和产业转型升级，从而实现高质量发展。2021年，我国印发《关于促进制造业有序转移的指导意见》，促进制造业有序转移。同年，我国颁布《“十四五”信息化和工业化深度融合发展规划》，促进信息化和工业化在更广范围、更深程度、更高水平上实现融合发展，加快制造业数字化转型的步伐。2022年，我国发布《关于推动传统工艺高质量传承发展的通知》，致力于实现传统工艺的创造性转化和创新性发展。2023年，我国印发《关于加快传统制造业转型升级的指导意见》，明确提出了传统制造业向高端化、智能化、绿色化、融合化转型的方向，以提高发展质量和效益，实现高质量发展。2024年，我国在《绿色产业指导目录（2019年版）》的基础上修订形成《绿色低碳转型产业指导目录（2024年版）》，旨在培育壮大绿色发展新动能，加快发展方式绿色转型。

表2-2　我国促进传统产业转型升级的主要政策文件

时间	政策名称
2015年	《中国制造2025》
2016年	《关于支持老工业城市和资源型城市产业转型升级的实施意见》
2017年	《关于深化“互联网+先进制造业”发展工业互联网的指导意见》
2018年	《产业发展与转移指导目录（2018年本）》
2021年	《关于促进制造业有序转移的指导意见》
	《“十四五”信息化和工业化深度融合发展规划》
2022年	《关于推动传统工艺高质量传承发展的通知》
2023年	《关于加快传统制造业转型升级的指导意见》
	《产业结构调整指导目录（2024年本）》
2024年	《绿色低碳转型产业指导目录（2024年版）》

（二）广东政策形势

广东作为我国传统产业大省，肩负着引领传统产业转型升级和实现高质量发展的重要使命。其推动传统产业转型升级的举措，不仅对于增强产业核心竞争力、占领产业发展前沿阵地至关重要，更是保障经济持续稳健发展、满足人民日益增长的美好生活需要的关键。因此，广东将传统产业的转型升级工作置于战略高度，致力于构建制造强省。政策层面，广东连续出台了一系列政策文件，以促进传统产业的转型升级（见表2-3）。早在2012年，广东便发布了《关于加快我省优势传统产业转型升级的意见》，旨在强化传统产业的竞争优势，促进其向更高层次发展。到了2015年，随着《广东省工业转型升级攻坚战三年行动计划（2015—2017年）》的出台，广东进一步推动了制造业智能化升级和工业绿色化发展，以工业领域的革新带动整体经济结构的优化。在2016年，广东又编制了《广东省工业优势传统产业转型升级“十三五”规划（2016—2020年）》，明确了传统产业向创新型、效益型、集约型、生态型转型的方向，推动了广东产业结构的全面升级。到了2020年，随着《广东省发展现代农业与食品战略性支柱产业集群行动计划（2021—2025年）》的发布，广东又进一步聚焦现代农业与食品产业的发展，通过集群化战略推动地区特色产业的快速发展。到了2021年，广东更是密集出台了一系列政策文件，如《广东省制造业高质量发展“十四五”规划》《广东省建筑业“十四五”发展规划》《广东服装产业“十四五”发展规划报告》等，为传统产业在“十四五”期间的高质量发展提供了坚实的政策支撑。同时，为加速制造业的数字化转型，广东还制定了《广东省制造业数字化转型实施方案（2021—2025年）》和《广东省制造业数字化转型若干政策措施》，为传统产业发展注入了新的活力。到了2023年，广东继续加快传统产业转型升级的步伐，发布了《关于打造世界级食品制造贸易高地的实施意见》和《关于进一步推动纺织服装产业高质量发展的实施意见》，进一步推动了食品产业和纺织服装产业的高质量发展。同年，为鼓励工业企业加快技术革新，广东还出台了《广东省新形势下推动工业企业加快实施技术改造若干措施》，引导企业向高端化、智能化、绿色化、融合化方向发展，为传统产业的转型升级提供了强大的政策保障。

表2-3　广东促进传统产业转型升级的主要政策文件

时间	政策名称
2012年	《关于加快我省优势传统产业转型升级的意见》
2015年	《广东省工业转型升级攻坚战三年行动计划（2015—2017年）》
2016年	《广东省工业优势传统产业转型升级“十三五”规划（2016—2020年）》
2020年	《广东省发展现代农业与食品战略性支柱产业集群行动计划（2021—2025年）》
2021年	《广东省制造业高质量发展“十四五”规划》
	《广东省建筑业“十四五”发展规划》
	《广东服装产业“十四五”发展规划报告》
	《广东省制造业数字化转型实施方案（2021—2025年）》
	《广东省制造业数字化转型若干政策措施》
2023年	《关于打造世界级食品制造贸易高地的实施意见》
	《关于进一步推动纺织服装产业高质量发展的实施意见》
	《广东省新形势下推动工业企业加快实施技术改造若干措施》

第三节　广东主要传统产业转型升级的成效

广东位于我国华南经济圈的中央地带，不仅是我国参与经济全球化的核心区域，也是我国对外开放的前沿阵地。广东依托其深厚的历史积淀、得天独厚的地理位置，始终站在我国改革开放的前沿，扮演着引领者的角色。作为国内经济发展的领军者，广东的产业结构演变与工业化进程，堪称我国经济发展历程的生动写照。历经四十多年改革开放的洗礼，广东已从昔日的农业大省蜕变为我国经济总量的领先者、世界级的制造业基地，且仍在矢志不渝地追求更高质量的经济发展。本部分基于历年《广东统计年鉴》等数据，从三大产业产值占比情况、产业结构高级化水平及产业结构合理化水平、主要传统产业转型升级现状等方面，多维度判断广东传统产业转型升级水平。

一、广东产业结构现状

（一）广东三大产业产值占比情况

经济发展经验表明，随着经济发展阶段的演变，产业结构的变迁遵循着固有的动态模式，三次产业的相对比重在产业结构中呈现持续性变动。具体而言，第一产业通常经历着比重逐渐减小的趋势，第二产业比重则经历了一个从较低水平逐渐上升并在达到某一峰值后逐渐下降的过程。与此同时，第三产业展现出一种整体上升的发展态势，其在产业结构中所占比重逐渐增大。2012—2023年，广东第一产业总产值占比逐渐下降，由2012年的4.7%下降至2023年的4.1%；第二产业的占比整体呈波动下降趋势，从2012年的48%下降至2023年的40.1%；而第三产业则表现出持续扩张的态势，占比由2012年的47.3%上升至2023年的55.8%（见图2–3）。这表明广东产业结构正在逐步优化升级，第三产业的主导地位日益显著，服务型经济特征愈发明显。

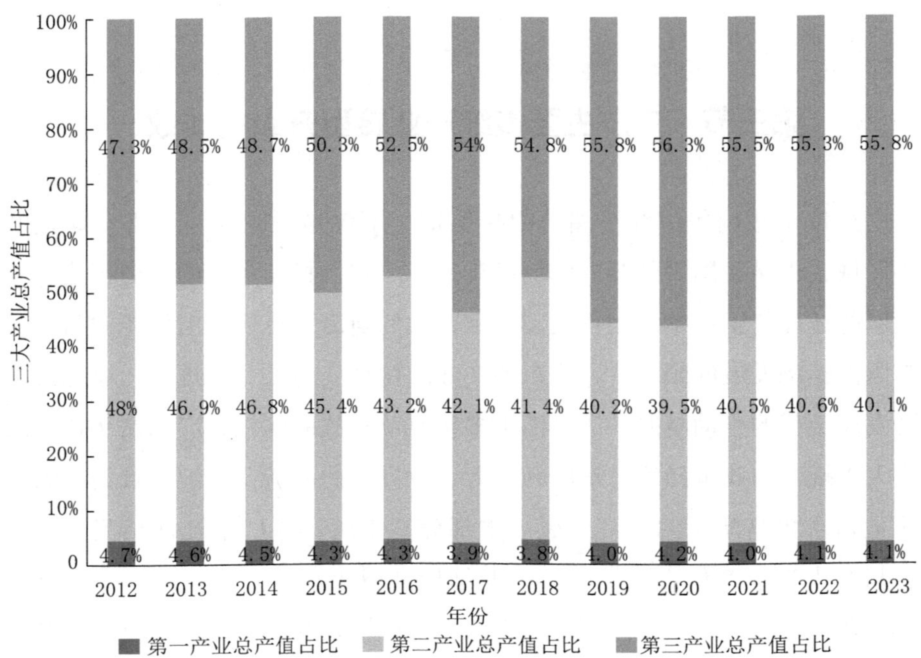

图2-3 广东三大产业总产值占比情况

数据来源：历年广东统计年鉴。

（二）广东产业结构高级化水平

产业结构高级化表现为产业从附加值、技术密集度较低的形态向更高的形态逐步转变。近年来，关于产业结构高级化水平的评估方法，学术界存在多种观点。一部分学者基于配第-克拉克定理，针对我国工业化进程的不同阶段，主张采用非农产值比重作为衡量产业结构高级化的标准，另一部分学者则从“经济服务化”的视角出发，提出利用第三产业总产值与第二产业总产值之比来表征产业结构的高级化程度。

鉴于广东经济发展活力旺盛，且“经济服务化”趋势愈加明显，本部分选用两个指标来反映产业结构的高级化水平。一是利用第三产业总产值与第二产业总产值之比来代表该省产业结构的高级化水平。这一比值的大小一定程度上反映了产业结构高级化的程度。需要说明的是，由于未能反映制造业和服务业中新兴产业的占比，该比值虽能反映某地区产业结构演变的高级化，但在区域范围内利用该比值的具体值进行比较判断高级化程度，不具有绝对意义。二是采用产业结构层次系数来衡量广东产业结构高级化水平。具体计算公式如下：

$$ISU_t = \sum_{m=1}^{3} m \times Y_m,\ m=1,\ 2,\ 3 \quad \text{式（2-1）}$$

其中，m表示产业；Y_m表示在t年第m产业的产值占GDP的比重。

利用第三产业总产值与第二产业总产值之比反映广东产业结构高级化水平见图2-4。在2012—2023年，广东产业结构高级化水平逐渐上升，从2012年的0.99上涨到2023年的1.39。在2020—2023年，广东产业结构高级化水平有所波动，原因是，这几年广东高度重视制造业发展，第二产业产值占比保持稳定，但房地产行业需求逐渐疲软，导致第三产业产值占比下降。

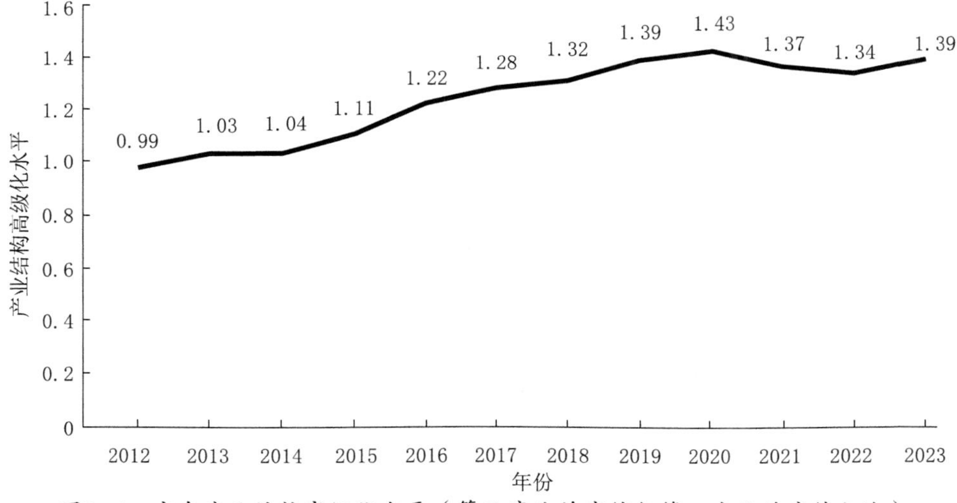

图2-4 广东产业结构高级化水平（第三产业总产值与第二产业总产值之比）

注：根据历年广东统计年鉴计算所得。

利用产业结构层次系数反映的广东产业结构高级化水平见图2-5。在2012—2023年，广东的产业结构转型升级水平呈逐步上升趋势，从2012年的26001增长到2023年的64294，说明广东的产业结构转型升级和第二产业以及第三产业占比逐渐增加密切相关。可能的原因是，在此期间，广东出台了一系列促进产业升级的政策措施，包括鼓励科技创新、支持优质企业发展、推动传统产业改造升级等，从而促进了产业结构的转型升级。同时，作为我国经济最发达地区之一，广东处于珠三角经济圈核心位置，凭借便利的交通和物流条件为产业发展奠定了良好基础，能够吸引更多资金和产业要素向本区域集聚，从而推动产业结构的转型升级。

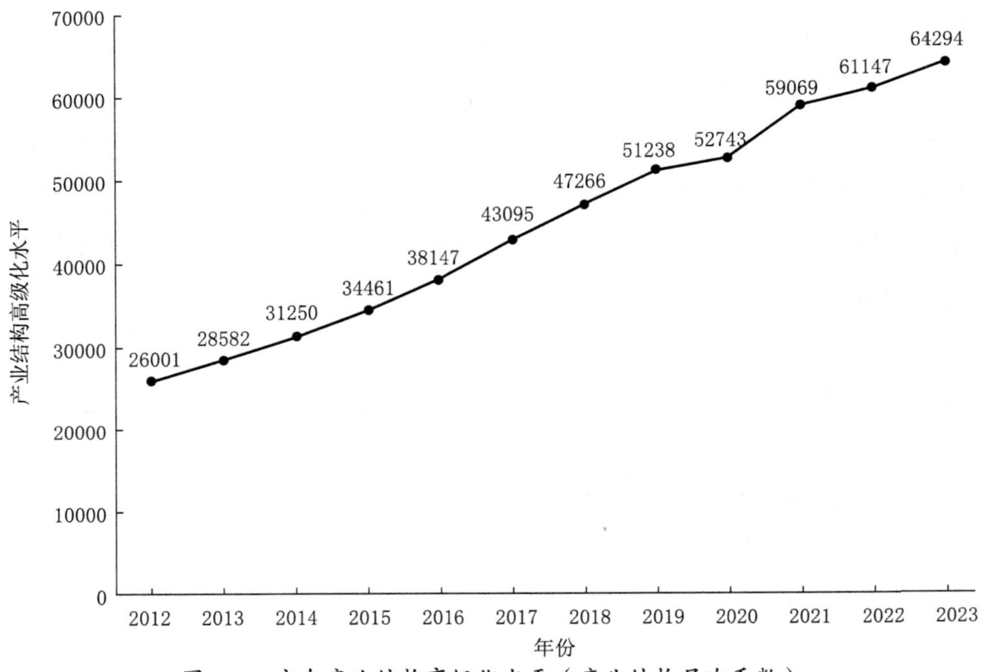

图2-5　广东产业结构高级化水平（产业结构层次系数）

注：根据历年广东统计年鉴计算所得。

（三）广东省产业结构合理化水平

产业结构合理化是指资源要素合理配置同产业间关系协调的状态。本部分采用改进的产业结构泰尔指数的倒数值来衡量广东产业结构合理化水平。泰尔指数越小，说明产业结构越合理。具体计算公式如下：

$$IS=\frac{1}{TL}=1/\sum_{m=1}^{3}\left(\frac{Y_m}{Y}\right)\ln\left(\frac{Y_m/Y}{L_m/L}\right)\qquad\text{式（2-2）}$$

其中，IS表示产业结构合理化水平，TL表示泰尔指数，m表示某产业总产值，Y表示产业总值，L表示就业总人数。

广东产业结构合理化水平见图2-6。在2012—2023年，广东产业结构合理化水平呈持续上升趋势，从2012年的10增加到2023年的42，反映出广东产业结构在这一时期不断优化，合理化水平不断提高。原因在于：政策上，政府大力扶持新兴产业、推动产业转型升级；经济上，科技创新投入增加，提升了产业竞争力；市场方面，消费升级引导资源向高附加值产业流动，共同促进产业结构优化。

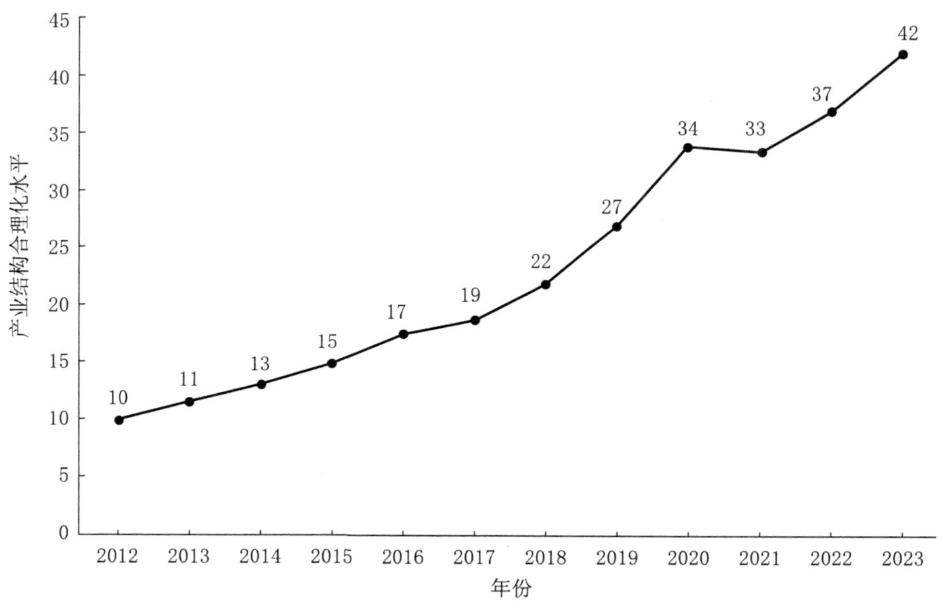

图2-6　广东产业结构合理化水平

注：根据《广东统计年鉴》计算所得。

二、广东主要传统产业转型升级现状

鉴于数据可得性，本部分基于《广东省国民经济和社会发展第十四个五年规划和2035年远景目标纲要》，分析广东省主要传统产业——纺织服装、食品饮料、家电、五金建材的转型升级状况。根据《国民经济行业分类》（GB/T 4754-2017）2019年修改版，在制造业的两位数行业分类中，纺织服装对应纺织业，纺织服装、服饰业和皮革、毛皮、羽毛及其制品和制鞋业；食品饮料对应农副食品加工业，食品制造业，酒、饮料和精制茶制造业以及烟草制品业；家电对应电气机械和器材制造业；五金建材对应非金属矿物制品业和金属制品业。本部分按此口径统计纺织服装、食品饮料、家电、五金建材的相应数据。

数字经济时代，数字化是传统产业转型升级的重要方向。产业数字化是指应用数字技术和数据资源为传统产业带来效率提升和产出增加。数字产业为传统产业提供数字化转型的基础设施及转型驱动力，本部分将首先分析广东省主要传统产业的数字化转型水平。

本部分在相关学者对数字经济概念及核算框架进行界定的基础上，基于2012年、2015年、2017年广东省投入产出表，结合广东省主要传统产业数字化发展实际及数据可得性，将数字化转型界定为电子及通信设备制造业、广播电视和卫星传输服务业、电信业及软件和信息技术服务业在传统产业部门中的投入。

用于测度传统产业数字化转型水平的指标包括绝对指标和相对指标，分别为直接消耗系数和完全消耗系数，以及直接依赖度和完全依赖度。鉴于直接依赖度和完全依赖度指标能够体现数字投入的相对贡献，并且能够揭示传统产业部门和数字产业部门之间的关联，因此本部分利用2012、2015、2017年广东省投入产出表，分别计算出传统产业对数字产业的直接依赖度和完全依赖度，以测度广东省主要传统产业的数字化转型水平。

另外，本部分还将选取增加值率和研发投入强度指标对广东省主要传统产业转型升级状况进行研究。行业增加值率的高低一定程度上反映了技术进步、资源配置效率、生产效率等。一般来说，增加值率越高，说明生产过程的中间投入相对较少，生产效率和附加值较高。增加值率一定程度上能反映传统产业发展的质量和效益。

研发投入强度能衡量行业研发活动的活跃程度。在竞争激烈的市场环境中，研发投入强度对于行业实现转型升级和高质量发展具有至关重要的作用。行业研发投入强度不仅包括行业研发经费的绝对值，更考虑到了行业的经济规模。高的研发投入强度不仅能够促进企业应用新兴技术进行改造提升，还能培育新技术，帮助企业赢得市场竞争，有助于提升企业的核心竞争力。

（一）纺织服装

纺织服装产业是广东的传统支柱产业。图2–7展示了2012、2015、2017年广东省纺织服装产业的直接依赖度和完全依赖度。不难发现，直接依赖度变化不大，而完全依赖度从2012年的0.048上升到2015年的0.053，再下降到2017年的0.016，表明广东省纺织服装产业一直在进行数字化转型尝试，且正在加快其与新一代数字技术融合发展，推动生产经营管理降本增效。2023年，广东省工业和信息化厅印发《广东省纺织服装行业数字化转型指引》，进一步聚焦纺织服装工业研发设计、生产制造、经营管理、公共服务等方面，对数字技术在纺织服装业发展中的应用提出具体指导意见。

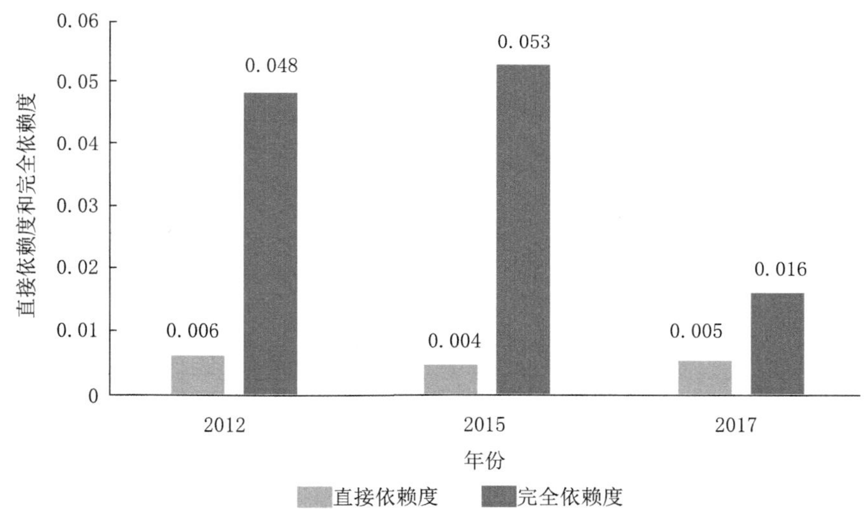

图2–7　2012年、2015年、2017年广东省纺织服装产业的直接依赖度和完全依赖度

注：根据广东投入产出表计算所得。

图2–8展示了2013—2022年广东省纺织服装产业增加值率和研发投入强度。一方面，纺织服装产业增加值率在2013—2016年逐年下降，在2016—2021年趋于平稳，最后下降至2022年的22.7%，说明广东省纺织服装产业的生产效率逐渐降低，经济效益有所下降。可能的原因是，随着互联网与电子商务的飞速发展，广东省传统纺织服装业受到前所未有的冲击，众多销售门店业绩显著下滑，市场洗牌、重组甚至倒闭的现象屡见不鲜。此外，广东省纺

织服装产业主要依赖初级加工工艺，技术水平相对滞后，且在生产过程中环保意识薄弱，导致所生产的纺织服装存在诸多质量问题。另一方面，纺织服装产业研发投入强度从2015年的1%增长至2022年的2.8%，说明广东省纺织服装产业一直在加大研发创新力度，体现在该产业积极拥抱科技创新，致力于加快发展高品质、多功能、智能可穿戴、绿色健康的高附加值产品，提升纤维新材料、先进纺织制品、创意服装设计、知名品牌等的发展水平。综上所述，广东省纺织服装产业面临的竞争愈发激烈，在加大研发投入的同时亟须强化创新产出，探索适合企业需求的低成本、轻量化、平台型、见效快的转型升级解决方案。

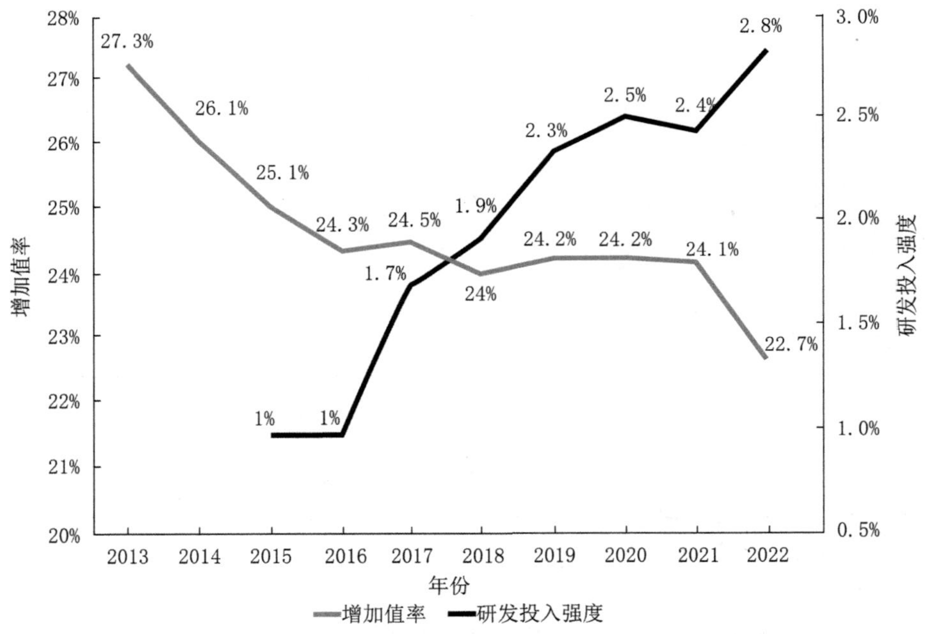

图2-8　2013—2022年广东省纺织服装产业增加值率和研发投入强度

注：根据历年广东统计年鉴计算所得。

（二）食品饮料

食品饮料产业是广东省的传统优势产业之一。图2-9展示了2012、2015、2017年广东省食品饮料产业的直接依赖度和完全依赖度。可以看出，直接依赖度从2012年的0.002上升到2017年的0.005，说明广东省食品饮料产业在数字化转型过程中对数字部门的直接需求在加大，而完全依赖度从2012年的0.051下降到2017年的0.015，说明对数字部门的间接需求在减弱。近年来，广东省食品饮料行业以数字化、信息化、智能化为突破口，深入推进食品饮料及加工企业的数字化转型，致力于培育一批智能制造示范工厂和数字化品牌企业，使食品饮料行业数字化水平达到全国领先水平。

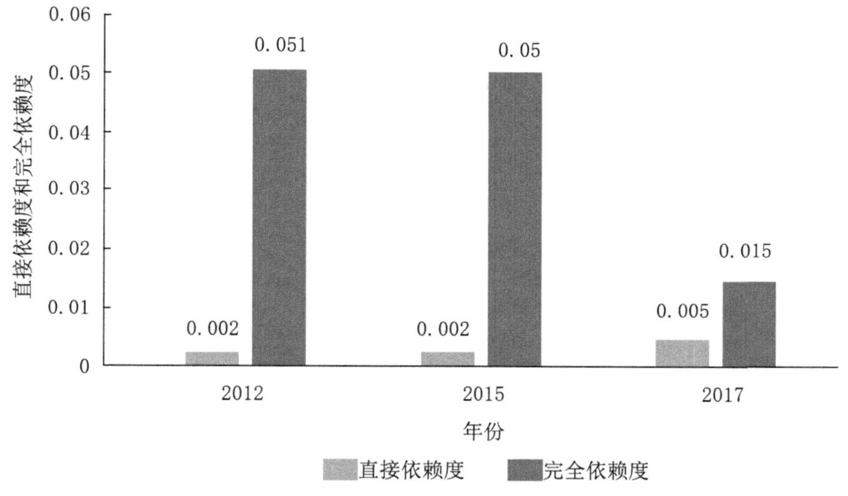

图2-9　2012年、2015年、2017年广东省食品饮料产业的直接依赖度和完全依赖度

注：根据广东投入产出表计算所得。

图2-10展示了2013—2022年广东省食品饮料产业增加值率和研发投入强度。一方面，食品饮料产业增加值率呈下降趋势，从2013年的27.4%下降至2022年的22.6%，说明广东省食品饮料产业的生产效率逐渐降低。可能的原因是，原材料价格上涨，特别是农产品价格波动较大，导致食品饮料产业企业的生产成本增加。另外，部分广东企业品牌知名度和影响力不足，产品缺乏竞争优势，价格竞争力弱，从而影响企业的盈利能力和转型升级的资金投入。另一方面，从食品饮料产业研发投入强度可以看出，2016—2017年投入强度增速较快，随后呈上下波动趋势，说明广东省食品饮料产业一直在努力加大创新投入，以提升技术创新水平，并打造世界级品牌。综上所述，广东

省食品饮料产业面临的竞争愈发激烈，加之原材料价格波动、劳动力成本增加，亟须优化生产流程，引进先进技术和设备，提升生产效率和产品质量。

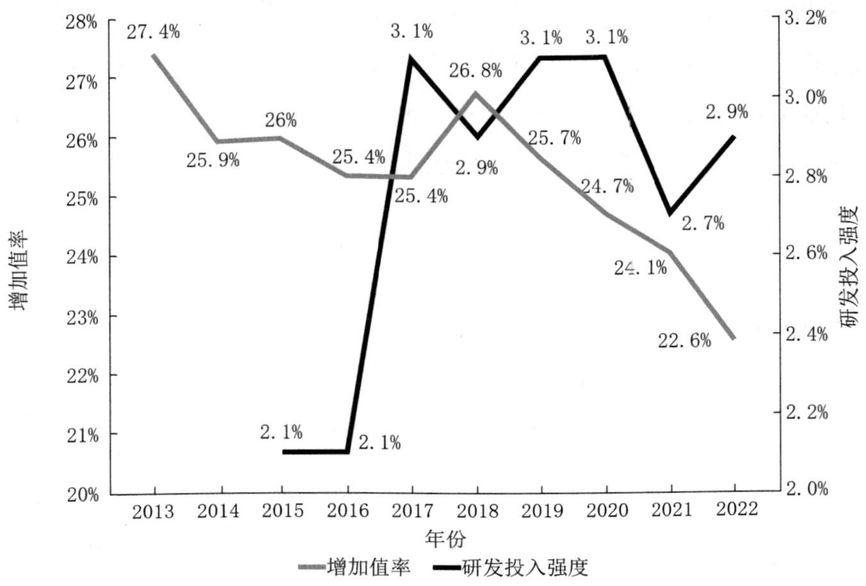

图2-10　2013—2022年广东省食品饮料产业增加值率和研发投入强度

注：根据历年广东统计年鉴计算所得。

（三）家电

家电产业在广东省众多产业中发展较为成功，提供了大量就业岗位，拉动了广东省乃至全国的经济增长。图2-11展示了2012、2015、2017年广东省家电产业的直接依赖度和完全依赖度。不难发现，直接依赖度从2012年的0.211下降到2017年的0.012，而完全依赖度从2012年的0.222下降到2017年的0.025，表明在后房地产时代，家电产业数字化转型升级势在必行。应聚焦细分产业的数字化转型需求，制定符合本产业特点的产业集群数字化改造方案，创造出更多有代表性的工业互联网园区和产业平台，并形成一套可供借鉴的产业标准。

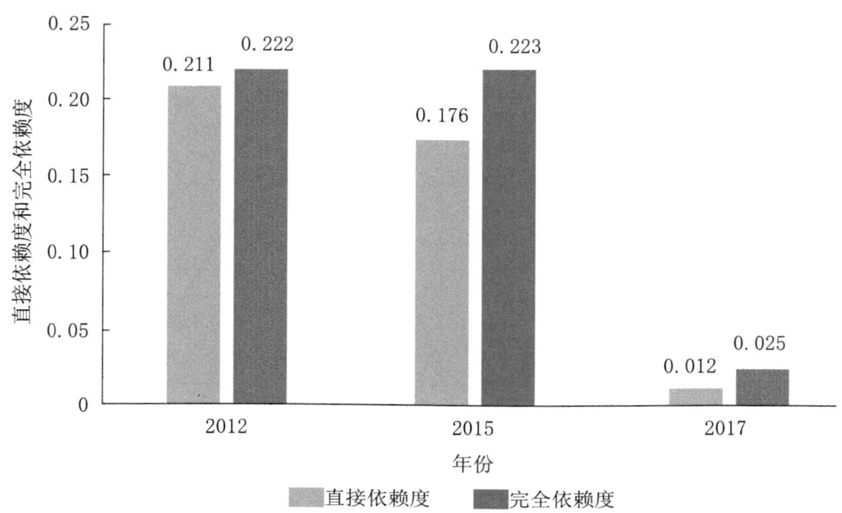

图2-11 2012年、2015年、2017年广东省家电产业的直接依赖度和完全依赖度

注：根据广东投入产出表计算所得。

图2-12展示了2013—2022年广东省家电产业增加值率和研发投入强度。一方面，在2013—2017年，广东省家电产业增加值率大致呈上升趋势，从2013年的21.8%上升到2017年的23%。原因可能是，新的科技和设备不断涌现，为家具家电产业带来了更高效、更节能、更环保的生产方式。通过引入先进技术和设备，企业能够提高生产效率、降低成本，并增强产品的竞争力。在2017—2022年，广东省家电产业增加值率有所下降，从2017年的23%下降至2022年的21.1%。可能的原因是，随着时间的推移，越来越多的企业加入了家电产业，市场竞争日益激烈。新进入企业的增加导致市场供应过剩，产品同质化严重，从而降低了企业的利润空间和市场占有率。另一方面，从家电产业研发投入强度可以看出，该产业研发投入强度保持较高水准，呈现明显上升趋势，大致从2015年的7.2%上升至2022年的9.2%，说明广东省家电产业正在积极拥抱科技创新，并将其视为未来发展的关键驱动力，引导企业加大创新投入，提升技术水平和产品质量，推动产业持续向高端化、智能化、绿色化方向发展。例如，广东省的家电企业美的集团近年来持续加大研发投入，开发了人工智能、物联网等技术，推出了一系列智能家电产品，引领了

产业发展。综上所述，尽管广东省家电产业生产效率有所下降，利润空间减少，但仍在积极研发创新。

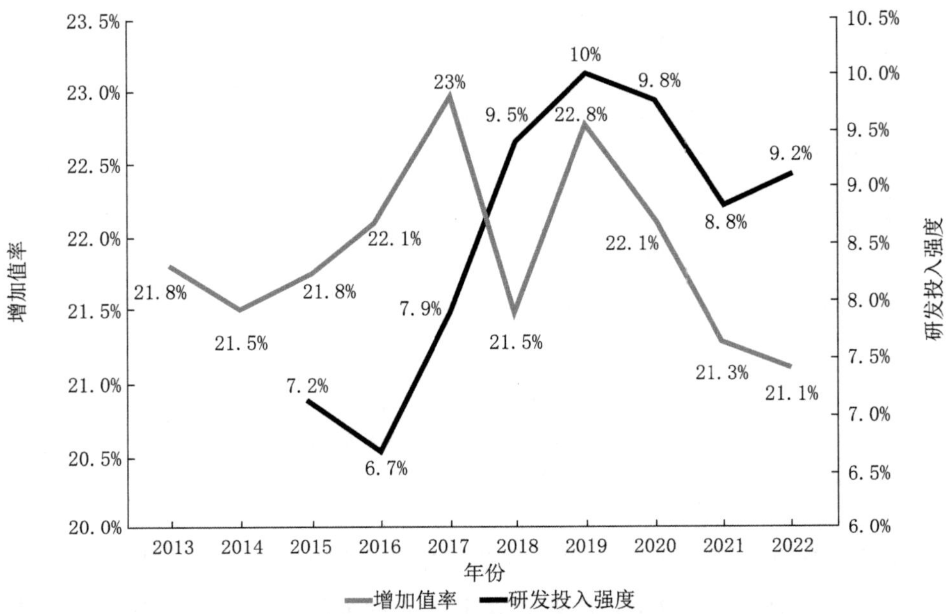

图2-12　2013—2022年广东省家具家电产业增加值率和研发投入强度

注：根据历年历年广东统计年鉴计算所得。

（四）五金建材

目前，广东省五金建材产业经济运行呈持续发展趋势，主要经济指标整体处于合理区间，且绿色低碳、智能制造转型趋势加速推进。图2-13展示了2012、2015、2017年广东省五金建材产业的直接依赖度和完全依赖度。在此期间，广东省五金建材产业的直接依赖度和完全依赖度呈上升趋势。具体而言，直接依赖度从2012年的0.008上升到2017年的0.289，完全依赖度从2012年的0.058上升到2017年的0.16。这说明广东省五金建材产业的数字化转型程度在加深。可能的原因是，五金建材企业积极推进工业与信息化融合，以工业机器人、智能仪器仪表为代表的关键技术装备应用取得巨大进步，工业网络覆盖率有了显著提高，智能制造装备和先进工艺在五金建材产业领域不断得到普及。

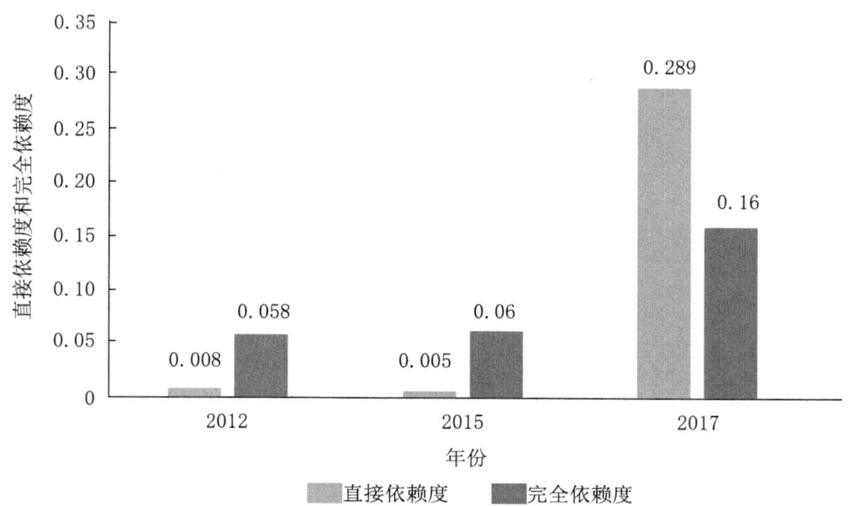

图2-13　2012年、2015年、2017年广东省五金建材产业的直接依赖度和完全依赖度

注：根据广东投入产出表计算所得。

图2-14展示了2013—2022年广东省五金建材产业增加值率和研发投入强度。一方面，广东省五金建材产业增加值率大致呈下降趋势，从2013年的24.7%下降至2022年的19.8%。可能的原因是，广东省五金建材产业存在产能过剩问题，导致企业开工率不足，生产效率降低，利润空间缩小，同时缺乏对市场需求变化的及时反应，导致产品滞销、库存积压。另外，部分企业缺乏自主知识产权和核心技术，产品同质化严重，难以形成差异化优势。另一方面，从五金建材产业研发投入强度可以看出，研发投入强度大致呈上升趋势，从2015年的2.8%上升至2022年的4.5%，表明该产业积极进行研发创新活动，努力朝着更加智能化、绿色化和定制化的方向发展，更好地满足消费者需求。综上所述，广东省五金建材产业增加值率大幅下降，应继续加大研发投入，积极引进先进技术和设备，改造升级生产线，提升生产效率和产品质量。

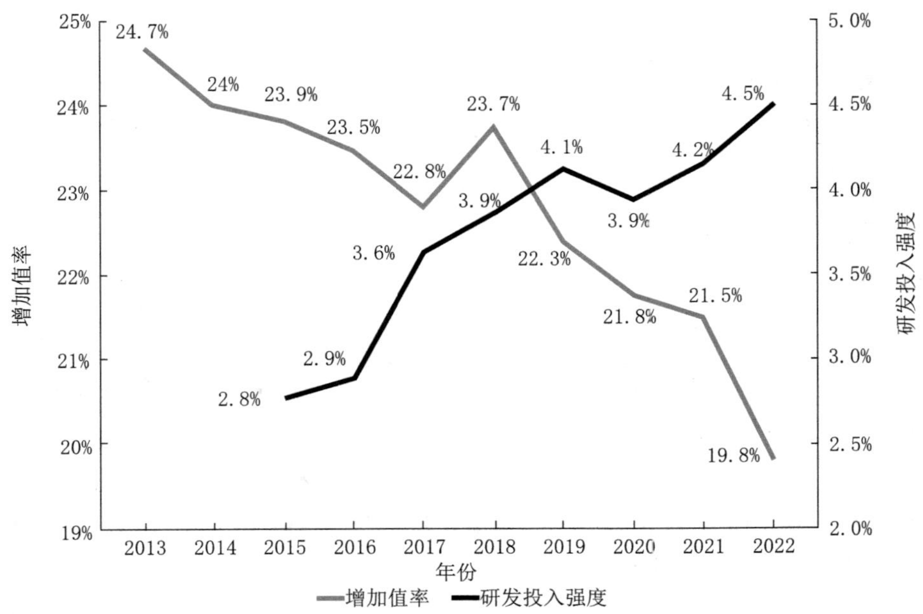

图2-14　2013—2022年广东省五金建材产业增加值率和研发投入强度

注：根据历年广东统计年鉴计算所得。

第四节　广东主要传统产业发展存在的问题

传统产业是广东经济的重要支柱，是保持广东经济发展竞争实力和创新活力的重要源泉，为广东加快形成新质生产力、构建现代化经济体系和推动高质量发展提供了重要支撑。尽管广东优势传统产业整体素质明显改善、总体实力明显增强，但仍存在以下问题：行业竞争激烈，优势不断弱化；创新投入不足，缺乏核心技术；品牌影响力较弱，产品同质化严重；转型动力不足，高端专业人才缺乏。

一、行业竞争激烈，优势不断弱化

随着广东人口老龄化加剧、原材料成本增加及市场需求疲软，广东主要传统产业面临的竞争愈发激烈，优势逐渐弱化。从整体来看，在规模以上工业增加值率方面，广东从2018年的6.3%下降至2022年的1.6%，并且在2019

年以后，被江苏和山东超越（见图2-15）。在规模以上工业企业营业收入方面，广东从2018年的142598亿元增长至2022年的183027亿元，江苏从2018年的127778亿元增长至2022年的164753亿元。在规模以上工业企业人均利润率方面，广东从2018年的6.5亿元/万人增长到2022年的7.8亿元/万人，江苏从2018年的9.7亿元/万人增长到2022年的10.1亿元/万人。从细分行业来看：在规模以上工业增加值率方面，广东纺织服装业从2018年的2.6%下跌到2022年的-11.4%，低于江苏2022年的5.3%，家具家电业从2018年的7.1%下跌到2022年2.8%，高于江苏2022年的-10%，五金建材业从2018年的7.1%下降到2022年的-9.1%，低于江苏2022年的10.9%，食品饮料业从2018年的16.6%增长到2022年的43.5%，高于江苏2022年的24.1%[①]。以上结果均能够说明广东传统产业面临愈发激烈的市场竞争环境，优势不断弱化，未来需要加快形成新质生产力，打造传统产业竞争新优势。

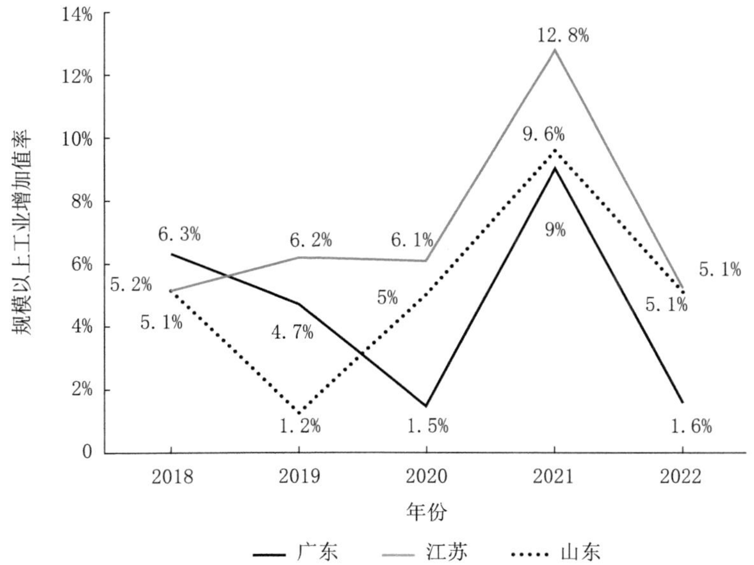

图2-15 2018—2022年广东、江苏、山东规模以上工业增加值率

注：数据来自2018—2022年的广东统计年鉴、江苏统计年鉴、山东统计年鉴。

① 以上数据均来自相关省份的统计年鉴。

二、创新投入不足，缺乏核心技术

目前，广东某些传统产业创新能力薄弱，缺乏核心技术。例如，在研发经费支出方面，广东五金建材业和电器机械业在2022年的研发经费支出分别为140.51亿元和405.64亿元，落后于同期的江苏（见表2-4）。另外，2021年，广东规模以上工业企业中仅有40.3%的企业参与了研发（R&D）活动，相比之下，浙江和江苏的对应比例分别高达48.7%和48.5%，显著高于广东。另外，广州日报数据和数字化研究院（GDI智库）发布了“广东可持续创新发展企业TOP50榜（2023）”，上榜企业均属新兴产业，其中新一代信息技术产业的企业数量最多，达31家，占比为62%。

从国际产业分工的视角来看，广东众多企业在技术层面仍显著依赖于外部引进，尤其是研发设计、先进工艺技术和核心设备主要依赖进口。这种“引进依赖而消化不足”的态势长期困扰着广东企业，极大地削弱了引进技术的实际效益，进而造成拥有自主知识产权的核心技术匮乏，多数产业在全球产业链中处于中低端位置。以家电产业为例，尽管家电企业以制造环节的精细化和高效管理协调能力为优势，但在高端制造业领域，关键技术、核心零部件和重大原创性技术的缺失成为其发展的瓶颈。缺乏重大原创技术的企业难以引领技术的迭代升级，外资企业在上游关键零部件和软件研发上依然占据主导地位。当前，不少家电企业仍然依赖于高投入、高污染、高能耗的生产模式以及廉价的劳动力资源来保持竞争力，转型升级之路仍面临诸多挑战和困难。

表2-4　广东和江苏主要传统产业研发经费支出

省份	行业	研发经费支出/亿元	
		2021年	2022年
广东	食品饮料	50.98	55.11
	纺织服装	15.14	17.39
	家具家电	30.03	29.33
	五金建材	143.59	140.51
	电器机械	364.99	405.64

续表

省份	行业	研发经费支出/亿元	
		2021年	2022年
江苏	食品饮料	37.98	40.70
	纺织服装	13.29	14.99
	家具家电	7.76	8.17
	五金建材	192.13	213.34
	电器机械	458.33	537.90

数据来源：2021—2022年广东统计年鉴和江苏统计年鉴。

三、品牌影响力较弱，产品同质化严重

2023年度《中国最具价值品牌500强》显示，广东共90个品牌上榜，较2022年减少6个（见表2-5），其中有22个品牌进入TOP100，总价值54498亿元，位居次席，表明广东是一个品牌大省。但广东主要传统产业品牌影响力较弱，产品同质化严重。以建筑业为例，根据《广东省建筑业“十四五”发展规划》可知，广东建筑业具有资源整合能力、品牌影响力的龙头骨干企业不多，截至2020年底，广东建筑施工特级资质企业数量（31家）落后于江苏（81家）、浙江（80家）、山东（45家）；广东仅有5家企业入选《2020年中国建筑企业综合实力100强》，入选企业数量排名全国第7位。大多数建筑业企业发展存在“散、小、弱”的问题，工程业务主要集中在房屋建筑和市政基础设施建设领域，建筑业产业链条呈碎片化发展，不利于资源整合和调配，企业专精特新程度不高，同质化竞争较为严重。此外，《中国汽车报》社发布了《2023全球汽车供应链核心企业竞争力白皮书》，从中可知，位于第7位的是福建的宁德时代新能源科技股份有限公司，而广东的广汽部件有限公司仅位于第55位。在中国汽车零部件企业百强榜中，广东的汽车零部件企业占比为10%，落后于浙江（18%）、江苏（11%）等省份。

表2-5　2022—2023年中国最具价值品牌500强各地区数量分布及品牌价值（部分）

地区	2023年		2022年	
	品牌数/个	品牌价值/亿元	品牌数/个	品牌价值/亿元
北京	99	91019	99	85305
广东	90	54498	96	55398
上海	46	20946	52	23471
浙江	39	15340	41	16930

四、转型动力不足，高端专业人才缺乏

《2020中国企业数字转型指数研究》报告显示，2020年我国数字化转型效果显著的企业只有11%。广东的企业同样面临转型升级动力不足等问题。广东省内企业发展水平呈现显著的不均衡态势，其中不乏规模偏小、竞争力薄弱的企业，这些企业虽然产业类型繁多，但彼此间的关联度却不高，难以形成有效的产业集聚效应。进一步观察发现，众多传统产业企业主要从事以贴牌生产为主的加工贸易业务，这种业务模式往往科技含量较低，导致产品附加值不高，从而使这些企业长期处于全球价值链的较低层次。在科技创新和企业品牌战略的应用方面，广东大部分传统制造业的基础相对薄弱，企业的研发经费投入较少，研发能力有限，拥有的自主品牌和核心技术总体偏弱，这些因素均导致传统产业企业转型升级缺乏内生动力。此外，高素质的专业人才在一定程度上能够加速产业转型升级，而广东相对于全球来说，高端、高素质的专业人才还是相对欠缺的。以广州建筑行业为例，根据《广东省建筑业“十四五”发展规划》，50岁以上建筑工人占比16%，40岁以上建筑工人占比53%。同时，现有专业人才供给与行业发展需求不够匹配，满足建筑工业化生产、一体化业务模式需求的人才匮乏，缺乏国际化以及适应工程总承包、全过程工程咨询发展的综合型复合型人才，全行业人才培养体系亟待完善。

第三章
传统产业转型升级案例[①]

传统产业是我国建设现代化产业体系的基底，更是参与国际竞争、开展全球产业链供应链合作的基本盘。加快传统产业转型升级，关乎现代化产业体系建设全局。本章从区域、开发区和企业三个层面选取了旧金山湾区、东京湾区、剑桥科技园、日本筑波科学城、首钢园、美的集团、苏宁集团和TCL集团八个典型的传统产业转型升级案例，以期从宏观、中观和微观层面，揭示传统产业转型升级规律，总结传统产业发展经验，为广东传统产业转型升级提供决策参考。

第一节　区域层面案例

一、旧金山湾区：工业经济迈向知识经济

旧金山湾区位于美国西部，西濒太平洋，地理位置十分优越，总面积约1.8万平方千米，辖区包括9个县和101个市，总人口超750万。湾区拥有以硅谷为核心的全球科技研发中心，世界顶尖学府加州大学伯克利分校和斯坦福大学，以及全球知名企业苹果、Google、惠普、推特、Facebook和英特尔等。2022年，旧金山湾区GDP为1.38万亿美元，位于世界四大湾区前列。此外，欧洲工商管理学院（INSEAD）等机构联合发布的《全球人才竞争力指数》中，旧金山位居世界各大城市人才竞争力榜单首位。

① 本章执笔人为暨南大学经济学院王东、杨亚平。

旧金山湾区实现了依靠创新驱动的内涵型增长，政府层面高度重视科技创新，许多企业也将创新作为发展的首要战略，旧金山湾区创新活动十分活跃。旧金山湾区在人均GDP、研发支出、专利数量、高等教育和高新技术产业集群等方面位居世界四大湾区前列。旧金山湾区经济发展呈现显著的阶段性演进特征，经历了从制造业为主的工业经济向科技创新驱动的知识经济转型的过程（见图3-1），在每次传统产业转型升级的过程中，科技创新都发挥了无可替代的重要作用。如今的旧金山湾区已经成为享誉全球的“科技湾区”，是世界科学中心和创新高地，也被称为全球创新“聚宝盆”。建设具有全球影响力的国际科技创新中心是粤港澳大湾区的重要战略定位之一，探讨旧金山湾区建设的实践经验与创新发展，对粤港澳大湾区建设具有重要借鉴意义。

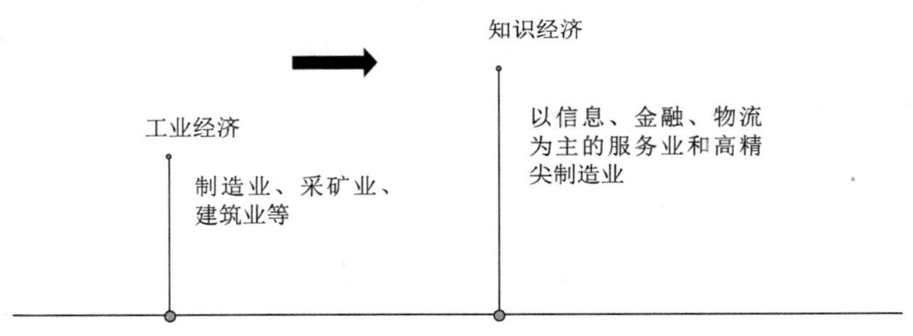

图3-1　旧金山湾区传统产业转型历程

（一）发展历程

1. 经济起步期（1940年之前）

1848年，木匠詹姆斯·威尔逊·马歇尔（James Wilson Marshall）在美国加利福尼亚美利坚河与圣克拉托河交汇处附近，无意中发现了一些黄金矿石。随后不久，美国各地移民纷纷涌入这一地区掘金。到1849年，其他国家的人也得知这一消息，大量来自世界各地的移民来到旧金山湾区，希望实现淘金梦。黄金作为一种稀缺资源，促进了旧金山湾区的早期发展。相关数据显示，1848—1854年，旧金山约有三十万的外来移民在此定居。“掘金潮”

促进了旧金山采金业和冶炼业的发展，当地的重工业开始兴起。在这一背景下，旧金山逐渐成为湾区的核心城市。同时，依靠天然的海湾和港口优势，旧金山港口运输业也迅速发展，旧金山港快速崛起并成为美国西部第一大港。随着当地居民财富的迅速增加，旧金山湾区的金融业也迅速兴起。此外，大量的外来移民产生了对日常生活用品的巨大市场需求，旧金山的轻工业也开始兴起。到了1929年，美国爆发了经济大危机，大量工厂破产，失业率飙升。对此，罗斯福实行新政，大力兴办公共工程，在美国政府的支持下，旧金山湾区建立了许多大型基础设施，包括许多著名的大桥。众多造桥工程为湾区提供了大量的就业机会，同时也促进了湾区城市之间的要素对流和功能互补（见表3-1）。与此同时，湾区内的另一大城市奥克兰依靠铁路的建立，工业化进程加快，经济结构逐渐合理化，形成了发达的综合性工业地带，人口数量迅速攀升，成为同期美国人口增长速度最快的城市之一。旧金山和奥克兰通过不同的产业兴起，成为湾区的两大核心城市。经过近一个世纪的发展，旧金山和奥克兰分别形成了各自的优势产业。旧金山以金融和零售业为优势产业，奥克兰的长项则是制造业和港口运输业。

表3-1　20世纪20—30年代旧金山湾区建成的大桥

大桥名称	建成年份	用途	连通地点
安蒂奥克大桥	1926年	公路桥	斯托克顿市与阿尔维索市
杜巴顿大桥	1927年	公路桥	弗里蒙特市与门罗公园市
卡基尼斯大桥	1927年	铁路桥	瓦列霍市与克罗基特市
圣马特奥-海沃德大桥	1929年	公路桥	圣马特奥市与海沃德市
伯尼夏-马丁内斯大桥	1930年	铁路桥	伯尼夏市与马丁内斯市
旧金山-奥克兰海湾大桥	1936年	公铁两用	旧金山与奥克兰市
金门大桥	1937年	公路桥	旧金山市与索萨利托市

资料来源：中国指数研究院。

2.工业经济发展期（1940—1980年）

在珍珠港事件后，旧金山湾区成为面向太平洋战场的重要军事区域。鉴于旧金山湾区基础设施较为完备、优良港湾众多，美国政府在湾区陆续建立了许多大型军用造船厂。军事需求激增给旧金山湾区带来了大规模的军事采购合同和军事装备生产需求，极大地促进了旧金山湾区制造业、钢铁业和造船业等多个行业的繁荣发展。相关数据显示，二战及战后美国联邦政府在旧金山湾区签订的战争合同总计投入超过60亿美元，大规模军事采购合同极大地促进了旧金山湾区的经济发展。但是随着战争结束，大量工厂从旧金山中心城市向湾区外围迁出。主要原因是，一方面，随着二战结束，美国开始大幅缩减军费开支，军事需求锐减，许多工厂被迫停工。另一方面，旧金山作为湾区中心城市的地位开始不断凸显，土地价格、住房价格和劳动力价格等成本迅速攀升，旧金山和奥克兰的低成本竞争优势正发生转变，许多工厂逐渐向湾区外围城市迁移。在这场产业外迁进程中，圣何塞市吸引了大量科技型企业从而迅速崛起，成为湾区科技创新中心，旧金山湾区逐渐呈现出圣何塞、旧金山和奥克兰三足鼎立之势。1951年，斯坦福工业园（即后来的“硅谷”）诞生，是世界上第一个产学研深度融合的高校工业区，为硅谷成为世界科技创新中心奠定了坚实的基础。

3.工业经济向知识经济转型期（1980年至今）

20世纪80年代后，旧金山湾区经济体系开始逐步由工业经济向知识经济转型，并形成以信息产业为主导的新型产业结构。同时，大量风险投资资本疯狂涌入旧金山湾区，金融业逐渐成为旧金山市主导产业。当前，泛金融业在旧金山湾区经济中的比例已逐渐上升至三分之一。此外，科技要素向旧金山湾区南部持续汇聚，交通基础设施带动了湾区外围城市的发展。硅谷涌现出众多科技成果，世界随之全面进入信息时代。在科技革命和产业变革推动下，硅谷的范围不断扩大，由于北部可使用土地日益减少，经济中心不断向南方迁移。20世纪90年代，圣何塞市被誉为“硅谷之心”，城市经济建设进入快车道。如今，旧金山湾区在高新技术、生物医药、航天等领域具有明显优势，吸引着世界各国优秀科技人才在此聚集，为世界经济增长贡献了动能。2017年旧金山湾区总人口773万，人均GDP高达10.8万美元，远高于同期纽约湾区（6万美元）、东京湾区（4.3万美元）和粤港澳大湾区（2.2万美元）（见表3–2）。

表3-2 2017年旧金山湾区的部分社会与经济发展指标

指标	数值	指标	数值
县级城市数量	9	GDP/万亿美元	0.84
土地面积/万平方千米	1.8	人均GDP/万美元	10.8
人口/万人	773	发明专利总量/万件	5.44
国际港口数/个	1	全球金融中心指数排名	16
国际集装箱吞吐量/万TEU	227	全球创新指数排名	6
国际机场/个	3	第三产业占比	82.8%
机场旅客吞吐量/亿人次	0.8	信息产业增加值/亿美元	962.03

资料来源：Bay Area Council Economic Institute，粤开证券。

旧金山湾区两个典型城市圣何塞市和旧金山市的产业转型升级历程，分别见表3-3和表3-4。

表3-3 圣何塞市产业发展进程

时间	时代背景	产业发展状况	城市地位
19世纪中叶到20世纪初	淘金热	农产品资源丰富	农产品加工贸易中心
20世纪初到20世纪50年代	地震后重建	依托传统制造业	传统制造业城市
	斯坦福工业园区		
20世纪50年代至今	硅谷崛起	高新技术产业迅速发展	科技、创新中心

资料来源：上海全球城市研究院。

表3-4 旧金山市产业发展进程

时间	时代背景	产业发展状况	城市地位
19世纪中叶—20世纪初	淘金热及工业化推动	工商业、制造业发展迅速	湾区制造业中心
		现代金融业出现	
20世纪初—20世纪50年代	地震后重建	制造业地位下降	西部金融中心
	制造业外迁	服务业地位上升	
20世纪50年代—20世纪80年代	“优先发展”策略	零售业、金融业处于中心地位	后工业化城市
	“城市更新”策略	旅游业增长迅速	

续表

<table>
<tr><th>时间</th><th>时代背景</th><th>产业发展状况</th><th>城市地位</th></tr>
<tr><td rowspan="2">20世纪80年代至今</td><td rowspan="2">新科技革命</td><td>多媒体产业崛起</td><td>现代服务型城市</td></tr>
<tr><td>第三产业为主</td><td>旧金山湾区中心城市</td></tr>
</table>

资料来源：上海全球城市研究院。

总体而言，旧金山湾区由雏形到成为世界级著名湾区，经历了多次危机和转型，才走上了创新驱动的新型工业化道路。纵观其发展历程，旧金山湾区抓住了三次科技革命的历史机遇，凭借科技创新、金融支撑、产业互补、交通一体化等因素推动湾区保持较高经济增长率，最终发展成为世界级湾区。

（二）主要经验

1. 围绕创新链多主体协同发力

首先，美国加州政府在旧金山湾区的转型升级过程中发挥了重要作用（见表3-5），尤其是在企业创新的全过程中均提供资金支持。在研发阶段，由国家财政为企业科研提供资金支持，实施结构性减税降费政策，持续激发市场活力，为企业创新发展提供优渥的土壤。在促进科技成果转化阶段，设立专业化技术转移机构，为科技成果转化提供全链条、综合性服务。例如，著名的国家技术转让中心（NTTC）和联邦实验室，是一个致力于促进科技成果转化的公立单位。在产品市场化阶段，美国政府利用政府采购引导信息技术和新产品进入市场。

表3-5　旧金山湾区的科技创新政策

<table>
<tr><th>发展阶段</th><th>相关政策</th></tr>
<tr><td rowspan="3">研发阶段</td><td>财政资金为研发创新提供支持</td></tr>
<tr><td>税收优惠、减免政策</td></tr>
<tr><td>知识产权保护政策</td></tr>
<tr><td>成果转化阶段</td><td>设置孵化器、产业园区</td></tr>
<tr><td>产品市场化阶段</td><td>政府采购、企业团购</td></tr>
</table>

数据来源：上海全球城市研究院。

其次，当地完善的创新资金保障对高新技术的研发和成果转化起到了积极的促进作用。旧金山湾区拥有完善的金融法律体系，以及完善的金融支持创新体系，尤其是重点支持中小企业核心技术能力提升，为湾区的高新技术产业科技创新提供了资金保障，也为湾区的可持续发展提供了金融资源。湾区的风险投资十分普遍，以2013年为例，旧金山湾区吸收了全美45%的风险投资。相关调研数据显示，湾区约90%的高新企业都是通过风险投资而获得发展机会的。湾区还形成了发达的投资体系，即天使投资、风险投资和私募股权投资，让中小微企业融资更便捷。

最后，旧金山湾区作为美国的科技创新中心，拥有众多国家级实验室、高校和研究机构。这些国家级实验室与当地科技创新企业形成了紧密的联系，产学研合作密切。企业不仅可以参与国家级实验室的科研项目，还可以为这些实验室提供科研基金。同时，这些国家级实验室为科技创新提供了优渥的土壤。此外，湾区还拥有众多知名高校，如斯坦福大学、加州大学伯克利分校等，这些高校为当地科技企业提供了大量创新人才，并且为企业员工提供了进修和学习的机会。

2.公共领域的地方共治

1945年，旧金山湾区成立旧金山湾区委员会（Bay Area Council，BAC），在全球率先提出了湾区发展理念，首次以“湾区”为发展单元，构建跨行政区域的协调组织机构。重点职能机构主要包括湾区政府联盟（Association of Bay Area Governments，ABAG）、大都市交通委员会（Metropolitan Transportation Commission，MTC），以及非政府组织的重要协会型治理主体——旧金山湾区委员会。湾区政府联盟等区域性治理职能机构，平衡地方政府在湾区发展上的公共利益冲突，将地方政府在涉及湾区发展公共问题上的行政职权进行了归集使用，如协调湾区内各城市的合作、缓解交通拥堵、提高环境质量和促进人口增长等。经过数十年的转型，湾区三大主要城市通过发挥比较优势形成了差异化竞争优势。例如，旧金山市侧重金融、保险和房地产业，奥克兰市受益于硅谷的技术外溢效应，见长于新兴产业集群和港口经济，圣何塞市则持续引领全球信息技术产业发展。

3.多中心的网络空间构建

旧金山湾区的空间布局形成了以“圣何塞—旧金山—奥克兰”三个城市为核心，其他中小城市围绕核心城市在空间上互通联系、相互协同的一体化形态。在大都市交通委员会的规划和推进下，旧金山湾区从原本主要依赖高速公路的交通网络模式转变为多系统交通网络联通模式。旧金山湾区不仅通过交通网络的多元平衡，实现了城市互通连接和产业融合，还引导各类要素资源加快向湾区集聚。旧金山是湾区的人口中心和金融中心，奥克兰地区是湾区的制造业中心和交通枢纽，圣何塞市作为硅谷的核心城市之一，依托斯坦福大学、加州大学伯克利分校等高校的高端人才和先进科技资源，集聚发展高技术产业。湾区南部形成了重要的商务活动和休闲区，湾区北部是著名的酒乡和美食之都，整个湾区形成紧密联系、协同发展的一体化格局。

4.形成开放包容、勇于试错的创新文化

文化的包容性也是旧金山湾区取得成功的重要原因之一，多元包容和开放创新的文化为旧金山湾区产业创新提供了源源不竭的动力。旧金山湾区作为美国最为包容的区域，吸引着来自世界各地的优秀人才，进而促使这里的各种文化蓬勃发展。包容性能够激发世界各地人才的潜能和动力，增强旧金山湾区的创新能力。

二、东京湾区：轻工业转型为知识密集型高端制造产业

东京湾区位于日本本州岛中部，主要包括东京都、埼玉县、千叶县和神奈川县四个行政区，区域面积约1.36万平方千米，人口超过3686万，约占日本全国人口的三分之一，是世界上人口最多、基础设施最为完善的都市圈之一，城市化率超过80%。东京湾区是全球首个依靠人工规划设计而形成的湾区，与旧金山湾区相比，其人工规划的特点更为突出。东京湾区在世界四大湾区中以制造业见长，形成以京滨工业带与京叶工业带为两翼的临港工业格局，拥有世界级先进制造业集群，以及众多全球500强企业如丰田汽车、三菱重工、日本制铁等。东京湾区的制造业以轻工业为主，与粤港澳大湾区的产业结构相似，粤港澳大湾区能够从东京湾区的转型升级经验中获得启示。

（一）发展背景

1.工业发展初期（1937年之前）

1868年，日本推行“殖产兴业”政策，大量引进西方设备、技术和人才，建立官营模范工厂，而东京湾区正是这一政策最大的受益者。日本政府在东京湾区北部边缘建立了富冈制丝厂，该工厂是当时日本乃至当时世界纺织业的巅峰，培育了大量熟练的纺织工人和纺织专家。1880年后，政府将大量官营模范工厂出售给民间资本，三井、三菱等大财阀逐渐形成，而这些财阀随后靠发战争财攫取第一桶金。此后，日本持续加大军事投入，东京炮兵工厂、海军兵器厂等纷纷在东京湾区建立。

第一次世界大战期间，欧洲遭到了战争的严重破坏，日本获得了大量海外订单，从而推动了其工业的繁荣，综合国力迅速提升，实现了从农业国向工业国的转变。在此期间，东京湾区工业规模大举扩张，人口从1912年的270多万迅速增至1923年的400万，东京湾区工人数量几乎翻倍，第三产业人口也显著增加。随后，东京湾区掀起了一股创业潮，并对此后百年的日本工业史影响深远。

2.军工主导时代（1937—1980年）

1937年，日本发动全面侵华战争，在日本军需大厂的主导下，东京湾区各地形成了专业度与集中度很高、分工明确的制造产业集群。此外，距离东京湾海岸线最远的群马、栃木和茨城三县，本是十分偏远的地方，但由于巨型军工企业的带动，这里集中了飞机制造、坦克制造等军事工业，逐渐形成了极为深厚的工业基础。

1954年后，美国收紧了对日本军工业的限制，但日本已经形成较好的重工业基础，工业发展进入快车道。在这个过程中，东京湾区依然是最主要的受益者。在战后，大量军工制造企业订单流失，必须改变原有生产模式，转向生产满足居民日常生活需求的各种商品。战后的日本面临社会重建的挑战，催生大量民生领域需求，制造业纷纷转型，东京湾区民用制造业得到快速发展。大型军工企业的倒闭，导致大量技术人才失业，其中很多人选择在民用领域创业，因而在那些旧军工厂所在地附近，创业者借助原企业的熟人关系，在小范围内形成了具有高技术含量的工厂集群。

3.产业转型期（1980年至今）

20世纪80年代后，日美贸易战进行到白热化阶段，造成了房地产泡沫破裂，大批企业倒闭，经济持续下行。日本政府意识到，只有加大科技创新，才能为日本提供新的经济增长点。随后，日本政府陆续颁布了《科学技术基本法》《科学技术基本计划》等重要法律。东京湾区也随之由重化工业转向注重知识集约型产业。尤其是21世纪以来，日本用于科技方面的投入每年都超过2000亿日元，包括一些重点领域如原子能、海洋和信息技术等，其中东京湾区受益最大。如今，东京湾区的钢铁、石化、装备制造等产业十分发达，贡献了超过日本三分之一的经济体量。

（二）主要经验

1.高等院校集聚发挥溢出效应

高等教育与湾区产业发展之间有密切的联系，旧金山湾区产业发展为高等教育提供了发展空间，而高等教育又是旧金山湾区产业发展的根本动力。东京湾区集聚了多种类型的高校，这些高校培养了大量高层次人才，为推动科技自立自强提供了人才支撑。相关数据显示，东京湾区拥有超过250所高校，不仅包括东京大学、早稻田大学和筑波大学等综合性高校，还包括东京工业大学、东京海洋大学这类专业性比较强的高校，东京湾区地域内的日本超级国际化大学数量众多，约占日本全国总数的48.6%。此外，东京湾区还拥有著名的高科技产业基地、日本最大的科学技术据点——筑波科学城。

2.融资渠道完善

东京湾区拥有较为完善的企业融资渠道，主要可以分为金融机构贷款、公开发行债券融资和商业信用融资。日本的金融体制属于“银行主导型”，科技型企业的融资渠道主要是银行。此外，日本还拥有较为完善的信用担保制度，许多中小企业缺少抵押品而无法获得贷款，信用担保制度完美地解决了这一问题。

3.工业分散战略

东京湾区是一个以钢铁、有色冶金、石化和汽车为中心的综合性工业区。东京湾区发展的早期，工业主要集中在东京等大城市，资源的过度集中对东京社会、空间、环境等方面产生了一系列压力。于是，日本实施工业分散战略，大量石油、化工、钢铁等重工业从东京中心区外迁至周边的神奈川县与千叶县等地区（见表3-6），而东京中心区着重强化高端服务功能，逐渐形成了以对外贸易、金融服务、精密机械、高新技术等高端产业为主的产业格局。工业分散战略既解决了东京湾区核心城市的过度膨胀问题，又促进了湾区外围城市工业区的发展。

表3-6　工业分散战略

地区	功能定位
东京中心区	部门：政府、行政、文化机构以及服务业、批发业、金融等 职能：政治行政的国际中枢；金融信息、科教文化等中枢
多摩区域	部门：东京都高科技产业、研究开发机构、商业、大学 职能：接受东京中心区大学、研发机构和高新产业方面的产业转移
千叶县	部门：化工电气机械、钢铁等制造业；原料输入、国际商贸 职能：国际空港、港湾、工业聚集地
埼玉县	部门：零售业等商业、政府机构、房地产等 职能：国际交流、国际商务
神奈川县	部门：电气机械、运输机械、化工制造业，国际商务、房地产 职能：产业承接与分流

资料来源：扬子江生态文明创新中心。

4.充分利用港口优势

日本经济是在参与全球贸易的过程中崛起并不断发展的，以出口主导经济的发展模式依赖海外能源和原材料，优良的港口条件为湾区外贸进出口提供了强有力的支撑。东京湾区拥有天然良港和现代化的港口设施，港阔水深且无天然遮挡物，成为世界最繁忙的港口之一，从海湾顶端的隅田川入海口开始，形成了西岸与东岸六大港口。同时，东京湾区还有大量的产业专用码头，使得以钢铁、石油、化学产业为主的临海工业拥有较低的物流成本。六大港口的整合自20世纪60年代开始落实，历经数十年的发展，使得东京湾区成为世界上贸易最多、实力最强的湾区之一。这些港口承载着大量的国际货物运输，不仅是本地经济的支柱，更是东京湾区经济发展的重要引擎。

第二节　开发区层面案例

一、剑桥科技园：营造优良创新生态环境

剑桥科技园位于英国剑桥郡，是世界著名技术创新中心。这片占地152英亩的场地拥有170多家高新技术企业，涵盖了个性化药物、癌症诊断、人工智能和物联网等高新技术领域。剑桥科技园拥有以科技创新为核心的经济增长方式，保持了长期的经济增长，能够为广东科技产业园区转型升级提供决策参考。

（一）发展历程

1.初创期

20世纪60年代，斯坦福大学与硅谷合作并取得成功，使得世界认识到了这种全新的合作模式。英国政府调整其科技战略，鼓励企业与高校合作，促使科技成果能够直接应用于企业界。1968年，剑桥大学提交了莫特报告，旨在利用剑桥大学的科研资源吸引高科技企业来到剑桥地区。20世纪70年代初，剑桥大学三一学院利用自身创新优势，建立了剑桥科技园区。剑桥科技园在前五年的发展十分缓慢，只能吸引那些希望与剑桥展开科研合作的企业。

2.快速成长期

20世纪80年代初，剑桥科技园区开始集聚一些技术人员和科技企业。随后，为了进一步改善园区服务能力，“三一中心”成立，用于提供各类专业的商务会议、餐饮宴会等服务。1990年，剑桥科技园出现了企业孵化器，园区公司数量开始增多，涵盖个性化药物、癌症诊断、人工智能、物联网和大数据等领域。剑桥科技园逐渐成为英国乃至欧洲的科技创新中心。20世纪90年代，剑桥地区的高科技公司数量增长到约1200家，雇用约35000名员工，对空间的需求也在增加。在20世纪90年代末，生命科学行业迅速崛起，并成为

园区的主要技术行业。

3.成熟阶段

进入21世纪以来，剑桥科技园不断加强与社会各界的合作，如今已发展为以科技研发、产业孵化和商务合作等为主导，以产业活动为核心内容的城市空间系统，已形成以大学、新兴公司和大型跨国公司密切协作的极具创新特色的经济形态，不断吸引着来自全世界的高科技公司集聚。

2018年7月，中国和英国在剑桥科技园中共同投资建设的启迪剑桥科技园开幕，成为剑桥科技园建设的标志性事件之一。

（二）主要经验

1.优良的生活和工作环境

科技园区需要配备完善的公共服务，打造宜居宜业的生活环境，才能“引得进”“用得好”“留得住”全球科技人才。优良的生活和工作环境是建设科技园区的基本要求，也是科技园区的核心竞争力之一。剑桥科技园拥有便利的交通条件，生活基础设施齐全。从园区出发，可以快速抵达伦敦卢顿（Luton）机场、伦敦斯坦斯特德（Stansted）机场，轻松前往世界各地。此外，剑桥地区阳光充足，是英国日照时间最长的地区之一。该区域教育资源顶尖，人文氛围也十分浓厚。

2.完善的金融服务

园区建立了多层次风险投资支撑体系，涵盖政府专项扶持基金、市场化风险投资机构以及多层次资本市场融资渠道。首先，政府联合企业制定了一系列针对企业的资金扶持计划，并且要求政府机构优先从园区企业中采购产品，极大地促进了园区企业的发展。其次，园区拥有各种金融机构，能提供完善的风险投资服务。例如，世界知名的巴克莱银行，在园区专门设立了办事处，主要扶持新兴中小企业发展。由于巴克莱的带头作用，许多其他金融机构也陆续在剑桥科技园建立了分支机构。AIM是伦敦证券交易所专门为中小企业和高增长型企业设立的国际化交易市场，其上市标准很低，适合园区中小企业，这也促进了园区中小企业的成长。

3.专业的管理机构

剑桥科技园成立了管理中心（见表3–7），并且针对各业务环节建立了专业的管理机构。针对产业研究、成果转让、创业融资、技术服务、企业服务等五大环节分别设置了产业合作研究机构、沃弗森产业联盟、圣约翰中心、剑桥技术服务中心、剑桥企业中心。这能为中小企业建立良好的生态环境，营造鼓励创新创业创造的氛围，促进科技型创新企业和中小企业创新发展，在硬件和软件上满足园区企业的要求，为企业提供全方位的信息服务。

表3–7 剑桥科技园管理中心

环节	管理机构	职责
产业研究	产业合作研究机构	设立专职服务于产业的科研岗位，接受产业相关企业委托的科研任务，并由企业支付薪金、提供研究资金
成果转让	沃弗森产业联盟	明确保护任何个人、团体的专利权
		鼓励科学知识产权的转让
创业融资	圣约翰中心	为科研项目提供短期小额贷款
		奖励具有创新性质的科研项目
技术服务	剑桥技术服务中心	代表大学同企业进行谈判，签订协议，以大学的科研成果入股
		利用产业公司的金融优势进行上市筹资
企业服务	剑桥企业中心	中心目标为在剑桥大学建立企业文化，并在新的知识型企业创建过程中提供帮助

资料来源：《产业大脑|走进剑桥科学园，探寻生物医药产业集群发展之路》，https://www.hsmap.com/detail/1/1013，2022年8月29日。

4.政府针对中小企业提供大量的优惠政策

园区对中小企业提供倾斜式支持政策，建立科技企业孵化器，制定中小企业所得税的优惠政策。英国保障外商投资企业依法依规平等享受支持政策，即外资企业在英享受国民待遇，可以获得同样的创业扶持资金。并且英国过去一直是欧盟中公司税最低的国家，英国有更多的减免税条款，这也增强了该地区企业的竞争力。

二、日本筑波科学城：政府主导建设的科创高地

筑波科学城位于东京东北约60千米处的筑波山麓，面积约284平方千米，常住人口约24.5万（2021年），距离东京机场约40千米，交通便利。20世纪60年代，日本为了实现“技术立国”目标，专门设立了筑波科学城，希望能与美国硅谷相媲美。经历了数十年的发展，筑波科学城成为日本乃至亚洲的科创高地。

（一）发展历程

1.初创阶段（1963—1973年）

20世纪60年代，受美国硅谷成功的启示，日本国家科技战略由“吸收型”转向“自主创新型”，经济战略也由“外贸型”向“技术型”转变，筑波科学城应运而生。日本政府历时十年完成筑波科学城的建设，包括科学选址，完善项目规划和土地配置，设立首个国家级无机材料研究所。随后不久，筑波大学迁入科学城。

2.快速发展阶段（1974—2010年）

到了1980年，筑波科学城已经建立了约40个国家级研究机构和高校，并且开始正常运营。1985年，筑波科学城举办了筑波世界博览会，极大地提高了筑波科学城的知名度。然而，筑波科学城建立后，却没有复制美国硅谷取得的成功。到1998年，筑波科学城在与硅谷的对比中趋于落后，筑波科学城的GDP仅为50亿元，同期美国硅谷的GDP要远远超过筑波科学城几十倍。随后，筑波科学城重新进行了彻底性的规划。1998年，日本政府修订了“筑波科学城建设计划”和“筑波周边开发区整体计划”，调整了筑波科学城的定位与目标。日本政府从产业布局、功能定位和专项经费等方面，为筑波科学城在创新人才引育、创新生态营造等方面提供了诸多支持。

3.国际战略综合特区建设阶段（2011年至今）

2011年，茨城县和筑波大学共同申请的“筑波国际战略综合特区”获得日本政府批准。筑波科学城提出了“面向未来推进全球化创新”战略，依托科技园的人才和创新优势，构建产学研相结合的新模式，瞄准癌症治疗、机器人、创新药品、生物合成技术和医疗器械相关领域，提升科技创新的核

心竞争力。如今的筑波科学城，已经成为日本最大的科学技术据点和知识中心。

（二）主要经验

1.加强政府主导作用

筑波科学城成功的主要原因是日本政府在科学城建设和发展全过程中发挥了主导作用，包括科学城的规划、建设以及法律法规的制定等。筑波科学城通过立法和激励政策，对企业落户、场地支持、研发创新和人才引进等给予多种优惠政策和措施，为科学城创新发展奠定了坚实基础。例如，《研究交流促进法》中明确提出私营企业可以使用国家级研究机构的设施和设备。

2.完善的创新成果转化政策

作为筑波科学城创新引领者，筑波大学制定各种鼓励创新创业成果转化的政策，鼓励教师、科技人员进入科技园创业。在新的管理办法和政策措施支持下，科研单位和科研人员被赋予更大的自主权。产业技术综合研究所在筑波拥有多处分支机构，截至2020年，主创的风险企业达到149家。除了政府主导的创新服务平台，筑波科学城的创新生态系统中社会组织的角色同样不容忽视。

3.人才国际化和配套环境国际化

相关数据显示，当前筑波大学城约2万人的科研人员中，外国专家和学者超过5000人，来自亚洲和欧洲的十多个国家。为便利外籍人士在筑波科学城工作，日本政府发布《外国人士日本生活就业指南》。筑波科学城主要道路、公共设施、信息发布点与学校网站，使用日语、英语、汉语、韩语4种语言，整个园区致力于提高公共服务国际化水平。

4.成熟的法律制度保障

完善的法律制度保障，是筑波科学城取得成功的重要原因。日本政府将建设筑波科学城上升到法律层面，体现了日本政府对筑波科学城的重视程度。日本专门为筑波科学城的发展制定了法律法规，如《筑波研究学园城市建设法》《筑波研究学园城市建设计划大纲》《高技术工业聚集地区开发促进法》等，对筑波科学城的发展起到了十分重要的推动作用。

5.动员社会资本广泛参与

在筑波科学城建设初期，政府资本发挥了重要作用。但随着建设完成，城市设施和市区周围六个市、镇的维持和管理费用则成为地方政府的极大负担。于是日本政府迅速引进社会资本参与筑波科学城的后续建设，通过地方公开团体、企业财团与政府合建，为筑波科学城的建设吸纳了多元化的资金。

三、首钢园：从工业遗存到都市时尚区

首钢园位于北京市永定河绿色生态走廊与长安街西延长线交会处。1919年，北洋政府建设了北京石景山东麓建设炼铁厂，这正是首钢园的前身。2010年，随着最后一桶钢水浇筑完成，首钢园开始进行转型升级，向着高端产业综合服务区迈进。如今的首钢园，成为“工业遗存”和冬奥风格相结合的北京“网红打卡地”，更是传统产业转型的示范项目。

（一）发展背景

2001年，北京成功获得2008年奥运会举办权，这也成为首钢搬迁的开端。2005年，国务院决定将首钢800万吨产能外迁到曹妃甸。2010年，首钢园区全面停产，如何利用如此庞大的园区成为一个重要问题。2014年，国家提出在保留工业遗存的基础上对首钢园区进行改造。随后，北京奥组委入驻园区，对首钢园进行大刀阔斧的改造，确定以“体育”和“艺术”为主要产业发展路径。随后，首钢园实现了巨大的转变，原有的仓库、车站改为现代化体育设施和酒店等，转型升级后的首钢园成为北京新的“网红打卡地”。

（二）主要经验

1.工业遗存活化利用

首钢园不搞“大拆大建”，坚持“少拆除、多更新”的原则，利用原有风貌，重视旧厂房的保留和重新利用，采用“织补、缝合”等创新手法，对工业遗存进行改造。首钢园在改造中保留了高炉本体、热风炉、重力除尘器等核心构筑物，原为存放炼铁原料的西十筒仓成为北京冬奥组委办公地，铁粉储料仓等9栋工业遗存建筑改造为科幻产业集聚区，首钢制氧厂改造为制氧创新中心，三高炉空压站、返焦返矿仓、低压配电室、N3-18转运站4个工业建筑改造为首钢工舍智选假日酒店。

2.大力培育“科技+”“体育+”等都市时尚产业

在对区位优势、产业基础、遗存风貌等因素的综合分析与差异化对比后，首钢园确立了聚焦“科技+”“体育+”的产业方向。一方面，首钢园持续推进产业升级，大力培育“科技+”产业，初步形成科幻、人工智能、互联网3.0、航空航天等未来产业和高精尖产业集群。聚焦“体育+”产业定位，推动首钢滑雪大跳台等冬奥遗产的可持续利用，首钢园打造了覆盖一年四季的赛事和活动，促进体育文化成为区域产业增长的重要动力。

3.践行绿色低碳循环路径

首先，首钢在搬离后，园区管理委员会迅速对原有的土地污染进行治理，多个土地修复项目陆续展开，很大程度上解决了工业土地污染难治理的问题。其次，针对工业建筑遗址，首钢园区确定了绿色发展规划，针对不同类型的工业建筑设计不同的保护和修复方案，最大程度地保留工业建筑。最后，首钢多年积累的钢铁文化，成为园区改造中强调的一个亮点，园区内部还保留着众多的钢铁工业元素。

第三节　企业层面案例

一、美的集团

美的集团股份有限公司（简称“美的集团”）于1968年成立，曾经是国内传统家电巨头之一，经过几十年的发展，现已成长为涵盖家用电器、机器人和自动化、健康医疗等业务的科技集团，其不仅是中国制造业转型升级的典型样本，也是中国制造迈向中国智造的缩影。如今的美的集团，在全球拥有超400家子公司、38个研发中心和44个主要制造基地。截至2024年，美的集团年营收超过4000亿元，员工超过19万人，业务遍及200多个国家和地区，位居世界500强第277位。

（一）发展历程

1.快速成长阶段（1968—1995年）

1968年，美的集团在广东顺德成立。美的集团最初的主要经营业务为生产玻璃瓶和塑料瓶，随后又升级为生产五金制品。到了1975年，企业自有资金已经超过10万元，工人超过60人，厂房面积也达到200平方米。1980年，改革的春风吹遍神州大地，广东改革开放先行一步，美的集团乘着改革开放的春风，自主研制了第一台电扇，开始进入家电市场。1981年，美的品牌正式注册。到了1985年，美的集团正式进入空调产业，成立了空调制造厂。1993年，美的集团在深圳证券交易所正式挂牌，成为中国第一家经中国证监会批准的、由乡镇企业改制而成的上市公司。

2.全面升级阶段（1996—2009年）

1997年，美的集团进行了大刀阔斧的改革，引入“事业部”制度，按定位分为空调、厨具、电机、压缩机部门，随后收入和利润不断提高。1998年，美的集团开始走出广东，收购了安徽芜湖丽光空调厂，开始了在全国的扩张。到了2001年，顺德市政府卖掉了所持有的美的集团股份，美的集团董事长何享健掌握美的集团的全部股权，开始了新一轮的大规模扩张。随后，美的集团急流勇进，迅速在汽车、电力、高速公路等领域布局，但随后发现了多元化战略的弊端，开始专注于家电行业，并且收购了多个家电企业。

3.战略转型阶段（2010年至今）

2010年，美的集团整体销售收入突破1100亿元，迈入了中国企业“千亿俱乐部”。然而，随着其他家电品牌的崛起，家电行业市场竞争愈加激烈，从卖方市场转变为买方市场，消费者对产品质量、功能和外观的要求不断提高，这给美的集团的利润增长带来巨大压力。2011年，家电激励政策集中退出，家电市场开始降温。到了2012年，美的集团在全国的工厂仅有二分之一仍在运行，这一年美的集团的收入骤降三分之一。如何实现转型升级，成为美的集团迫切需要关注的战略问题。随后，美的集团将大量的资金投入研发和创新之中，聘请了大量国内外科学家和工程师，配备最为先进的测试设备和软件平台。2014年，美的集团提出股权激励计划，并发布了智能家居战略。2015年，美的集团营业利润比2011年增加了三倍，意味着美的集团的转型取得了初步成功。2016年，美的集团收购了意大利中央空调厂商克来沃（Clivet）80%的股份，2017年，美的集团收购德国库卡（KUKA）94.55%的股份，涉足机器人及自动化领域。2023年集团营业总收入3737亿元，同比增长8%。如今的美的集团已经成长为一家覆盖智能家居、楼宇科技、机器人与自动化 、健康医疗、智慧物流等业务板块的全球化科技集团。

（二）主要经验

作为一家传统的家电制造企业，美的集团的市场增长主要依赖于扩大生产规模和投入廉价劳动力。但美的集团也意识到，这样的增长模式将很难实现可持续发展。一方面，家电市场的竞争日益激烈，越来越多的家电品牌开始崛起，纯粹靠扩大生产规模很难取得较大利润增长。另一方面，中国的劳动力成本越来越高，导致家电利润日益降低。为了从根本上改变增长模式，美的集团进行了彻底的转型升级。美的集团的转型升级之路包括“632项目”“美的+互联网”、C2M（从消费者到生产者）、工业互联网经济和数智驱动五大战略（见图3–2）。

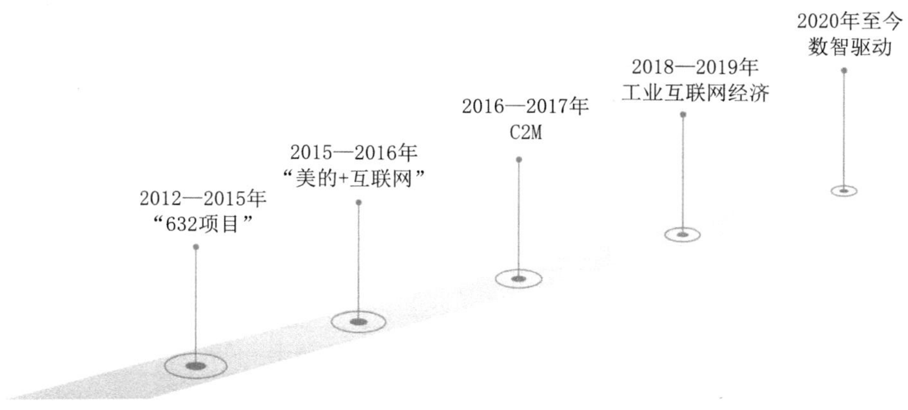

图3-2　美的集团的转型之路

1.实施“632项目”

美的集团董事长方洪波提出“一个美的、一个体系、一个标准”的转型升级目标，“632项目”随后开始实施。具体而言，“632项目”包括六大运营系统和三大管理平台，以及门户和集成两大技术平台，目标是解决集团关键流程缺失、各层级流程割裂、各单位流程标准不统一和整体运营效率难以评价等问题。该项目实施后，集团实现了结构组织扁平化管理，加快了反应速度，提高了组织效率，构建了现代企业制度。

2.与时俱进推进数字化和智能化

随着外部环境不断变化，移动互联网规模超过PC互联网，互联网的变化极大地冲击了美的集团。首先，在建立了数据互通的统一信息系统后，美的集团在2015年开始推行“美的+互联网”，利用人工智能、区块链和大数据等具有潜力的新兴技术，实现“632项目”的全面移动化以及积极部署高档数控机床、工业机器人、智能传感与控制等智能制造装备。其次，2018年初，美的集团在空调智慧工厂首次尝试了工业互联网，通过利用OT（操作技术）、CT（通信技术）、IT（信息技术）的结合将工厂车间的工业环境和工业设备全部通过物联网进行连接。另外，围绕“数智驱动”战略，提升全价值链运营效率，通过平台化管理创造持续价值，提升数字时代的企业竞争力

（见图3-3）。在内销领域，推动“以用户／客户为中心”的DTC（Direct to Consumer，直接触达消费者）变革战略，通过“产能交期可视、无交期不可售、订单自动评审”实现100%订单交期可视、96%以上订单自动评审，提升交付效率。

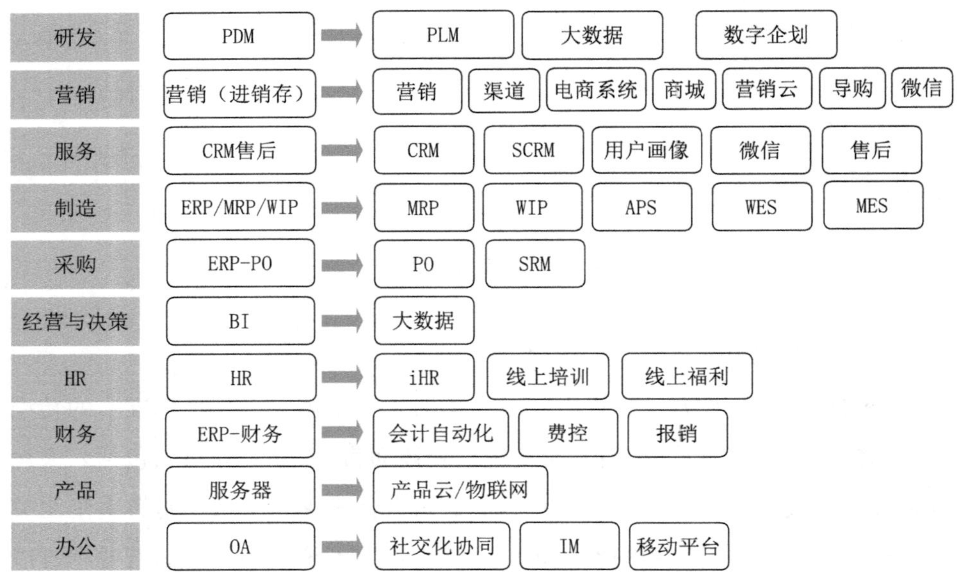

图3-3　美的集团的数字化转型

资料来源：《真实案例：美的集团的数字化转型》，https://mp.weixin.qq.com/s/QIfiCyKa85SAzOz1Undpuw，2024年3月16日。

3.数据驱动的C2M客户定制

数字经济时代，各类新消费群体不断涌现，消费市场细分群体越来越多，个性化消费不断涌现，多品种、小批量替代少品种、大批量。C2M是“从消费者到生产者”（Customer to Manufacturer）的简称，通过互联网和大数据，了解消费者的个体化需求和喜好，然后向制造商下订单，制造商接受订单后，绕过第三方零售商、批发商或任何其他中间商，以接近零售价的价格出售给消费者，又被称为“短路经济”。美的集团实施数据驱动的C2M客户定制，实现用户导向、以销定产、市场倒逼、全面提速。

二、苏宁集团

苏宁控股集团有限公司（简称“苏宁集团”）成立于1990年，截至2011年，苏宁在全国拥有1000多家电器连锁店，员工总数11万多名，2020年，中国民营企业500强排名中，苏宁集团以6652.59亿元的营收规模位居第二。作为曾经国内领先的家电连锁零售企业之一，苏宁集团通过“互联网+”线上与线下融合发展，全力打造全品类、全渠道和全场景布局的智慧零售版图。其中许多转型升级经验能够为传统行业中的企业提供有益的启示。

（一）发展历程

在多重因素交织的状态下，传统零售行业面临着诸多困境。一方面，电子商务的迅速发展使线下零售行业的生存空间被迅速挤压。从消费内容来看，线上购物的种类不仅限于日常生活用品，家庭护理、网络医疗、线上课程等都成为线上购物的主要内容。另一方面，传统线下零售行业面临着租金上涨、客流减少和成本增加的挑战，并且缺少保持自身在供应链方面的优势以及有效触达消费者的能力。在这种背景下，深耕传统零售行业的苏宁决定进行数字化转型。

苏宁集团的转型升级历程可以划分为三个阶段，分别是空调经销商阶段、线下连锁商阶段和全渠道零售变革阶段。

1.空调经销商阶段（1999年之前）

公司成立初期，仅经营单一品牌春兰空调，随后尝试扩展品类销售。经过数年的经营，公司员工人数增加到300多人，全国批发商达到4000多家，基本上形成了覆盖全国的空调分销网络。在1996年，公司年收入已经达到15亿元，公司已经初具规模。

2.线下连锁商阶段（1999—2008年）

1999年，苏宁集团彻底改变原有的业务模式，将批发模式转型为综合电器店零售模式，将商品销售范围从空调扩展到其他电器，全面实施连锁模式。随后，苏宁集团开始在全国快速扩张，在较短的时间内，全国门店已经超过1500家。

3.全渠道零售变革阶段（2009年至今）

2009年，面对实体零售在互联网冲击下的困境，苏宁集团又做了一个决定，进行了彻底的自我改革，全面拥抱互联网。苏宁集团迅速提出了“科技转型、智慧服务”的新十年发展战略，并且改变“只卖电器”的经营理念，进行全渠道零售变革。

（二）主要经验

1.门店数字化管理

苏宁集团作为一家拥有1000多家线下实体店的零售企业，利用数字技术对门店进行数字化管理是一个重要的转型举措。苏宁利用数字技术，在“开店、进店、逛店和离店”四个环节中，全面实施数字化管理，提供诸如店面管理、会员营销以及线上体验等方案。在开店环节，苏宁集团通过对商圈附近进行大数据分析，确定门店选址的最佳位置，并预测门店未来流量。在进店环节，利用数字技术获取用户信息，根据用户历史购买记录，对用户进行精准推荐，预测用户的消费需求。在逛店环节，利用无感支付缩短用户等待时间。在离店环节，对用户的消费行为进行分析，洞察用户的各种消费行为，从而对未来趋势进行预测。

2.推行数字供应链管理

随着苏宁集团的迅速扩张，以及线上业务的兴起，苏宁集团仓储物流能力受到较大挑战。同时，消费者对于高效、便捷、个性化消费体验的追求，对供应链管理提出了更高的要求。为了迎接供应链方面的挑战，苏宁集团利用数字技术赋能供应链管理，整合线上购物和线下门店数据库，将采购、销售、仓储和物流通过数字技术进行整合，以实现全过程信息共享。通过大数据和人工智能，苏宁集团可以精准预测未来销售情况，从而及时采购和补货，并且能够减少库存积压，让供应链管理更加高效。

3.实施精准数字营销

苏宁集团利用数据挖掘技术，对将近十年的销售情况进行分析，挖掘用户需求，对消费者偏好进行精准分析。并且，苏宁集团可以利用大数据对线上用户进行精准推送商品，从而减少用户的搜索时间和成本。苏宁集团搭建线下会员互动智能场景，通过App、社群及广场运营管理系统，以会员消费习惯为基础，新潮首店品牌为载体定制推广信息，实现会员精准营销。据统计，2021年度会员消费贡献率达70%，高等级会员消费占比达56%。

三、TCL集团

TCL科技集团股份有限公司（简称“TCL集团”）成立于1981年，公司总部位于广东惠州。在早期，TCL集团为了扩大企业规模，采用多元化战略，但是由于扩张速度过快，管理能力尚未跟上，导致在很多领域出现失利，出现了企业价值下降、财务绩效变差等问题。TCL集团很快认识到这个问题，将资源集中于核心产业，试图通过归核化战略以半导体显示及材料为主进行专业化发展，将非核心业务纷纷剥离，这一转型升级取得了巨大成功。如今，TCL集团已经是拥有半导体显示、新能源光伏等多个业务板块的科技产业集团。2023年，TCL集团在主要产品竞争力与市占率方面持续保持全球领先。在半导体显示领域，TCL华星TV面板市占率全球第二；在新能源光伏领域，TCL中环晶体产能提升至183GW，大尺寸、N型硅片外销市占率均为全球第一。

（一）发展背景

1981年，TCL集团在广东惠州成立。起初，TCL集团主要生产的产品为磁带。随后，TCL集团把握改革开放机遇，开始多元化发展，陆续生产电话机、音响、彩电、手机、空调、冰箱、洗衣机等多种产品。到了2002年，TCL集团在多个家电产品领域取得领先地位。2004年，TCL集团开始进行国际扩张，相继收购了汤姆逊彩电业务和阿尔卡特手机业务。2010年之前，中国面临“缺芯少屏”的局面，极大地制约了中国电子产业的发展。2009年，TCL集团开始进入半导体显示行业，建立华星光电品牌。随后，TCL集团认识到半导体显示行业的巨大潜力，投资金额超过两千亿元。为了进一步提升企业利润，TCL集团开始专注半导体显示业务，将其他非核心业务及无法与半导体显示业务产生密切联系的产业剥离，华星光电成为TCL集团的核心业务。如今，TCL集团已成为全球最大的消费电子制造商之一。

（二）主要经验

1.剥离非核心业务，实施归核化企业战略

在过去较长的一段时间内，资产剥离大多发生在ST上市公司或者即将退市的企业当中，被认为是上市企业出现较大危机的预兆。然而，越来越多的资产剥离事件表明，资产剥离是企业实施归核化企业战略，整合企业资源，专注于核心业务，提高营业能力的重要手段。

2.优先建立效率优势

企业在进入具有“重大技术突破”和“重大发展需求”的战略性新兴领域后，在外界有先进技术可以直接参考的背景下，先建立成本或效率方面的优势，尽快提高经济效益，制定以产品本地化、定制化为导向的产品战略，继而步入良性轨道。TCL集团从四个方面提升生产效率：一是通过应用先进技术，改造原有生产线，提升产能；二是针对主流产品，提高设备可用于创造价值的时间比率；三是提高生产线的平均良率，提升竞争优势；四是优化生产线布局与工艺流程，提高工厂空间利用率。

3.持续发展产品及产业核心技术

以卓越的制造工艺为基础，TCL集团不断发展产品核心技术。TCL集团的每件产品在出厂前，都需要经过严格的检验。TCL集团拥有七大高端实验室，专门为新产品进行出厂前测试，实施严格的品质检验标准。此外，TCL不断优化技术，通过全方位的创新，实现用户智慧体验升级，获得消费者的青睐。

4.完善产业生态建设

2021年，TCL集团发布了“旭日计划”，目的是建设多元、丰富和开放的产业合作生态。目前，TCL的生态合作伙伴超过一万家，服务的全球用户达到9.6亿人。TCL集团也涉足体育产业，与几十个世界头部企业一起支持体育发展，如TCL集团与北美四大职业体育运动联盟之一的NFL（美国国家橄榄球联盟）确立合作关系。此外，TCL集团还投资中国电竞产业，与国内顶尖电竞俱乐部展开战略合作。

第四章

广东主要传统产业转型升级的发展思路和对策建议[①]

本章分为三小节。第一节为发展思路，主要从指导思想、基本原则、发展定位和可行路径四个方面介绍广东传统产业转型升级的发展思路。第二节为重点领域及空间布局，主要聚焦广东省绿色石化、家电制造、汽车制造、轻工纺织、现代农业与食品等重点传统产业领域，并分析其空间布局。第三节为对策建议，主要从政府、企业和行业协会层面对广东省传统产业转型升级提出对策建议。

第一节　发展思路

一、指导思想

以习近平新时代中国特色社会主义思想为指导，全面贯彻党的二十大精神，深入贯彻习近平总书记对广东系列重要讲话和重要指示批示精神，牢牢把握“在全面建设社会主义现代化国家新征程中走在全国前列、创造新的辉煌”的总定位、总目标和稳中求进工作总基调，坚定不移贯彻新发展理念、构建新发展格局、推动高质量发展，以深化供给侧结构性改革为主线，以改革创新为根本动力，以满足人民日益增长的美好生活需要为根本目的，以新一轮科技革命和产业革命为契机，深入贯彻落实省委、省政府“1+1+9”工作部署，紧紧抓住建设粤港澳大湾区和支持深圳建设中国特色社会主义先行示

① 本章执笔人为暨南大学经济学院刘歆、杨亚平。

范区重大机遇，加快形成新质生产力，推动传统产业转型升级，创造广东产业国际合作和竞争新优势。

二、基本原则

在广东省的产业格局中，传统产业占据着核心地位，构成了现代化产业体系的重要基石。为主动适应并引领当前新一轮科技革命和产业变革，推动传统产业转型升级成为广东省的战略选择。此举不仅对提升产业链供应链韧性和安全水平具有重大意义，更是推动新型工业化、加速制造强省建设的关键环节，关乎整个现代化产业体系的全面发展。广东省推动传统产业转型升级，须遵循创新驱动，重点突破；质效优先，绿色发展；开放合作，畅通循环；市场主导，政府引导等原则。

（一）创新驱动，重点突破

将创新放在现代化建设全局中的核心位置，深入实施创新驱动发展战略，围绕产业链部署创新链，围绕创新链布局产业链，用科技创新培育新发展动能，凭借科技创新提升传统产业发展水平。加快锻长板、补短板，推进产业基础再造，着力提升产业链供应链现代化水平，加快攻克制约产业链发展的关键核心环节技术短板，重点突破产业发展技术、管理、制度、模式等方面深层次问题。

（二）质效优先，绿色发展

坚持质量第一、效益优先，切实转变发展方式，把智能制造作为重点，推动新一代信息技术与传统产业深度融合，促进传统优势产业与现代服务业深度融合，以质量品牌提档升级带动传统产业整体高质量发展。坚持绿色低碳发展理念，将绿色设计、绿色技术工艺、绿色生产、绿色供应链等贯穿产品全生命周期，加快推动质量变革、效率变革、动力变革，推进重点行业和重点领域绿色化改造，加速构建绿色产业体系。

（三）开放合作，畅通循环

坚持“引进来”和“走出去”相结合，充分利用粤港澳大湾区建设独特优势，进一步借助国际国内两个市场、两种资源，提升传统产业对外开放水平。紧密围绕供给侧结构性改革主线，注重需求侧管理，在扩内需上下更大的功夫，形成需求牵引供给、供给创造需求的更高水平动态平衡，提升供给体系对国内需求的适配性，更好地满足人民日益增长的美好生活需要。

（四）市场主导，政府引导

坚持有效市场和有为政府相结合，充分发挥市场在资源配置中的决定性作用，强化传统产业企业主体地位，持续激发市场主体活力。更好地发挥政府作用，加强前瞻性思考、全局性谋划、战略性布局、整体性推进，加快体制机制改革，破除制约传统产业转型升级的体制机制障碍，提高资源要素配置效率，持续优化营商环境。

三、发展定位

坚持传统产业转型升级，巩固提升传统产业在全省经济中的支柱地位和在全国经济中的领先地位，努力打造传统优势产业基地、创新聚集地、开放合作先行地、发展环境高地。

（一）世界先进水平的传统优势产业基地

瞄准国际先进标准，提升传统产业转型发展水平，培育形成一批产业链条完善、辐射带动力强、具有全球竞争力的传统产业集群。通过不断提升传统产业整体实力，在全球传统产业发展格局中占据优势地位，加快进入全球产业链价值链的中高端，成为世界先进水平的传统优势产业基地。

（二）全球重要的传统产业创新聚集地

瞄准世界科技和产业发展前沿，广纳全球创新资源，形成对全球资源要素的引力场。技术成果产业化高效转化的优势更加突出，新技术、新产品、新产业、新业态、新模式蓬勃发展，重点产业技术创新群体突破，广东传统产业在若干重点领域成为产品定义、标准诞生的策源地，传统产业创新能力达到国际领先水平，构建全球重要的传统产业创新聚集地。

（三）传统产业高水平开放合作先行地

在推进实施粤港澳大湾区建设、“一带一路”倡议中先行先试，推动形成更大范围、更深层次、更宽领域的对外开放，互利共赢的产业链供应链体系更加完善，国际产能合作不断深化，双向贸易和投资持续扩大，形成参与国际竞争和合作的新优势，构建传统产业高水平开放合作先行地。

（四）国际一流的传统产业发展环境高地

加快数字政府建设，深化简政放权、放管结合、优化服务改革，持续推进政务服务标准化、规范化、便利化，土地、劳动力、资本、技术、数据等要素市场化改革更加深化，运行机制、交易规则和服务体系更加健全，市场化、法治化、国际化营商环境持续优化，全社会创造力和市场活力进一步激发，构建国际一流的传统产业发展环境高地。

四、可行路径

加快传统产业转型升级，是夯实广东省现代化产业体系基础的重要支撑。中央经济工作会议提出，提升传统产业在全球产业分工中的地位和竞争力。要提升传统产业在全球产业分工中的地位和竞争力，广东省传统产业须从依靠模仿创新和追随创新转向原始创新和引领创新发展，从依靠质量提升和标准建设转向品牌化发展，从依靠新一代信息技术和产业融合转向“制造+服务化”发展，从依靠组织形态调整和商业模式创新转向平台化发展，从依靠清洁生产和循环经济转向绿色化发展。

（一）从依靠模仿创新和追随创新转向原始创新和引领创新发展

在广东省传统产业转型升级进程中，企业通过结构性调整和技术改造提升技术能力，促使技术创新发展重心转向原始创新和引领创新。企业注重设备更新与改造，特别是以信息化、自动化、智能化和供应链管理为核心的技术革新，强化核心基础零部件、关键基础材料、先进基础工艺和产业技术基础的建设。通过战略理念的重新梳理和新技术、新工艺、新装备及网络技术的引入，企业实现流程、产品和模式的全面创新，逐步以原始创新和引领创新取代模仿创新和追随创新的发展模式，将原本竞争激烈的低端市场“红海”转化为充满潜力的中高端市场“蓝海”。

（二）从依靠质量提升和标准建设转向品牌化发展

过去依靠低成本优势和规模化生产优势占领市场的路径已不适合新发展

阶段。在全球经济一体化的浪潮中，推动广东省传统产业转型升级的关键在于质量升级、标准制定与品牌建设。通过优化产品质量和构建高标准体系，企业能够增强在国内外市场的竞争力，赢得消费者的喜爱与信赖。企业不仅要确保产品质量卓越和符合行业规范，更应致力于塑造独特的品牌风貌，培育深厚的品牌文化，以提升品牌的知名度和美誉度。品牌化战略的推进，不仅有助于企业价值的传递和形象的塑造，更能为企业构建独特的竞争优势，使企业在激烈的市场竞争中崭露头角，进而提升企业产品附加值，扩大市场份额，强化企业的盈利能力和长期竞争力，最终推动产业结构的优化与高质量发展。

（三）从依靠新一代信息技术和产业融合转向“制造+服务化”发展

在数字化浪潮的推动下，移动互联网、大数据、云计算、物联网、人工智能等新一代信息技术正以前所未有的速度渗透到各个领域，为广东省传统产业的服务化转型提供了强大动力，催生了诸多新兴业态和商业模式。服务型制造已成为传统产业转型升级的关键。企业不再局限于传统的研发、制造、销售和简单的售后服务，而是积极向客户提供更多高附加值服务，如个性化定制、综合解决方案以及智能信息服务等，以满足市场的多样化需求。工业设计、融资租赁、节能服务、信息技术服务等生产性服务业也在稳步壮大，成为推动产业转型升级的重要力量。值得关注的是，工程机械、电力设备、风机制造等行业在服务型制造方面取得了显著进展。全生命周期管理、融资租赁等业务逐渐成为企业盈利的新增长点，部分企业的服务型业务收入甚至超过了总营业收入的一半，充分展示了服务型制造在推动企业转型升级中的重要作用。

（四）从依靠组织形态调整和商业模式创新转向平台化发展

随着互联网的迅猛发展，现代平台经济以前所未有的模式深刻改变了商业领域的价值创造、企业战略、竞争行为、组织形态、用户定位、雇佣关系以及社会管理方式。它超越了时空的界限，释放了巨大的发展动能，迅速从边缘地带跃升至经济舞台的中心。然而，面对激烈的市场竞争，传统产业常因资源分散、市场需求多样化和技术变革迅速而面临诸多挑战。尽管传统的组织调整与商业模式创新能带来一定的收益，但在应对市场快速变化和满足消费者个性化需求方面，其效果往往有限。在此背景下，平台化转型成为广东省传统产业转型升级的重要途径。通过搭建平台，企业能够有效整合和利用资源，实现市场的统一调配和优化。平台能够汇聚各种资源，如资本、技术和人才，并通过共享机制实现资源的高效配置。通过联合多家企业的产品、服务和技术，平台能够构建全新的产业生态，提供更为丰富和更高价值的服务。在平台的推动下，传统产业可以实现规模经济效益和创新协同，显著提升企业的竞争力和市场地位。此外，打造产业生态平台有助于推动传统产业向高端化、智能化、绿色化方向发展。平台不仅促进了企业间的合作，推动了技术创新和产品升级，还提升了整个产业的竞争力和价值。同时，平台化转型还能吸引更多的投资和创新资源，培育新的产业生态，进一步推动广东省经济的多元化和可持续发展。

（五）从依靠清洁生产和循环经济转向绿色化发展

在构建高质量现代化经济体系的征程中，绿色发展不仅是不可或缺的驱动力，更是广东省传统产业转型升级的必经之路。长期以来，传统产业因过度依赖资源消耗和高排放的生产模式，造成了严重的环境污染和资源浪费。然而，随着社会对环保认知的加深和政府相关政策的积极推动，广东省传统产业迎来了转型升级的机遇与挑战。为响应这一趋势，企业纷纷将清洁生产和循环经济的理念融入日常生产中，旨在降低能源消耗和废弃物排放，从而减轻对环境的负面影响。通过引进先进的生产技术和设备，企业不断优化生产流程，提高资源利用效率，既提升了生产效率，又降低了生产成本，实现了绿色发展与经济效益的和谐共生。此外，传统产业还积极借鉴循环经济的理念，通过资源的循环利用和废物的再利用，努力构建产业链的闭环，实现资源的最大化利用。例如，企业开始探索将废弃物转化为原材料或能源的新途径，开发出与之相关的产品和技术，减少了对新资源的依赖，进一步降低了资源消耗。同时，通过构建完善的资源回收体系，并加强对废物处理技术的研究，企业成功将废弃物转化为宝贵的资源，有效减少了环境污染，为实现可持续发展奠定了坚实的基础。

第二节　重点领域及空间布局

“十四五”时期，广东立足传统产业发展基础及未来发展趋势，坚持稳中求进工作总基调，紧抓新一轮科技革命和产业变革机遇，聚焦绿色石化、家电制造、汽车制造、轻工纺织、现代农业与食品等重点传统产业领域，引导社会资源集聚，推动一、二、三产业协调发展，促进产业由集聚化发展向集群化发展跃升，推动产业供给体系更好地适应社会需求结构的变化，推动产业链价值链迈向全球中高端，加快建设具有国际竞争力的现代产业体系。

一、绿色石化

（一）发展目标

根据《广东省制造业高质量发展“十四五”规划》，到2025年，广东绿色石化产业规模达到2万亿元，打造国内领先、世界一流的绿色石化产业。具体而言，支持高质量成品油、润滑油、溶剂油等石油制品以及有机原料的稳健发展。特别是将工程塑料、电子化学品、功能性膜材料、日用化工材料、高性能纤维等领域作为重点发展方向，加速石化产业链中下游高端精细化工产品和化工新材料的研发与制造。同时，紧密围绕安全生产、绿色制造、污染防治等核心议题，积极推进石化原料优化、能源梯级利用、循环再生以及流程再造等工艺技术和装备的研发与应用，以确保单位产品的碳排放水平达到国际领先水平。在此基础上，需逐步构建粤东、粤西两翼与珠三角地区之间的产业链协同体系。粤东、粤西将作为产业链上游原材料的供应基地，为珠三角地区提供丰富的原材料资源；而珠三角地区则将凭借其在精细化工和化工新材料领域的优势，为粤东、粤西提供先进的制造业支持，形成一个良性循环的供给体系。

（二）细分领域空间布局

绿色石化是广东传统支柱产业之一，资金、技术、人才密集，产业关联度高，产业链条长，在全省工业经济体系中占有重要地位。为更加清晰、直观地表述和展现绿色石化产业的空间布局，本部分以三星、二星、一星分别代表核心城市、重点城市、一般城市来标注绿色石化产业在广东省21个地市的布局（后文同理）。表4–1为绿色石化产业的空间布局情况，可以看出，广东绿色石化产业遍布广东省四大区域（珠三角地区、沿海经济带东翼、沿海经济带西翼、北部生态发展区）。其中，广州、惠州、湛江和茂名四座城市是广东绿色石化产业的核心城市，而北部生态发展区仅清远布局该产业。

表4–1　绿色石化产业的空间布局情况

珠三角地区									沿海经济带东翼				沿海经济带西翼			北部生态发展区				
广州	深圳	珠海	佛山	东莞	惠州	中山	江门	肇庆	汕头	汕尾	揭阳	潮州	湛江	茂名	阳江	韶关	梅州	河源	清远	云浮
★★★	★★	★★	★★	★★	★★★	★	★	★	★★	★	★★	—	★★★	★★★	—	—	—	—	★	—

注：根据《广东省制造业高质量发展“十四五”规划》整理所得。

绿色石化细分领域的空间布局规划见表4–3。在炼油石化领域，广州、惠州、湛江、茂名、揭阳等城市被确定为关键发展节点（见表4–2）。其中，广州旨在提升油品质量，构建技术先进、节能环保、安全高效的园区化、集约化石化基地。惠州依托大亚湾石化园区，构建上中下游紧密衔接、科学合理的石化产业链。茂名依托茂名高新技术开发区和茂南石化区，形成涵盖高质量成品油、润滑油、溶剂油、有机原料、合成树脂、合成橡胶、液蜡等一系列特色产品的产业链。揭阳加强与大亚湾石化区的合作，聚焦清洁油品和化工原料等产业的发展。湛江加快石化产业园区建设，重点发展清洁油品和基础化工材料，形成涵盖炼油、乙烯、芳烃等环节的完整石化产业链。

表4-2　炼油石化领域的主要项目情况

城市	主要项目
广州	中石化广州分公司绿色安全发展项目
惠州	中海油惠州石化炼油、中海壳牌乙烯及埃克森美孚惠州乙烯项目
茂名	中石化茂名炼油和乙烯项目
揭阳	中石油广东石化项目及相关石化项目
湛江	中科广东炼化一体化项目和巴斯夫新型一体化项目

注：根据《广东省制造业高质量发展“十四五”规划》整理所得。

在高端精细化学品和化工新材料领域，依托广州、深圳、珠海、佛山、东莞、江门、惠州、中山、肇庆、茂名、湛江、揭阳、汕头、汕尾、清远等城市，深化下游产业的精深加工。广州在精细化学品和日用化学品领域具有优势，进一步发展合成树脂深加工、高性能合成材料、工程塑料、化工新材料等高端绿色化工产品。佛山主打高档涂料、高纯试剂、粘合剂、气雾剂、专用化学品等精细化工产品。深圳则聚焦于高附加值精细化工产品、新型合成材料、工程塑料及特种化学品的研发与生产。珠海致力于构建以丙烷脱氢、顺丁橡胶、润滑油调和等天然气副产品为基础的深加工产业链，并重点投入新能源锂电池材料、功能高分子材料、新一代电子信息材料等新材料产业。东莞重点发展日用化工材料、高附加值中间原料、氟硅材料、高性能纤维等特色产品。江门以珠江西岸新材料集聚区为核心，集中力量发展涂料及树脂、油墨、造纸化学品、塑料助剂、食品添加剂等精细化工产品。惠州致力于推动炼化深加工、高端化学品、化工新材料的发展，并加快惠州新材料产业园区的规划与建设。中山、肇庆两市专注于日用化学品、林产化工、合成树脂、粘合剂、涂料等产品的深度开发。茂名、湛江二市依托上游炼化基础，积极拓展中下游产业链，推动化工新材料和专用化学品的研发与生产。揭阳加快高性能高分子材料、功能复合材料及高端精细化学品的研发步伐。汕头着重加强精细化工、高分子材料的研发与产业化进程。汕尾、清远两市则加快发展玻璃钢材料、航空材料、稀散金属、光电子材料、助剂、涂料等新材料产品，以满足市场的多样化需求。

表4-3　绿色石化细分领域的空间布局规划

城市	布局规划
广州	炼油石化、高端精细化学品和化工新材料
深圳	高端精细化学品和化工新材料
东莞	高端精细化学品和化工新材料
佛山	高端精细化学品和化工新材料
清远	高端精细化学品和化工新材料
惠州	炼油石化、高端精细化学品和化工新材料
揭阳	炼油石化、高端精细化学品和化工新材料
肇庆	高端精细化学品和化工新材料
茂名	炼油石化、高端精细化学品和化工新材料
汕头	高端精细化学品和化工新材料
汕尾	高端精细化学品和化工新材料
珠海	高端精细化学品和化工新材料
中山	高端精细化学品和化工新材料
江门	高端精细化学品和化工新材料
湛江	炼油石化、高端精细化学品和化工新材料

注：根据《广东省制造业高质量发展“十四五”规划》整理所得。

二、家电制造

（一）发展目标

根据《广东省制造业高质量发展“十四五”规划》，到2025年，广东家电制造产业营业收入突破1.9万亿元，形成全球领先的智能家电产业集群。具体而言，巩固扩大空调、冰箱、电饭锅、微波炉等家电产品在全球市场的主导地位，做优做强电视机、照明灯饰等优势产业。健全和优化压缩机、电机、五金、模具等核心零部件和配件产业链，提升原材料和零配件的质量与供应水平。推动大数据、云计算、人工智能、5G等新技术与家电产品深度融合应用，以个性化、数字化、智能化、绿色化、健康化、高端化等为重点方向，支持开发高端新型智能家电和特殊用途家电，建立和完善与国际接轨的智能家电标准体系。

（二）细分领域空间布局

广东电视机、空调、冰箱、厨房电器、照明灯饰等产品规模全国第一。广东具有完备的家电制造业产业链，是全球规模最大、品类最齐全的家电制造业中心。表4–4为家电制造产业的空间布局情况，可以看出，广东家电制造产业主要分布在珠三角地区，并且珠海、佛山和江门三座城市是广东家电制造产业的核心城市。

表4–4　家电制造产业的空间布局情况

珠三角地区									沿海经济带东翼				沿海经济带西翼			北部生态发展区				
广州	深圳	珠海	佛山	东莞	惠州	中山	江门	肇庆	汕头	汕尾	揭阳	潮州	湛江	茂名	阳江	韶关	梅州	河源	清远	云浮
★★	★★	★★★	★★★		★★	★★	★★★		★	—	—	—	★★	—	—	—	—	—	—	—

注：根据《广东省制造业高质量发展“十四五”规划》整理所得。

家电制造细分领域的空间布局规划见表4–5。在空调领域，广州、珠海、佛山、中山、江门等市加速推动实施空调换热器绿色制造工艺，发展分体式壁挂机、分体式柜机、移动机、窗机、除湿机、清新机等空调产品以及智能化产品，促进工厂智能化生产。在冰箱领域，广州、佛山、中山等市发展智能、高效、绿色的冰箱产品，加强高性能压缩机、高可靠性蒸发器与冷凝器、智能传感器、开关电源等关键零部件配套能力。在电视机领域，广州、深圳、惠州、中山、江门等市加快研制面向人工智能物联网应用的智能电视机，进一步推广4K/8K超高清显示技术，加强图像处理主芯片、FRC（帧比率控制）芯片、MCU（单片机）等零部件配套能力。在洗衣机领域，佛山、珠海、中山、江门等市发展滚筒洗衣机、洗烘一体机、波轮洗衣机、双筒洗衣机、迷你洗衣机、干衣机、脱水机等产品，加强高性能电机、智能传感器的研制。在小家电领域，深圳、佛山、湛江、中山、珠海等市发展电风扇、豆浆机、电热水壶、空气净化器、水净化器等小家电产品及关键零配件。此外，深圳、佛山、中山、揭阳等市发展家用清洁卫生电器，家用美容、保健电器等产品，以及具备智能化功能的护理类产品。在厨房电器领域，佛山、中山、汕头、阳江等市重点发展高端化、成套化、嵌入式、智能化的灶具—烟机—烤箱—微波炉—洗碗机等组合系列产品，加强高性能陶瓷不粘涂料、防腐内胆材料、高可靠性磁控管、高性能阀体、高可靠性传感器等材料和零部件配套能力。

表4-5　家电制造细分领域的空间布局规划

城市	布局规划
广州	空调、冰箱、电视机
佛山	空调、冰箱、洗衣机、小家电、厨房电器
湛江	小家电
汕头	厨房电器
惠州	电视机
深圳	电视机、小家电
珠海	空调、洗衣机、小家电
中山	空调、冰箱、电视机、洗衣机、小家电、厨房电器
江门	空调、电视机、洗衣机
阳江	厨房电器

注：根据《广东省制造业高质量发展“十四五”规划》整理所得。

三、汽车制造

（一）发展目标

根据《广东省制造业高质量发展“十四五”规划》，到2025年，广东汽车制造产业营业收入超过1.1万亿元，打造具有国际影响力的汽车制造产业集群。具体而言，以轻量化和节能化为重点，加强传统燃油汽车技术研发应用，大力发展乘用车、商用车、专用车等整车制造，扩大高端车型比例，继续提升发动机、传动系统、制动系统、汽车电子等零部件配套能力。推动汽车绿色回收、零部件再制造、退役电池回收和梯次利用、汽车维修改装、汽车租赁、汽车商贸物流、汽车金融等汽车服务业发展。

（二）细分领域空间布局

广东是国内主要汽车生产基地之一，2022年共有规模以上汽车及零部件企业1060家，汽车产量连续六年居全国第1位。表4-6为汽车制造产业的空间布局情况，可以看出，广东省汽车制造产业遍布广东省四大区域，以珠三角地区和北部生态发展区为主，并且广州、深圳、佛山等城市是汽车制造产业的核心城市。

表4-6　汽车制造产业的空间布局情况

珠三角地区									沿海经济带东翼				沿海经济带西翼			北部生态发展区				
广州	深圳	珠海	佛山	东莞	惠州	中山	江门	肇庆	汕头	汕尾	揭阳	潮州	湛江	茂名	阳江	韶关	梅州	河源	清远	云浮
★★★	★★★	★★	★★★	★★	★★	★	★★	★★		★	—	—	★★	★	—	★	★	★	★	★★

注：根据《广东省制造业高质量发展“十四五”规划》整理所得。

随着比亚迪、广汽传祺等自主品牌发展壮大，小鹏汽车、腾势汽车、广汽蔚来等新能源造车企业逐步发展，广东已形成日系、欧美系和自主品牌多元化产业发展格局，形成了广州花都、黄埔、增城、番禺、南沙以及深圳坪山等高度集聚的产业园区（见表4-7）。

表4-7　汽车产业发展格局

产业园区	布局规划
广州花都汽车产业集群	整车厂：东风日产、风神汽车、成都大运广州分公司等 零部件厂：采埃孚、马瑞利、马勒、法雷奥、弗吉亚等 园区基地：花都汽车城、广州国际汽车零部件产业基地（花都）
广州黄埔、增城汽车产业集群	整车厂：广汽本田、北汽广州、小鹏汽车、广日专用汽车等 造车新势力：文远知行 零部件厂：粤芯、泰斗微、润芯、海格通信、日立马达系统、明珞、高新兴、宝能、福耀等 园区基地：百度阿波罗产业园、广州国际氢能产业园、广州国际汽车零部件产业基地（增城）、知识城集成电路产业园等

续表

产业园区	布局规划
广州番禺汽车产业集群	整车厂：广汽埃安、广汽乘用车等 研发平台：广汽研究院 零部件厂：动力总成二工厂、时代广汽动力电池、广汽爱信自动变速器、祺盛动力总成等 园区基地：广州国际汽车零部件产业基地（番禺）、智能制造片区、创客服务区等
广州南沙汽车产业集群	整车厂：广汽丰田、合创汽车等 造车新势力：小马智行 零部件厂：吉兴、东亚、安道拓、丰桥智能、恒大、电装等 园区基地：黄阁汽车城片区、明珠湾智能网联汽车创新片区、庆盛国家级车联网先导区、万顷沙智能网联汽车产业园区、广州国际汽车零部件产业基地（南沙）等
深圳坪山汽车产业集群	整车厂：比亚迪、开沃等 零部件厂：比亚迪、新宙邦、巴斯巴、奔达康、沃尔新能源 园区基地：坪山新能源汽车产业园

在传统燃油汽车领域，广州、佛山、中山、江门、肇庆等市主要优化传统燃油汽车产业布局。具体而言，广州以花都区、番禺区、南沙区为核心，佛山以南海区为核心，加快建设汽车产业基地，大力发展汽车整车、轻量化零部件及相关配套产品制造。中山、江门、肇庆等市着力发展客车、公交车等商用车，以及救护车、消防车、应急救援车、警车、冷链车等专用车产品制造。

在汽车零部件领域，广州、深圳、珠海、佛山、东莞、惠州、中山、江门、肇庆、河源、汕尾、湛江、梅州、清远建立安全可控的关键零部件配套体系。具体而言，广州重点发展相关汽车配套产品（内燃动力汽车、混合动力汽车、新能源汽车和智能网联汽车等）。深圳加快发展汽车核心零部件和系统（可充电动力电池包、电池管理系统、汽车线束、高压配电箱、电机控制器等）。珠海着力发展电机控制器、车载充电机、DC-DC转换器、电子油门踏板等关键零部件。佛山着力发展汽车外饰件、汽车线束、氢燃料电池关键零部件等。东莞着力发展汽车模具、机电配套等产品。惠州着力发展新能源汽车电池和氢能电池、汽车线束、汽车发动机、传感器、传动系统、制动系统、内外饰件、汽车电子、汽车灯具等。中山加快发展新能源汽车电机、氢燃料电池系统、整车控制系统。江门重点发展新能源汽车锂电池材料、汽车线束、连接器、透镜等汽车零部件及配件。肇庆加快发展电池、电控、电机、轮胎、底盘、传感器、照明系统等汽车配套产业。河源加快发展锂离子动力电池、汽车模具及保险杠、门板、后备箱、汽车门把手等汽车零配件产品，配套建设新能源汽车动力电池研发测试中心。汕尾重点发展新能源汽车总成部件及电子元器件、智能电子配件等零部件制造。湛江重点发展汽车钢板、车身涂料、汽车内外饰、锂离子电池材料，加快引进动力及储能电池、驱动电机、车载操作系统等关键汽车零部件制造，配套建设新能源汽车、动力电池研发机构。梅州重点发展汽车玻璃、轮胎、车轴、汽车音响等产品。清远重点发展新能源动力电池、驱动电机和电控、车用电动助力转向、能量回馈式电动助力制动等零部件。

在汽车测试及试验领域，支持广州、深圳、韶关、汕尾等市统筹各企业对汽车及零部件的检验及测试需求，共同参与大型综合性测试基地建设，重点推进中国汽车技术研究中心华南基地、南方智能网联新能源汽车试验检测中心、比亚迪陆河试车场等项目建设，打造国家级整车及零部件试验检测基地。

四、轻工纺织

（一）发展目标

根据《广东省制造业高质量发展“十四五”规划》，到2025年，广东现代轻工纺织产业营业收入超3万亿元，形成国内领先、具有全球竞争力的现代轻工纺织产业集群。具体而言，推动纺织服装、皮革、家具、造纸、日化、塑料、金属制品等重点行业创新发展模式，加快与新技术、新材料、文化、创意、时尚等融合，发展智能、健康、绿色、个性化等中高端产品，培育全国性乃至国际知名品牌。支持探索C2M、协同生产等个性化定制和柔性制造模式，提升现代轻工纺织产业供给水平和供给质量。

（二）细分领域空间布局

广东轻工纺织产业发展基础较好，分别在珠三角核心区、沿海经济带东西两翼形成了一批特色产业集群，具有较强的国际竞争力。表4–8为轻工纺织产业的空间布局情况，可以发现，广东省轻工纺织产业遍布广东省四大区域，并且佛山、东莞、中山、江门、汕头、湛江等城市是广东省轻工纺织产业的核心城市。

表4–8　轻工纺织产业的空间布局情况

珠三角地区									沿海经济带东翼				沿海经济带西翼			北部生态发展区				
广州	深圳	珠海	佛山	东莞	惠州	中山	江门	肇庆	汕头	汕尾	揭阳	潮州	湛江	茂名	阳江	韶关	梅州	河源	清远	云浮
★★	★	★	★★★	★★★	★	★★★	★★★	★	★★★	★	★★	★★	★★★	★	★★	—	★	★	—	★

注：根据《广东省制造业高质量发展“十四五”规划》整理所得。

轻工纺织细分领域的主要依托情况和空间布局规划见表4–9和表4–10。在纺织服装方面，广州、深圳增强品牌优势，提升纺织服装原材料产业物流与供应链的国际影响力。汕头、佛山等市强化纺织服装原材料及辅料、制品研制、设备制造等产业链优势环节，优化建设若干集研发、设计、生产等功能于一体的区域产业集群。

在皮革方面，广州着力打造全球最大的皮料集散中心。深圳重点发展鞋类、包类、裘皮、皮衣、皮材家居饰品、汽车皮材座椅等产品。佛山着力打造全国最大的原料皮和库存皮料集散中心。东莞着力打造全球最大的外贸鞋皮料集散中心。惠州重点发展女鞋制造产业。江门打造中国男鞋生产基地。潮州加快发展工艺鞋特色产业。

在造纸方面，东莞以中堂镇为核心，发展瓦楞纸、箱板纸、涂布白板纸、特种纸等产品。江门以广东银洲湖纸业基地为核心，着力发展生活用纸、办公用纸、文化用纸、新闻用纸、卷烟用纸、包装用纸、特种纸等产品。湛江加快建设麻章森工产业园和东海岛纸业基地，着力发展文化用纸、静电复印（原）纸、簿本纸和高档防粘原纸、单面涂布白卡纸、无碳纸、三防特种热敏纸等系列产品。阳江以高新区为主要载体，着力发展生活用纸、护理用品、高档厨房清洁用纸等系列产品。佛山着力发展高端瓦楞纸箱印刷生产线，以及印前印后配套设备。

在家具方面，广州发挥龙头企业优势加快打造“全球定制之都”。佛山依托乐从、龙江，打造中国家居商贸与创新之都、中国家具设计与制造重镇、中国家具材料之都。东莞依托大岭山、厚街，打造中国家具出口第一镇、中国家具展览贸易之都。中山依托大涌、沙溪、三乡、东升、板芙等家具产业名镇，打造中国红木家具生产专业镇、中国古典家具名镇、中国办公家具重镇。江门依托江海、新会、台山，打造中国传统家具专业镇、中国古典家具之都。惠州依托惠阳、博罗、惠城、仲恺等市，建设示范性智能定制家居融合创新园区，加快家具产业转型升级。

在塑料方面，广州、佛山等市大力发展各类高性能、高附加值塑料产品。

在日化方面，广州加快形成包括原料、生产、加工等多个核心环节的日化产业链条。汕头发挥中国三大化妆品产业基地优势，着力发展洗发护发、健康护理及相关产品。中山加快发展牙膏、润唇膏、防晒剂、面膜等化妆品。珠海着力发展化妆品OEM/ODM/OBM产业，加强产品研发、生产及销售。

在金属制品方面，佛山依托顺德勒流镇打造中国家居五金之都，依托南海丹灶镇打造中国日用五金之都。东莞依托长安镇打造国内重要的五金模具生产销售集散基地。中山大力发展锁类、燃气具类、脚轮类、铰链类、金属压铸类等五金产业链，打造中国五金制品产业基地。江门依托五金不锈钢制品产业基地，加快发展建筑和安全用金属制品、日用不锈钢制品、集装箱及金属包装容器等产品。肇庆加快高要区金利镇“五金智造小镇”建设，推动五金产品研发、生产、展销。阳江着力发展五金刀剪产业，打造中国刀剪之都。支持潮州、揭阳等市发展五金不锈钢制品产业。云浮加快推进广东金属智造科技产业园建设，全方位承接优质金属制品和机械装备等产业项目。

表4-9　轻工纺织细分领域的主要依托情况

细分领域	主要依托
纺织服装	广州、深圳时尚创意与品牌建设
	汕头、佛山、惠州、汕尾、东莞、中山、江门、湛江、阳江、潮州和揭阳等市纺织服装专业镇
皮革	广州、深圳、佛山、东莞、惠州、江门、潮州等市
造纸	东莞、江门、湛江、阳江、佛山等市
家具	广州、佛山、东莞、中山、江门、惠州等市
塑料	广州、佛山、深圳、东莞、中山、汕头、湛江、揭阳、茂名等市
日化	广州、汕头、中山、珠海等市
金属制品	佛山、东莞、中山、江门、肇庆、阳江、潮州、揭阳、云浮等市

注：根据《广东省制造业高质量发展“十四五”规划》整理所得。

表4-10　轻工纺织细分领域的空间布局规划

城市	布局规划
广州	纺织服装、皮革、毛皮、羽毛及其制品和制鞋业、家具、印刷和记录媒介复制业、文教、工艺美术、体育和娱乐用品制造业、日化品制造、自行车和残疾人座车制造、钟表与计时仪器制造
佛山	纺织服装、皮革、毛皮、羽毛及其制品和制鞋业、家具、印刷和记录媒介复制业、塑料制品、陶瓷制品
河源	钟表与计时仪器制造
肇庆	金属制品
梅州	文教、工艺美术、体育和娱乐用品、陶瓷制品
潮州	纺织服装、皮革、毛皮、羽毛及其制品和制鞋业、文教、工艺美术、体育和娱乐用品制造业、陶瓷制品
汕头	文教、工艺美术、体育和娱乐用品、陶瓷制品、纺织服装、日化产品、印刷和记录媒介复制业
云浮	金属制品
揭阳	纺织服装、塑料制品
湛江	纺织服装、造纸和纸制品业
汕尾	文教、工艺美术、体育和娱乐用品、纺织服装
阳江	金属制品、造纸和纸制品业
深圳	皮革、毛皮、羽毛及其制品和制鞋业、印刷和记录媒介复制业、文教、工艺美术、体育和娱乐用品制造业、自行车和残疾人座车制造、钟表与计时仪器制造
惠州	纺织服装、皮革、毛皮、羽毛及其制品和制鞋业、文教、工艺美术、体育和娱乐用品制造业、自行车和残疾人座车制造

续表

城市	布局规划
江门	皮革、毛皮、羽毛及其制品和制鞋业、家具、造纸和纸制品业、印刷和记录媒介复制业、金属制品
珠海	文教、工艺美术、体育和娱乐用品制造业、日化产品
中山	纺织服装、家具、印刷和记录媒介复制业、日化产品、金属制品业、自行车和残疾人座车制造
东莞	纺织服装、皮革、毛皮、羽毛及其制品和制鞋业、家具、造纸和纸制品业、印刷和记录媒介复制业、自行车和残疾人座车制造

注：根据《广东省制造业高质量发展“十四五”规划》整理而得。

五、现代农业与食品

（一）发展目标

根据《广东省制造业高质量发展“十四五”规划》，到2025年，集群规模（总产值）接近2万亿元，现代农业与食品产业产值分别接近1万亿元；形成粮食、蔬菜、岭南水果、畜禽、水产、精制食用植物油、岭南特色食品及功能性食品、调味品、饮料、饲料10个千亿级子集群以及茶叶、南药、苗木花卉、现代种业、烟草5个数百亿级子集群。具体而言，推动现代农业与食品产业向精细化管理、高质量发展转型，强化科技支撑，创响“粤字号”品牌，提升岭南特色食品的全球知名度，推广践行绿色可持续发展理念，提高产业开放合作水平，开创集群优势互补、紧密协作、联动发展的新格局。加大龙头企业培育力度，培育一批创新能力突出、规模效益显著、辐射带动能力较强的行业领军企业。

（二）细分领域空间布局

近年来，广东现代农业与食品产业发展规模不断扩大，盈利水平稳步提升，农业龙头企业数量、质量均稳居全国前列。表4-11为现代农业与食品产业的空间布局情况，可以发现，广东现代农业与食品产业遍布广东省四大区域中的所有城市，并且所有城市均为现代农业与食品产业核心城市或者重点城市，具有较好的发展基础。

表4-11　现代农业与食品产业的空间布局情况

珠三角地区									沿海经济带东翼				沿海经济带西翼			北部生态发展区				
广州	深圳	珠海	佛山	东莞	惠州	中山	江门	肇庆	汕头	汕尾	揭阳	潮州	湛江	茂名	阳江	韶关	梅州	河源	清远	云浮
★★★	★★	★★	★★★	★★	★★★	★★★	★★★	★★★	★★★	★★	★★	★★	★★★	★★★	★★★	★★★	★★★	★★★	★★★	★★

注：根据《广东省制造业高质量发展“十四五”规划》整理所得。

现代农业与食品细分领域的空间布局规划见表4-12。在粮食方面，粤西、粤北粮产区发展优质稻米生产，加快推进水稻生产全程机械化，同时培育壮大广东优质丝苗米品牌，兼顾玉米、薯类作物发展；粤西、粤北粮产区及珠三角地区提升粮食产地初加工和精深加工水平，加强副产物综合利用，延长产业链，提高附加值。

在蔬菜方面，加强城郊型商品蔬菜基地、粤西北运蔬菜基地、粤北夏秋蔬菜基地、粤东精细及加工型蔬菜基地建设。培育推广南粤特色蔬菜品种，优化蔬菜品种结构，推广机械化、设施化高效栽培技术。推广蔬菜采后处理等产地初加工技术与装备。发展果蔬冷链物流系统，开发蔬菜生物转化、高效腌制、节能干制等加工新技术，发展休闲蔬菜食品、腌制蔬菜和方便菜等加工技术。发展具有广东特色优势的食用菌种植和加工产业。

在岭南水果方面，茂名、广州、惠州、阳江、东莞等市重点发展荔枝、龙眼产业。茂名、湛江、阳江等市重点发展香蕉产业。湛江重点发展菠萝产业。梅州、韶关重点发展柚子产业。肇庆、清远、韶关重点发展柑橘产业。揭阳、汕尾重点发展青梅产业。

在畜禽方面，韶关、梅州、湛江、茂名、肇庆、清远、阳江等市重点发展生猪生产及屠宰加工。梅州、惠州、江门、茂名、肇庆、清远、云浮等市重点发展家禽生产、屠宰及深加工。

在岭南特色食品及功能性食品方面，中山、茂名、湛江、潮州等市重点发展特色月饼。汕头、潮州等市重点发展肉制品。广州、梅州、东莞等市重点发展凉茶。广州、中山等市重点发展广式腊味。广州、珠海、汕头、江门、惠州、中山、东莞等市重点发展保健食品、特殊医学用途配方食品等功能性食品。

在调味品方面，佛山、中山、江门、阳江等市重点发展酱油。广州、湛江、阳江等市重点发展盐业。湛江重点发展糖业。

在饮料方面，依托广州、深圳、惠州、河源、肇庆、中山等市，以碳酸型饮料、包装饮用水、果汁和蔬菜汁类饮料、蛋白饮料等为重点，推动企业以健康安全为重点，生产科技含量高、文化内涵丰富、岭南元素突出的新型特色功能饮料，做优做强碳酸型饮料和包装饮用水。

在烟草方面，依托广州、韶关、梅州、清远、湛江等市，推动烟叶和多元产业协调发展，支持复烤企业推进重点品牌原料区域加工中心建设。

表4-12　现代农业与食品细分领域的空间布局规划

城市	布局规划
广州	岭南水果、岭南特色食品及功能性食品、调味品、饮料、饲料、南药、现代种业、烟草
韶关	岭南水果、畜禽、茶叶、精制食用植物油、烟草
梅州	岭南水果、畜禽、精制食用植物油、岭南特色食品及功能性食品、茶叶、烟草
河源	精制食用植物油、饮料、现代种业
清远	岭南水果、畜禽、茶叶、烟草
潮州	精制食用植物油、岭南特色食品及功能性食品、茶叶、南药
肇庆	岭南水果、畜禽、饮料、南药、现代种业
汕头	岭南特色食品及功能性食品
云浮	畜禽、南药、现代种业
揭阳	岭南水果
茂名	岭南水果、畜禽、精制食用植物油、岭南特色食品及功能性食品、饲料、南药、现代种业
汕尾	岭南水果
惠州	岭南水果、畜禽、岭南特色食品及功能性食品、饮料、饲料
佛山	调味品、饲料
深圳	精制食用植物油、饮料、现代种业

续表

城市	布局规划
湛江	岭南水果、畜禽、岭南特色食品及功能性食品、调味品、饲料、现代种业、烟草
阳江	岭南水果、畜禽、精制食用植物油、调味品、南药、现代种业
中山	精制食用植物油、岭南特色食品及功能性食品
珠海	岭南特色食品及功能性食品、现代种业
江门	畜禽、岭南特色食品及功能性食品、调味品、饲料、茶叶、南药
东莞	岭南水果、精制食用植物油、岭南特色食品及功能性食品

注：根据《广东省制造业高质量发展“十四五”规划》整理所得。

第三节　对策建议

习近平总书记深刻指出，发展新质生产力是推动高质量发展的内在要求和重要着力点。广东作为经济大省、传统产业大省，要坚定不移走好高质量发展之路。推进产业科技创新、发展新质生产力是广东的战略之举、长远之策。传统产业是形成新质生产力的基础，为促进传统产业提质升级，广东在政府层面上，须加快关键核心技术攻关，完善传统产业协同创新体系，统筹产业布局和产业协作机制，强化人才、土地、金融保障和供给，加快推进传统产业高端化、数字化和绿色化发展；在企业层面上，须培养危机意识和大局观，提升自主创新能力，加强产学研合作；在行业协会层面上，须培育产业服务平台，协助优化产业集群，增强产业品牌建设，推出产业发展先进标准。

一、政府层面

（一）加快关键核心技术攻关

在社会主义市场经济的背景下，探索传统产业关键核心技术攻关的“广东路径”。强化基础研究，聚焦原始创新，并明确应用基础研究的主要方向，以推动基础研究向产业创新的有效转化。通过与国家重点项目平台资源对接，大力推行广东“强芯行动”和“铸魂工程”，加速发展重点传统产业中的关键核心技术。实施重点领域重大研发计划和重点专项，通过揭榜制等手段，持续推动关键核心技术的产业化协作攻关，以有效解决制约发展的“卡脖子”问题。鼓励企业在重点传统产业领域加大研发力度，以增强产业技术优势。同时，加快珠三角国家科技成果转移转化示范区建设，强化华南技术转移中心建设，并探索设立深圳技术交易服务中心，充分发挥广东省在制造、技术、产业链配套、市场渠道等方面的综合优势，为新技术的大规模应用和迭代升级创造有利条件，进而以市场为主导，加速科技成果向现实生产力的转化。

（二）完善传统产业协同创新体系

加大广东省共性技术研发投入，聚焦传统产业亟须解决的共性技术问题，加快形成更加具有创造活力和区域协同性、分工协作机制明确的传统产业协同创新体系。加强粤港澳产学研协同发展，加快建设粤港澳大湾区国家技术创新中心，布局一批具有全球影响力的重大科技基础设施，创建一批国家级、省级传统产业创新中心、企业技术中心等产业创新平台。强化企业技术创新主体地位，支持企业牵头组建创新联合体，促进各类创新要素向企业集聚，鼓励企业加大技术研发投入，对企业投入基础研究实行税收优惠政策。实施规模以上工业企业研发机构全覆盖行动。鼓励产业链上下游企业、高校、科研院所及金融机构组建创新联合体，完善以企业为主体、市场为导向、产学研深度融合的技术创新体系。围绕新技术、新业态、新模式、新场景，完善“众创空间—孵化器—加速器—科技园”全链条孵化育成体系。营造开放包容的创新环境，完善知识产权创造、运用、交易、保护等制度安排，加大创新成果保护力度，激发创新积极性。

（三）统筹产业布局和产业协作机制

立足各区域功能定位和比较优势，科学统筹珠三角地区与粤东、粤西、粤北地区生产力布局，推动广东省优化生产、生态空间，将珠三角高端产业核心区打造成世界领先的先进传统产业发展基地，把东西两翼沿海产业拓展带建设成广东省传统产业高质量发展的新增长极，以生态优先为导向推动北部生态发展区绿色转型升级，加快完善广东省传统产业发展格局。充分考虑区域环境容量和资源环境承载力，强化广东省传统产业布局与生态保护红线、环境质量底线、资源利用上线、生态环境准入清单的对接，全面落实生态环境管控要求。统筹谋划重点传统产业空间布局，落实珠三角地区与粤东、粤西、粤北地区对口帮扶协作机制，支持各地区主导传统产业差异化发展，强化产业发展整体性和协调性，持续深化产业共建，推动传统产业集群化、规模化、高质量发展。

（四）强化人才、土地、金融保障和供给

持续推进土地、劳动力、资本、技术、数据等要素市场化改革，健全要素市场运行机制，完善要素市场交易规则和服务体系。强化制造业人才支撑，加快基础研究型人才和创新型专业技术人才队伍建设，加快技艺精湛的广东技工队伍建设，加快高水平经营管理人才队伍建设，营造“聚天下英才而用之”的开放包容氛围。推动各市划定工业用地控制线，充分保障传统产业发展空间，全面推动土地资源节约集约利用，鼓励工业用地连片收储开发，推进珠三角村镇工业集聚区升级改造。促进金融支持实体经济发展，拓展传统产业投融资渠道，引导金融机构加大传统产业贷款投放规模，通过政府性担保、贴息、风险补偿等方式降低企业融资成本，支持发展供应链金融、绿色金融、普惠金融、融资租赁等金融产品和服务，支持企业上市挂牌及发行债券融资。

（五）加快推进传统产业高端化、数字化和绿色化发展

以智能制造为主攻方向、以提升质量效益为目标，加快推进数字产业化和产业数字化，推动数字经济和实体经济深度融合。运用互联网、大数据、人工智能等新一代信息技术，推动传统产业数字化转型。大力推进智能制造、工业互联网试点示范和工业机器人应用普及，培育“工业互联网+安全生产”协同创新模式，支持传统产业“上云上平台”，推动传统产业运用工业互联网实施数字化、网络化、智能化改造。坚持数字化、网络化、智能化并行推进，扩大传统产业设备更新和技术改造投资，建设智能产业基地，打造全国智能产业发展示范引领区。大力发展智能产业装备与智能工业软件，提升国产智能技术、产品与装备市场占有率，培育智能产业系统解决方案供应

商，积极参与国家智能产业、工业互联网等标准体系建设。落实国家碳达峰部署要求，持续优化用能结构，提高能源利用效率，持续开展节能监察、能效对标和能效“领跑者”行动，推广先进节能技术装备。推动传统产业开展清洁生产，支持园区循环化改造。强化绿色产业体系建设，按照产品全生命周期绿色管理理念，推进重点传统产业开发绿色产品，打造绿色工厂，构建绿色供应链。继续创建工业固废综合利用示范项目，推广资源综合利用技术与装备，培育资源综合利用龙头企业，促进资源综合利用产业集聚发展。

二、企业层面

（一）培养危机意识和大局观

时刻保持危机意识和全局观，通过敏锐的洞察力和前瞻性，定期分析行业发展趋势、竞争格局、技术变革、政策法规等外部环境变化。同时，建立数据监测系统，实时监控广东省传统产业市场动态、竞争对手情况、行业政策等，及时发现潜在的风险和机遇。领导层也要积极学习和借鉴其他成功企业的经验，积极拥抱大数据、人工智能、工业互联网、电商平台等新技术和工具，不断寻找变革和转型发展的机会。

（二）提升自主创新能力

重视和提升基础研究能力与原始创新能力，通过强化基础研究，力求在原始理论和源头创新上取得突破，进而在全球价值链中占据更有利的位置，实现从低端向中高端的跃升，解决关键技术掌握不足的问题，积极应对外部技术封锁，打破“卡脖子”的困境。同时，加强应用研究也至关重要，需加速科技成果的转化与应用，确保基础研究与应用研究能够与广东传统产业紧密结合，使科技成果真正转化为推动广东传统产业发展的动力。在此过程中，推动企业的科技化转型，以科技创新为引领，推动广东传统产业向更高层次发展。注重优化创新资源配置，以开放的姿态积极参与国际创新“大循环”，实现自身的创新发展，提高创新能力，积极提出并牵头组织国际大科学计划和大科学工程。

（三）加强产学研合作

引进具有丰富经验和先进技术的专业人才，激发全体员工的创造性思维，发挥专业人才的“干中学”效应，为企业转型升级提供智力支撑。与广东省高校合作，开展人才培养项目和技能培训。通过邀请专家授课、建设实训基地等方式，提高传统产业内人才的素质和能力，满足企业转型升级的人才需求。推动科研成果转化，通过专利转让、技术许可、股权投资等方式，促进科研成果的推广应用，实现产业的技术创新和升级。

三、行业协会层面

（一）培育产业服务平台

基于广东省行业协会在规模、配套和资源整合方面的显著优势，积极打造多元化的交流合作平台，这些平台涵盖行业共性技术研发、产学研深度合作、专业技术服务、创新成果高效转化、协同发展联合体构建、区域一体化战略实施以及标杆学习等多个方面。同时，构建劳动力、原材料、能源、运输服务等供需对接平台，以加强产业链上下游的紧密合作。强化产业链中的薄弱环节，推动传统产业向更具创新力、高附加值、安全可靠的产业链供应链转变。鼓励并支持广东省的重点企业与产业链供应链上下游企业携手开展技术攻关和生产制造合作，以实现产业的整体升级与协同发展。搭建“工业园区+产业平台+传统产业企业群+产业数字金融”为核心的新产业生态系统，加快集聚创新要素，促进传统产业会员企业更好地发展。根据市场变化和行业需要，积极培育举办交易会、展览会、洽谈会等品牌服务项目，为传统产业会员企业发展搭建便捷、高效的公共服务平台，增强传统产业会员企业创新能力，改善传统产业会员企业经营管理，帮助传统产业会员企业协调解决融资、市场、技术等实际困难，为传统产业会员企业开拓国内国际市场创造条件。

（二）协助优化产业集群

积极承担为传统产业集群企业提供技术、信息、法律和管理咨询服务的责任，推动传统优势产业集群发展壮大，助力打造现代化产业体系，助推更大范围内整合力量、实现资源优化配置，促进区域产业布局优化和转型升级。积极配合实施政府关于传统产业集群发展的规划和政策，通过信息共享、资源聚集、标准引领、塑造集成产业链供应链、建设高水平协同创新平台、壮大互促共生的优质传统产业企业群体、强化集群综合服务保障等方式，推动广东重点传统产业的建设发展，服务广东重点打造制造强省，助力加快建设自主可控、安全可靠、竞争力强的现代化产业体系。

（三）增强产业品牌建设

注重强化品牌意识和品牌建设能力培养，根据市场变化和行业需要，通过交易会、展览会、洽谈会、咨询、培训、考试、论坛、研讨、认定、鉴定等服务活动，形成一批专业化、个性化、特色化的服务项目，大力宣传推介广东产品，讲好广东品牌故事，增强“广东制造”“广东品牌”的国际竞争力和影响力。推动传统产业集群内企业品牌建设，建立“产品+企业+产业+集群+产地”的区域品牌创建机制，引导集群内企业标准协调、创新协同、业务协作、资源共享。在重点传统产业领域和产业集群设立商标品牌培育指导站，支持企业建立以质量为基础的品牌发展战略，开展商标国际注册，支持民族自主品牌国际化发展，加强对具有较长历史的品牌企业的保护和扶持。

（四）推出产业发展先进标准

紧密贴合实际需求，不断探索和完善传统产业领域的标准体系。主动与有关行政主管部门合作，共同制定或修订一批具有行业特色的国家标准、行业标准和地方标准，如建立快速评价认定机制，发挥粤港澳大湾区标准化研究中心作用，加快研制推广高质量湾区标准。同时，发挥行业协会商会的主观能动性，积极组织研发一批满足市场和创新需求的团体标准。支持行业内的领军企业根据实际需求制定具有引领和示范效应的企业标准。支持企事业单位承办、参与传统产业相关领域国际标准化活动，通过先进标准体系引领和推动传统产业实现高质量发展。

第五章

广东家电产业转型升级分析[①]

经过多年的发展，我国家电产业从“追随者”逐渐转变为“引领者”，产业链配套齐全，在全球具有较强的竞争优势。广东省作为中国重要的家电生产基地，在全国乃至全世界的家电产业发展中占有举足轻重的地位。然而，随着新一轮产业与科技革命的到来，广东省家电产业急需转型升级以适应快速变化的外部环境。本章前三节对家电产业链SCP范式，家电产业发展环境和趋势研判以及家电产业空间布局进行了分析，第四节对家电产业转型升级的主要问题进行了分析并提出了推进家电产业转型升级的对策建议。

第一节　家电产业链SCP范式分析

一、家电产业链概况

不同类别家电产业链环节存在差异，总体而言，家电产业链主要分为上、中、下游三个环节（见图5-1）。上游主要包括原材料及核心零部件企业，中游主要为家电整机制造企业，下游主要为家电销售渠道，家电销售渠道主要包括线上销售渠道与线下销售渠道。

白电上游原材料主要为钢、铜、塑料、铝等，原材料在白电成本中占比达65%以上，其中空调主要原材料为钢、铜，二者在成本中占比分别为25%、20%，塑料和铝在成本中占比分别为10%与5%。冰箱成本中占比较大的原材料

① 本章执笔人为暨南大学经济学院高孟军、杨亚平。

主要包括硬聚氨酯塑料（28%）、铜（12%）、钢（9%）。洗衣机成本中占比较高的原材料为钢（29%）和ABS塑料（11%）。从核心零部件来看，空调与冰箱的核心零部件主要包括压缩机、冷凝器、毛细管、电机等。其中压缩机与电机在成本中占比较大，压缩机在空调与冰箱成本中占比分别为33%和25%。白电核心零部件有一定的进入门槛，但整体产能过剩，头部白电企业几乎实现了前向一体化，拥有核心零部件的生产能力。

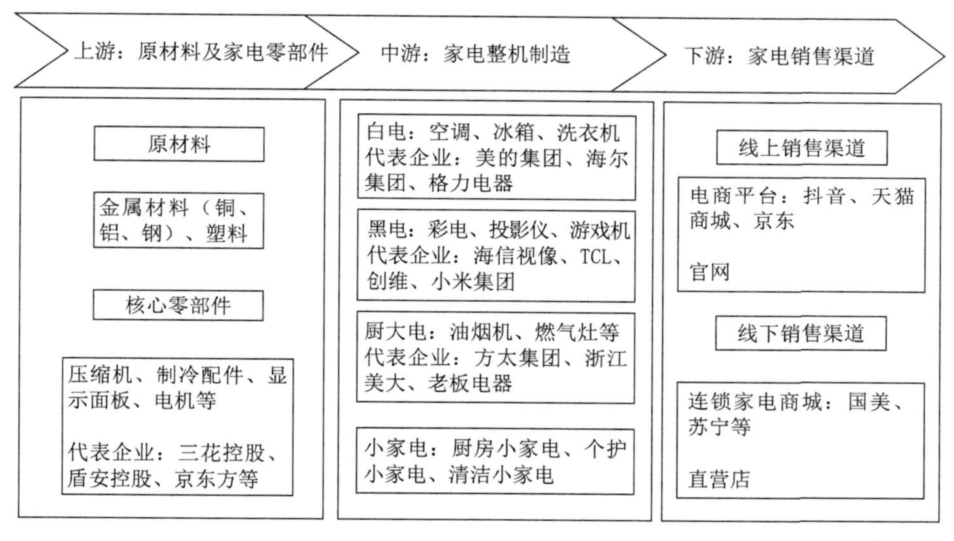

图5-1　家电产业链构成

黑电上游涉及基础材料生产和面板模组制造，生产难度大，技术含量高，是黑电产业链当中附加值最高的环节之一。基础材料的生产包括玻璃基板、液晶分子层、偏光板、彩色滤光片、背光源等，玻璃基板的制造是其中的核心环节，该环节具有很高的行业壁垒。我国玻璃基板行业正处在发展阶段，且在高世代玻璃基板领域布局较晚，只能满足市场3%左右的需求，短期内少数日美企业在该领域具有领先优势。液晶面板属于彩电的核心零部件，在彩电成本中占比达 70% 以上，液晶面板的制造属于技术与资金密集型行业，投资成本高、周期长，产能与需求经常出现错配，使得该环节具有一定的周期性。2011年开始，京东方、中国电子开始建设显示面板生产线，到

2022年，京东方与华星光电在全球的市场份额合计超过40%，目前中国在显示面板领域优势明显。

厨大电上游主要包括原材料与零部件，原材料在其成本中占比较大，主要包括玻璃、铜、不锈钢、铝等原材料，不同种类的厨大电上游零部件环节略有差异，油烟机上游零部件主要包括电机、过滤网、风机等，燃气灶上游零部件主要包括炉灶、炉头、气阀等。中游主要是整机制造企业，主要包括老板电器、方太集团、浙江美大等。

小家电种类繁多，其上游各不相同。总体而言，小家电成本当中原材料占比最大，并且小家电成本对原材料价格变动敏感度高。小家电中游企业当中，厨房小家电代表企业有美的、苏泊尔、九阳等，个护小家电企业主要有飞科，清洁小家电企业主要有石头科技、科沃斯。

二、产业链市场结构

目前市面上的家电产品大致可以分为四类：白电、黑电、厨大电、小家电。白电主要指外观为白色、体积大、功率大的家电，主要包括冰箱、空调、洗衣机等。黑电通常指黑色外观的家电，从功能上来讲，其可以满足人们的休闲和娱乐需求，如电视机、投影仪等。厨大电主要指在布局厨房空间时提前内置的大型家电，主要包括油烟机、燃气灶、消毒柜和洗碗机等。小家电主要指体积小、功能单一的小型家用电器。它们通常设计紧凑、易于携带和存储，能够满足日常生活中的个性化需求。小家电种类繁多，大体上可分为三类：厨房小家电、个护小家电、清洁小家电（见表5-1）。

表5-1　家电产品分类

家电分类		代表产品
白电		冰箱、空调、洗衣机等
黑电		彩电、投影仪、音响设备、游戏机等
厨大电		洗碗机、燃气灶、油烟机等
小家电	厨房小家电	电饭煲、微波炉、空气炸锅、豆浆机等
	个护小家电	吹风机、剃须刀、电熨斗、电动牙刷等
	清洁小家电	扫地机器人、吸尘器、加湿器等

（一）上游：家电零部件行业集中度较低，头部企业实现垂直一体化

家电上游企业主要包括原材料企业与零部件企业，零部件企业主要包括配套市场企业与非配套市场企业，配套市场企业主要为家电整机企业的子公司。家电整机企业为增强市场竞争力和控制核心技术，多设立子公司布局上游核心零部件的生产，如美的子公司美芝与格力子公司凌达均为配套市场的压缩机企业。非配套市场企业主要向市场销售家电零部件，如三花智控、盾安环境、秀强股份、金海高科。

从白电上游来看，白电整机制造企业均布局了上游核心零部件生产，垂直一体化程度高，行业集中度也较高。以空调为例，空调核心零部件为压缩机与电机，二者在空调成本中占比分别约为 30% 与10%。从集中度来看，空调压缩机与电机市场高度集中，且美的与格力的子公司占据大部分市场份额。2021年空调压缩机CR3为74%，CR5为86%，美的子公司美芝与格力子公司凌达市场份额分别为42%与19%。电机市场50%以上的市场份额均掌握在威灵（美的集团旗下）与凯邦（格力集团旗下）等行业龙头企业手中。

从黑电上游来看，黑电上游核心零部件主要是显示面板，在其生产成本中占比约为78%。目前主要有LCD、LED和OLED三种类型，其中LCD面板占据主导地位，2021年LCD电视产能占比达96%，与空调核心零部件不同的是，显示面板具有通用性，其下游应用场景广泛，涵盖电视、手机、电脑显示屏等多种产品。从集中度来看，2022年我国LCD面板CR3约为64%，CR5约为86%，呈现多寡头垄断的特点。从竞争格局来看，京东方、华星光电位于第一梯队，其LCD面板出货面积占比分别为36%和17.6%，LGD与惠科股份位于第二梯队，二者LCD面板出货面积占比分别为11.7%与11.6%。

（二）中游：家电整机制造行业集中度高，头部企业掌握话语权

相较于其他家电品类，白电市场整体而言集中度较高，且呈上升趋势。2023年，我国空调、冰箱和洗衣机CR3分别为84.8%、72.2%、89.4%，CR5分别为76.6%、82.7%、94.4%，白电市场2023年CR3与CR5均高于70%（见图5-2、图5-3），形成寡头垄断格局。白电整机制造行业集中度高，主要有以下三个原因：第一，相较于黑电而言，白电属于功能性产品，消费者对于

产品的需求差异较小，产品同质性高；第二，白电存在显著的规模效应，头部企业通过构建产能优势从而影响产品价格，以空调为例，格力、美的两大龙头企业的产能占行业产能的比例由2004年的12.5%和17.2%增长至2018年的30.3%和29.3%，两家厂商曾多次发起价格战；第三，白电市场规模与技术趋于成熟，市场增长空间小，头部企业通过纵向一体化方式掌握核心零部件的技术与生产，构建了技术与成本壁垒，小企业很难有生存空间。

从竞争格局来看，在白电市场中，以美的、格力和海尔为首的龙头企业占据了大部分的市场份额，具有绝对的话语权。在空调市场中，美的和格力处于双寡头垄断地位，2023年，二者市场份额分别是29.8%和31.2%，合计61%（见图5-4）。冰箱市场则呈现出一超多强的垄断格局，海尔凭借其在冰箱行业积累的技术优势与品牌优势，在2023年占据冰箱行业将近一半的市场份额（见图5-5）。洗衣机市场则更加集中，呈现出双寡头垄断格局，美的与海尔共占据超过80%的市场份额（见图5-6）。

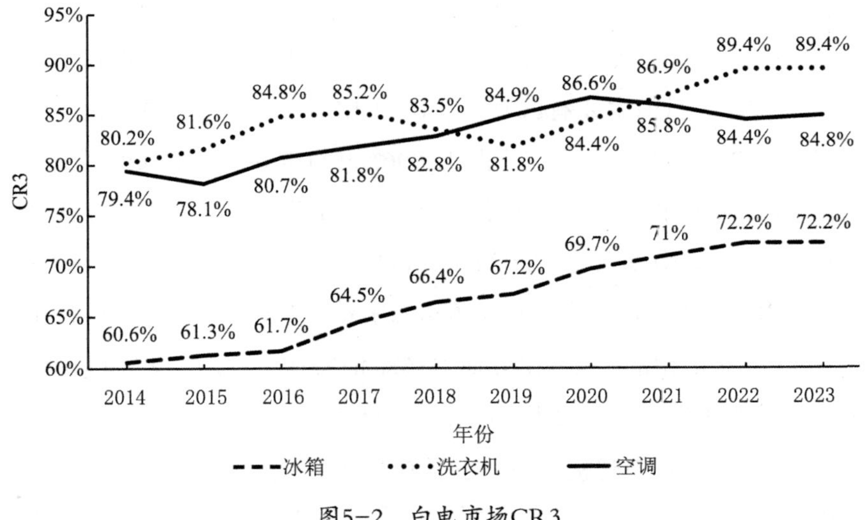

图5-2　白电市场CR3

数据来源：欧睿数据。

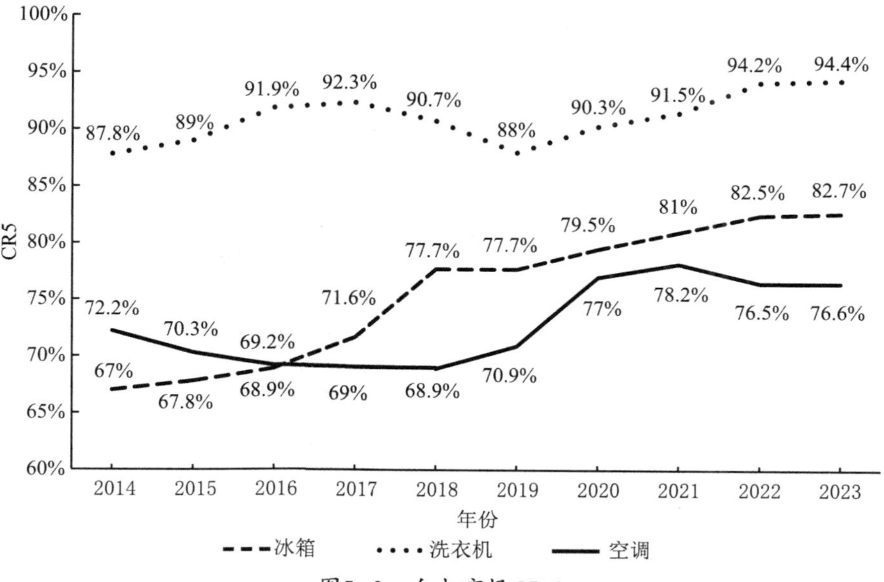

图5-3　白电市场CR5

数据来源：欧睿数据。

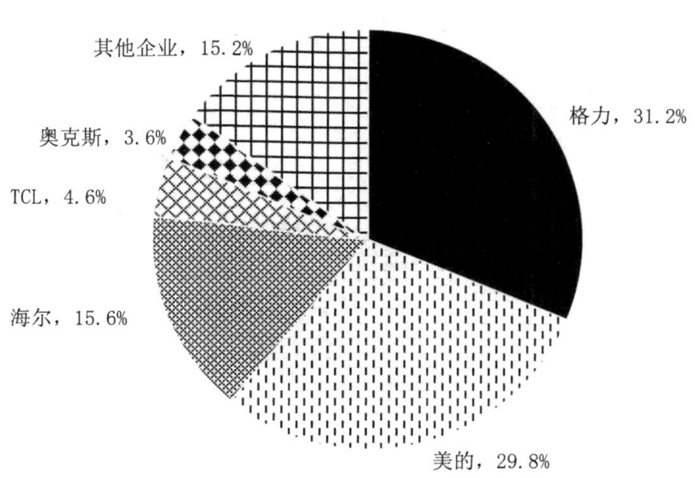

图5-4　2023年空调市场竞争格局

数据来源：欧睿数据。

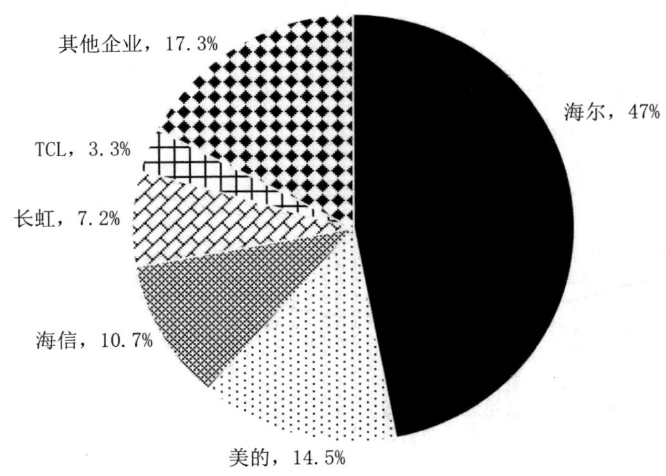

图5-5　2023年冰箱市场竞争格局

数据来源：欧睿数据。

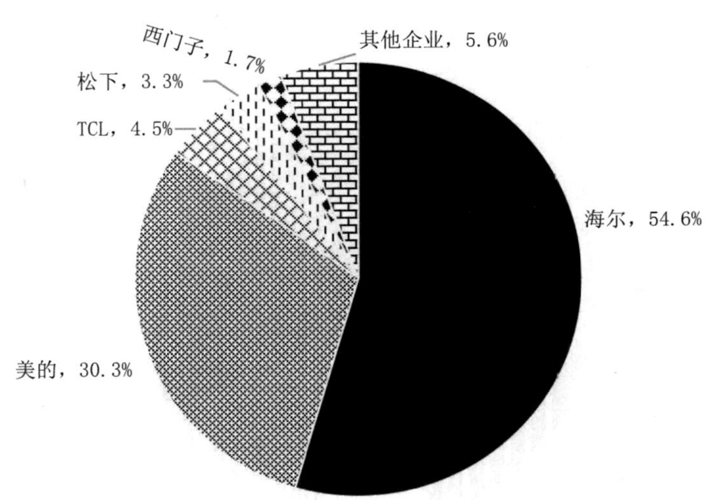

图5-6　2023年洗衣机市场竞争格局

数据来源：欧睿数据。

从黑电整机制造行业来看，集中度方面，黑电市场集中度低于白电，市场竞争更加激烈，其中彩电市场CR3不足60%（见图5-7），而白电市场CR3大部分在70%以上。发展趋势方面，彩电产业仍存在缓慢上升的趋势。一方面，相较于白电而言，彩电市场消费者对于产品的外观、功能、性能等方面都有不同的需求，其需求多元化特征明显，根据应用场景的不同，彩电厂商提供了多种应用场景的电视类型，如游戏电视、音乐电视等。另一方面，白电市场技术类型多样，彩电行业属于高科技产业，技术创新速度非常快。从黑白电视到彩色电视，再到液晶电视、等离子电视、OLED电视等，产品更新换代速度非常快，企业需要不断进行技术创新以保持竞争力。

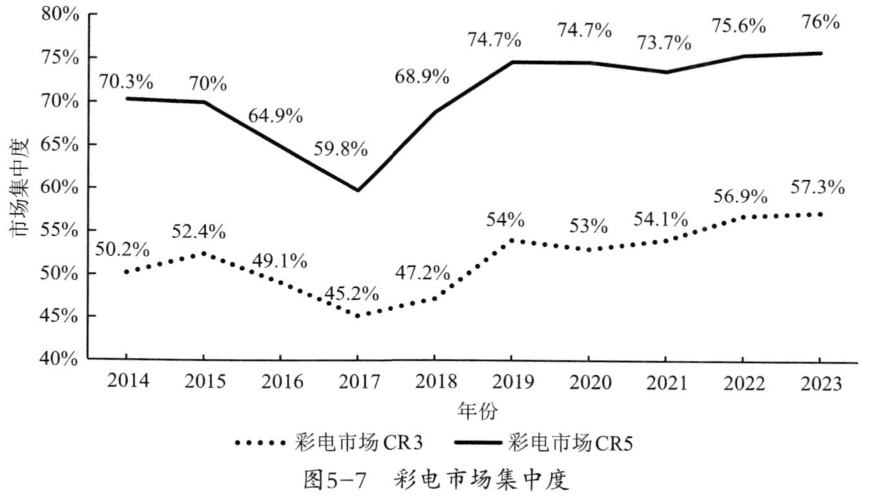

图5-7　彩电市场集中度

数据来源：欧睿数据。

彩电市场竞争者众多，市场份额较为分散。目前，小米与海信位于第一梯队，2023年二者市场份额分别为23.7%与20.9%，创维、TCL与海尔位于第二梯队，其市场份额分别为12.7%、12.3%与6.4%。另外，彩电市场的竞争格局不稳定，2018年，小米经过五年积累，凭借其创新与高性价比的优势，将市场份额从不足5%提升至17%，全年国内出货量达756万台，成为增长最快的电视品牌，此后小米电视的市场份额不断提升，近年来一直维持在20%以上。而TCL与创维等传统电视厂商在电视市场的市场份额下降较为明显，分别从2015年的18.1%与16%下降至2023年的12.3%与12.7%（见图5-8）。

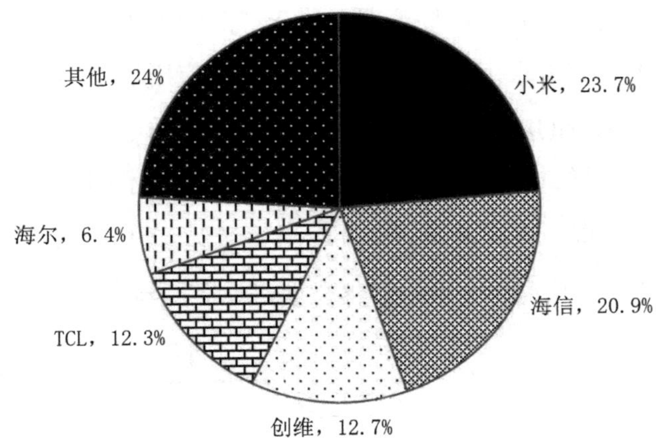

图5-8 彩电市场竞争格局

数据来源：欧睿数据。

随着家庭户均人口的下降以及Z世代消费主力的崛起，人们的消费理念逐渐转变为悦己以及追求生活品质，因此，小家电市场发展迅速。2018—2023年，小家电市场平均复合增速达11%，高于其他家电品类。

从市场集中度来看，小家电市场整体平稳，存在略微下降趋势，2023年小家电CR3与CR5分别为28.4%和37.9%（见图5-9），相比于其他家电品类，小家电市场较为分散。从分类型来看，厨房小家电集中度高于个护小家电与清洁小家电，厨小电市场起步较早，目前已趋于成熟，以美的、九阳、苏泊尔为代表的厨小电企业在该领域深耕多年，市场占有率高。2022年美的、九阳与苏泊尔在小家电市场的份额分别为16.5%、5%与4.5%，格力与飞科则聚焦于清洁小家电与个护小家电，二者市场份额分别为6.1%和5.8%（见图5-10）。

小家电赛道集中度低、市场较分散，主要有以下两个原因：一方面，小家电聚焦于清洁、个人护理等精细需求，针对每种需求都可以开发出相应的产品，因此小家电品类丰富程度远超过其他家电类型；另一方面，我国户均小家电拥有数量少，渗透度低，具有较大的增长空间，加上新型品类的小家电层出不穷，因此该赛道竞争者众多。

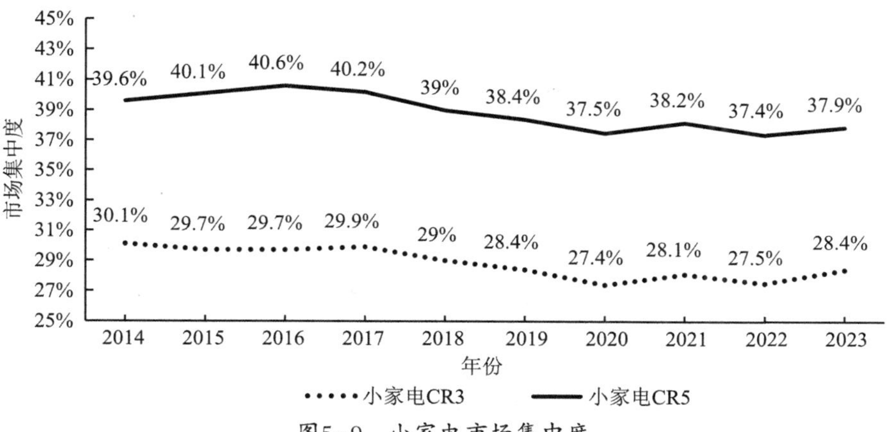

图5-9　小家电市场集中度

数据来源：欧睿数据。

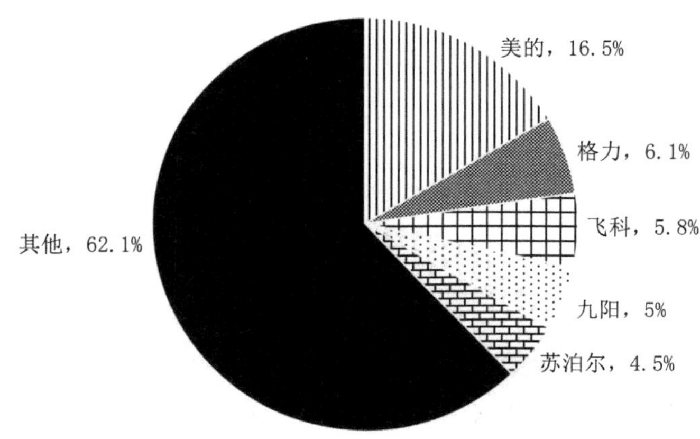

图5-10　2022年小家电市场竞争格局

数据来源：欧睿数据。

目前，厨大电在我国的渗透率明显低于白电与黑电，但厨大电是家电细分领域的增长点之一。目前厨大电市场的集中度要比白电、彩电等成熟家电市场的集中度低，2023年厨大电市场的CR3和CR5分别为46.2%和61.4%（见图5-11）。近年来，龙头企业凭借其雄厚的资金实力与研发实力，不断提高市场份额，厨大电市场集中度明显提升，其CR5从2019年的46.0%上涨到2023年的61.4%。从竞争格局来看，老板电器与方太厨具位于第一梯队，2023年二者市场份额分别为18.0%与17.3%，海尔集团、华帝股份与美的集团则位于第二梯队（见图5-12）。

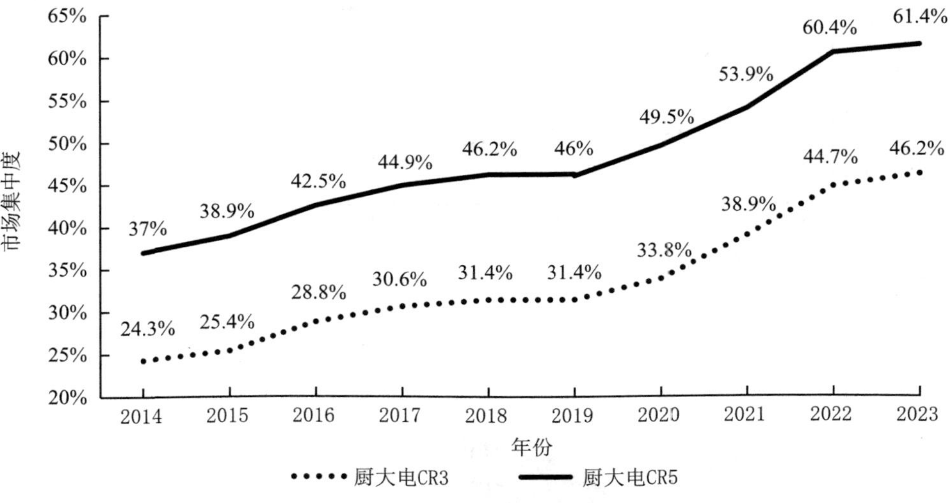

图5-11　厨大电市场集中度

数据来源：欧睿数据。

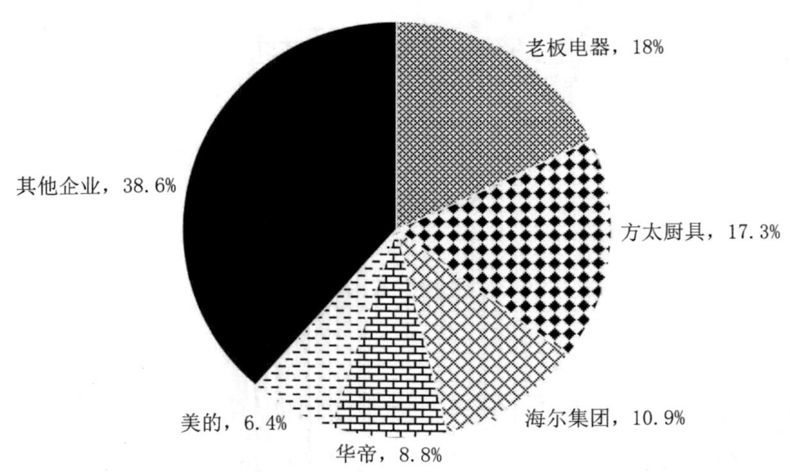

图5-12　2023年厨大电市场竞争格局

数据来源：欧睿数据。

（三）下游：家电销售渠道以线上为主，传统平台向线下市场渗透

从家电销售渠道来看，家电线上销售渠道销售额占比总体而言高于线下

销售渠道，2022年，家电线上销售渠道销售额占比57.8%，线下销售渠道销售额占比42.2%，白电、彩电、部分小家电线上销售额占比高于线下销售额占比，其中小家电中的清洁小家电线上销售额占到总销售额的86.5%，油烟机等厨大电的销售渠道则以线下为主（见图5-13）。家电线上销售渠道增幅呈现出放缓的趋势，2023年，我国家电线上销售渠道销售额为4333亿元，相较于2022年下降12.1%，京东、天猫等传统电商平台也在积极向线下市场渗透。

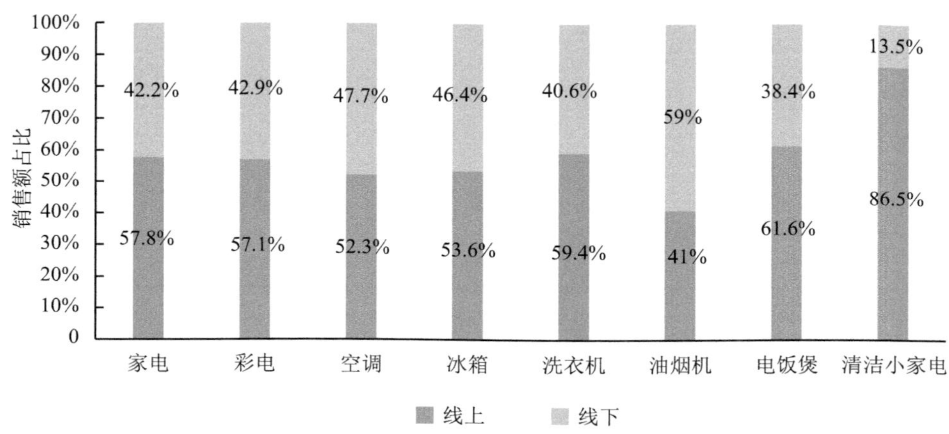

图5-13　2022年家电市场分渠道销售额占比

数据来源：奥维云网。

三、产业链市场行为

（一）产品差异化行为：多数家电产品同质化，彩电产品存在差异

总体而言，家电市场技术路线成熟，产品在功能、性能、外观等方面同质化严重，厂商之间靠价格战争夺市场份额。相对而言，在家电行业，彩电产品存在一定的差异。

目前，彩电显示主要分为LCD显示技术与OLED显示技术。OLED显示技术属于自发光显示技术，相较于LCD显示技术，其色彩还原度更高、可视角度更广，并且更加流畅，响应速度更快，但其缺点明显，OLED相较于LCD彩电生产成本更高，且其寿命较短。从目前的彩电出货量来看，OLED彩电的销量自2019年以来呈增长趋势，年均复合增长率达15.8%，销量占比从2019年的1.3%增长到2023年的2.76%（见图5–14），同尺寸的OLED彩电是LCD彩电价格的4—5倍，可以预计在未来一段时间，LCD彩电仍在彩电市场占据绝对优势。

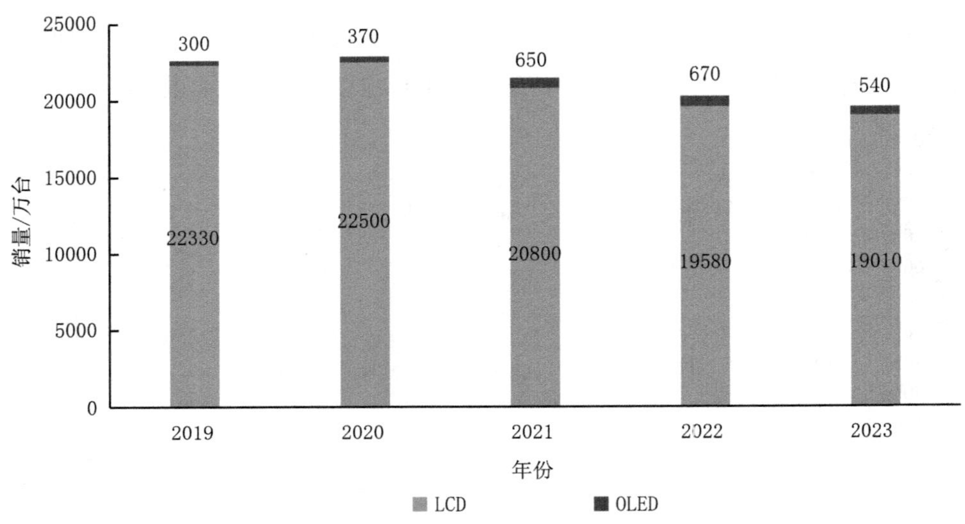

图5–14　不同显示技术电视销量

数据来源：奥维云网。

高刷新频率电视是近年来增长较快的彩电细分类型。随着电视的应用场景越来越多样化，玩游戏与观看体育赛事等应用场景对电视流畅度提出了更高的要求，120Hz电视的出现满足了人们对彩电高刷新频率的要求，其每秒钟更新120次图像，可以提供更加流畅与清晰的动态画面，极大提升了观众的观影体验。根据奥维云数据，2023年我国彩电市场120Hz电视出货量达1003.6万台，在彩电市场出货量下跌的背景下，其逆势增长77.6%，表现亮眼。

（二）并购行为：并购集中在头部企业，致力于完善全产业链

家电产业的并购行为主要集中在美的集团、格力电器与海尔智家等头部企业（见表5–2）。

美的集团注重产业链一体化，目前拥有家电上游核心零部件供应能力，其空调压缩机、空调电机、洗涤电机、电控、磁控管的产销量规模均居世界

前列。例如美芝空调压缩机2017年产量占行业比重32%，产量全球领先。在初期，美的集团通过出资或并购的方式积极布局空调上游产业链，旨在掌握空调核心零部件的生产，整合上下游产业链资源，降低交易成本。1992年，美的集团通过合资的方式成立威灵电机，开始涉足空调电机的生产。1998年，美的集团收购东芝万家乐（压缩机），开始进入空调压缩机领域。自此，美的集团初步完成了对上游产业链的整合，掌握了电机及压缩机两项空调核心技术。

除纵向布局外，美的集团也多次通过横向布局拓展白电业务。2004年，美的集团并购华凌集团，拓展其在白电市场的份额，并购以后，华凌作为美的集团子品牌，推出目标消费者为年轻人的白电产品。2008年，美的集团通过并购荣事达进军冰箱与洗衣机领域。2018年，美的集团收购行业龙头企业小天鹅，极大地增强了其在洗衣机市场的竞争力。

除了在国内市场进行并购以外，美的集团也多次在海外并购以完成其全球化战略。2010年，美的集团收购开罗的空调与冷链公司Miraco，以布局其在非洲的市场。此后，美的集团也先后在意大利、美国并购白电行业公司，以增加其全球化市场份额。

相较于其他白电企业，格力电器的并购行为相对稳健，其一直在空调行业深耕，注重内生式增长。格力电器在初期采取的战略与美的类似，积极布局空调上游零部件产业链，从而实现纵向一体化发展。2004年，格力电器并购凌达压缩机，同年，还收购了格力小家电、格力电工、新元电子。

2021年，格力电器以收购与定向增发的方式控股盾安环境，盾安环境属于格力上游供应商，盾安环境营收主要来源于制冷配件与制冷设备两大板块，制冷配件主要包括四通阀、膨胀阀等，下游应用厂商为制冷家电企业与新能源车企，通过此次并购，格力电器不仅进一步实施了一体化布局，还成功进军新能源汽车热管理领域。

除纵向并购外，格力电器也进行了横向布局与多元化布局。2018年，格力电器收购晶弘电器100%的股权，扩大其在白电市场的份额。2021年，格力电器收购银隆新能源，该企业主营业务为生产钛酸锂电池，此次并购标志着格力电器开启多元化发展之路。

相较于格力电器与美的集团，海尔智家更加关注全球市场，其多次进行海外并购以提升全球市场占有率，实现其全球化战略目标。2011年，海尔智家从松下电器收购了日本三洋电机在日本的洗衣机与冰箱业务以及在东南亚的白电销售业务，三洋电机作为成熟的家电企业，其拥有日本洗衣机市场15%的份额和越南电冰箱市场30%的份额。通过本次并购，海尔智家不仅取得了三洋电机的技术与专利，还扩展了在东南亚家电市场的销售份额。2012年，海尔智家收购新西兰家电龙头企业斐雪派克，其拥有新西兰55%以上的市场份额以及澳大利亚18%的市场份额。2016年，海尔智家以54亿美元收购通用电气家电业务，此举意在提升其在北美的市场份额，并提升其品牌影响力。

表5-2　家电产业企业并购情况

购买方	年份	并购标的	并购标的主要业务	并购类型
美的集团	2004	华凌集团	冰箱、空调	横向布局
	2008	荣事达	洗衣机	横向布局
	2010	Miraco（埃及）	空调、冷链产品	跨国横向布局
	2011	开利拉美（拉美）	空调	跨国横向布局
	2016	东芝	白电	横向布局
	2016	Clivet（意大利）	中央空调	跨国横向布局
	2017	库卡（美国）	机器人	跨国多元化布局
	2018	小天鹅	洗衣机	横向布局
	2020	HCTL（泰国）	冰箱压缩机	跨国纵向布局
格力电器	2004	凌达压缩机	空调压缩机	纵向布局
	2018	晶弘电器	冰箱	横向布局
	2021	盾安环境	空调制冷配件	纵向布局
	2021	银隆新能源	新能源	多元化布局
海尔智家	2011	三洋电机（日本）	三洋电机在东南亚的洗衣机、冰箱等白电业务	跨国横向布局
	2012	斐雪派克（新西兰）	白电	跨国横向布局
	2016	通用电气家电业务（美国）	白电	跨国横向布局
	2018	Candy（意大利）	洗衣机、冰箱	跨国横向布局

（三）研发创新：头部企业重视研发，新型品类研发投入亮眼

从研发费用来看，上游核心零部件企业研发费用率较高，如白电核心零部件压缩机企业海立股份与天银机电2022年研发费用率分别为4.44%与9.21%，整体高于白电整机制造企业。黑电上游核心零部件显示面板企业研发投入整体上也高于彩电整机企业。

横向对比来看，白电市场规模大，且市场份额集中在少数头部企业，因此白电头部企业美的集团、格力电器与海尔智家研发费用绝对值遥遥领先。2023年，三家企业研发费用分别为126.19亿元、62.81亿元与22.89亿元，但白电技术相对成熟，白电企业研发费用率稳定在3%左右，其研发费用率以及研发费用的增速相较于其他类别家电企业没有优势。黑电行业技术路线多，技术迭代更新速度快，因此黑电企业及其上游企业研发费用率整体较高，均在4%以上，其中黑电上游显示面板企业京东方2022年研发费用高达111亿元，研发费用率为6.22%。

另外，一些新型品类小家电较为注重研发投入，以清洁机器人为主业的企业科沃斯与石头科技，2022年研发投入分别为7.44亿元与4.89亿元，其研发费用率分别为4.86%与7.37%（见表5-3），二者2022年研发费用增速更是分别高达35.5%和10.9%。

表5-3　家电行业企业研发投入情况

分类		证券简称	2022年		2021年		2020年	
			研发费用/亿元	研发费用率	研发费用/亿元	研发费用率	研发费用/亿元	研发费用率
零部件	压缩机	海立股份	7.32	4.44%	7.28	4.62%	4.93	4.45%
		天银机电	0.77	9.21%	0.93	8.91%	0.83	9.22%
	显示面板	京东方A	111.01	6.22%	106.69	4.86%	76.23	5.62%
		兆驰股份	6.30	4.19%	5.55	2.46%	4.72	2.34%
	白电制冷配件	康盛股份	0.16	0.51%	0.22	0.93%	0.34	1.43%
		三花智控	9.89	4.63%	7.51	4.69%	5.18	4.28%
	软管	春光科技	0.66	3.42%	0.46	3.54%	0.27	3.18%
	风叶、风机	朗迪集团	0.86	5.07%	0.90	4.94%	0.71	5.10%
	排水泵	汉宇集团	0.46	4.31%	0.47	4.14%	0.46	4.85%
	玻璃	秀强股份	0.57	3.76%	0.60	4.11%	0.45	3.50%

续表

分类	证券简称	2022年		2021年		2020年	
		研发费用/亿元	研发费用率	研发费用/亿元	研发费用率	研发费用/亿元	研发费用率
白电	美的集团	126.19	3.65%	120.15	3.50%	101.19	3.54%
	长虹华意	4.67	3.56%	4.34	3.29%	3.79	3.63%
	长虹美菱	5.60	2.77%	4.66	2.58%	3.81	2.47%
	格力电器	62.81	3.30%	62.97	3.32%	60.53	3.55%
	海信家电	22.89	3.09%	19.87	2.94%	12.85	2.66%
黑电	康冠科技	5.09	4.39%	—	—	—	—
	海信视像	20.80	4.55%	18.51	3.96%	17.40	4.43%
厨大电	华帝股份	2.59	4.45%	2.44	4.36%	2.20	5.05%
	老板电器	3.92	3.81%	3.66	3.61%	3.03	3.73%
	万和电气	2.50	3.78%	2.86	3.80%	2.37	3.78%
	浙江美大	0.61	3.35%	0.68	3.16%	0.54	3.07%
	火星人	1.07	4.68%	0.74	3.19%	0.58	3.58%
	亿田智能	0.60	4.71%	0.55	4.49%	0.31	4.39%
	帅丰电器	0.43	4.50%	0.41	4.17%	0.27	3.72%
清洁小家电	科沃斯	7.44	4.86%	5.49	4.20%	3.38	4.67%
	石头科技	4.89	7.37%	4.41	7.55%	2.63	5.80%
个护小家电	飞科电器	0.89	1.92%	1.32	3.29%	0.74	2.08%
厨房小家电	苏泊尔	4.16	2.06%	4.50	2.09%	4.42	2.38%
	九阳股份	3.90	3.83%	3.57	3.39%	3.46	3.08%
	爱仕达	1.55	5.26%	1.80	5.13%	1.70	5.87%
	新宝股份	4.79	3.50%	4.42	2.96%	3.94	2.99%
	小熊电器	1.37	3.34%	1.30	3.60%	1.05	2.88%
	北鼎股份	0.35	4.31%	0.31	3.63%	0.26	3.77%

数据来源：企业年报。

（四）价格行为：多数家电产品价格呈下降趋势

从平均售价来看，近五年来空调售价整体呈下降趋势。2019年5月，36个大中城市空调平均售价为3378元，2024年2月下降至3161元，降幅达6.4%，2023年1月以来，空调售价有回升的趋势。其他白电产品如冰箱、洗衣机近五年平均售价整体呈现出先波动上升后平稳波动的趋势（见图5–15），其中，洗衣机的涨幅尤为明显，其平均售价从2019年5月的2747元上涨至2024年2月的3176元，涨幅达15.6%。

空调平均售价持续下降是供需不均衡导致的结果。2019年以后，我国空调行业已进入存量竞争的时代，但我国空调的产能呈现持续上升的趋势，2019年，我国规模以上工业空调生产能力为29828万台，到2022年上涨至34051万台，涨幅达14.2%，年均增长率在4.5%左右。与此同时，我国空调的产量持续上升，而销量却呈现下降趋势，导致产销率下降。2020年，空调产销率下降至67%。2019年以来，头部厂商为清库存，频繁发动价格战。2019年底，格力接连宣布空调降价，首次是在"双十一"前夕，原价2399元的定频1匹挂机降至1399元，原价2899元的变频1匹挂机降至1599元，随后又在"双十二"当天宣布对其旗下的两款产品"悦风""品悦"让利800～1000元。接着，美的与海尔也接连调整空调售价以回应格力发动的价格战。通过本次降价，格力电器在"双十一"期间全平台销售额达41亿元，同比增加200%，而第二梯队企业空调销售额明显下滑。本次价格战对空调市场平均售价产生显著影响，2019年11月，空调平均售价同比下降3.65%，并且一直持续到2021年7月，空调平均售价一直处于下行通道。

从彩电的平均售价来看，彩电价格周期性明显，总体而言，其平均售价呈现下降的趋势（见图5–16）。彩电价格的周期性在于彩电中显示面板成本占比大，而显示面板价格具有强周期性。显示面板行业属于资金与技术密集型行业，行业壁垒高，生产线从投资到建成周期长，这就造成了需求与产能的错配，因此显示面板的价格具有周期性。相较于其他品类的家电，彩电厂商纵向一体化程度低，因此议价能力弱，彩电价格容易受到上游显示面板价格波动的影响。

从厨大电来看，近五年来抽油烟机的价格呈现明显的下降趋势（见图5–17），其平均售价从2019年5月的3251元下降至2024年2月的2929元，降幅达9.9%。燃气灶的价格整体较为平稳。

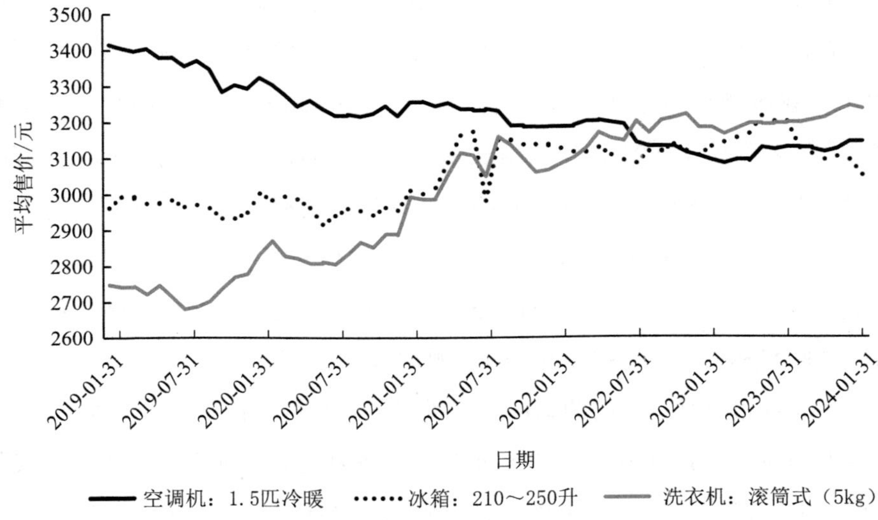

图5-15　36个大中城市白电平均售价

数据来源：通联数据。

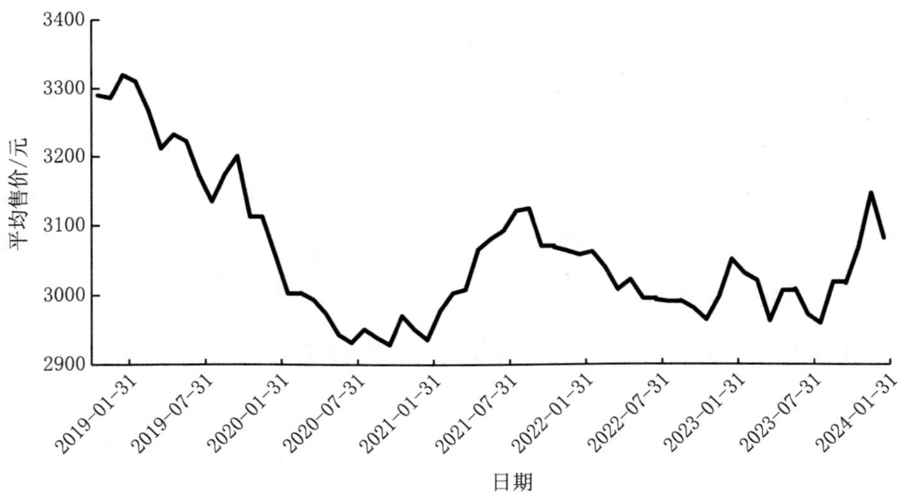

图5-16　36个大中城市42寸液晶彩电平均售价

数据来源：通联数据。

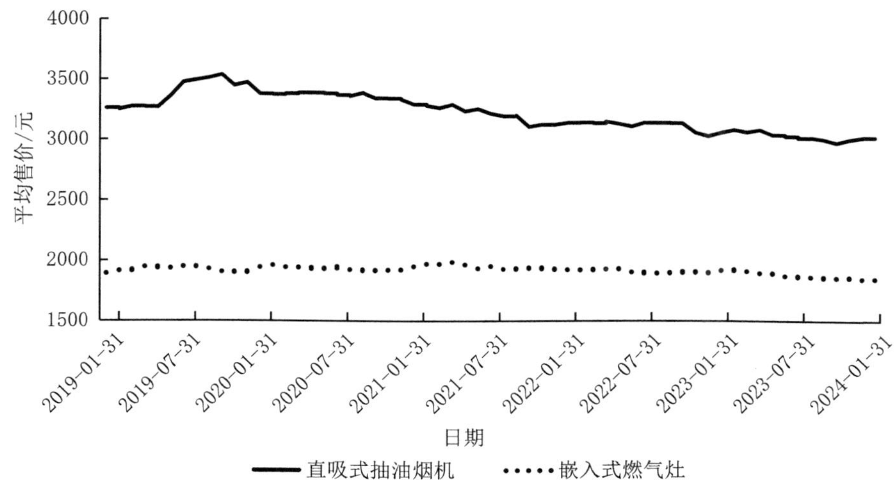

图5-17　36个大中城市厨电平均售价

数据来源：通联数据。

四、产业链市场绩效

（一）盈利能力：整体毛利率不高，整机制造企业议价能力较强

从上市公司业务来看，家电零部件上市公司绝大多数布局白电零部件。家电上游零部件企业毛利率与净利率水平明显低于其下游的白电整机制造企业（见图5-18至图5-20）。自2019年Q1[①]以来，家电上游零部件企业毛利率水平在15%～20%波动，其净利率水平呈现出上升趋势，自2019年Q1的4%左右，一直上升至2023Q3的9%左右。白电中游整机制造行业集中度高，多为寡头垄断，且行业寡头如格力、美的与海尔基本上实现了纵向一体化，核心零部件能够自给自足，其余零部件行业壁垒低。另外由于白电中游整机制造行业集中度高，上游议价能力弱，因此，家电零部件企业盈利能力不如整机制造企业。

从白电中游盈利能力（见图5-19）来看，总体而言，自2019年以来，白电企业毛利率水平：冰箱行业＞空调行业＞洗衣机行业。冰箱行业上市公司

① Q是“Quarter”的缩写，1是第一季度，指1—3月。

毛利率水平较稳定，一直在25%～27.5%波动；空调行业上市公司毛利率水平呈现走低的趋势，从2019年30%左右一直到2022年Q1的22.5%左右触底，之后，空调企业毛利率水平一直回升，到2023年Q3回升至27.5%左右。相较于空调与冰箱行业，洗衣机行业上市公司的毛利率水平弱势许多。2019年Q1，洗衣机企业毛利率水平与空调、冰箱企业处于同一梯队，之后其毛利率水平一路下跌，在2021年末下跌至10%左右，之后开始回升。到2023年Q3，洗衣机企业的毛利率水平回升至15%左右。

从白电企业净利率水平（见图5-20）来看，自2019年以来，白电企业净利率水平：空调行业＞冰箱行业＞洗衣机行业。虽然空调行业毛利率水平有下行的趋势，但其净利率水平比较稳定，一直在10%左右波动，空调行业的期间费用率尤其是销售费用率总体而言低于其他白电企业，因此，相较于其他白电企业，空调企业净利率水平表现优越。冰箱行业净利率水平一直在5%左右波动。而洗衣机行业净利率水平较为惨淡，洗衣机行业的净利率水平在-12.5%～2.5%。

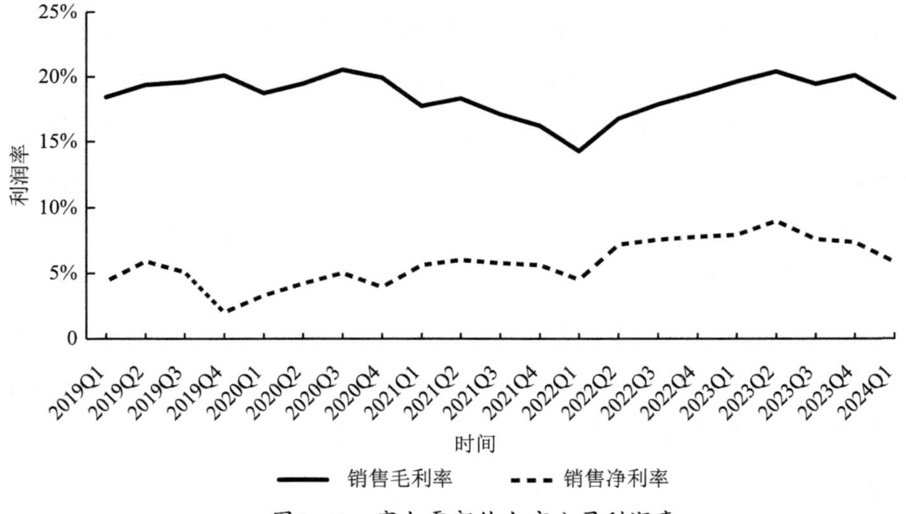

图5-18　家电零部件上市公司利润率

数据来源：通联数据。

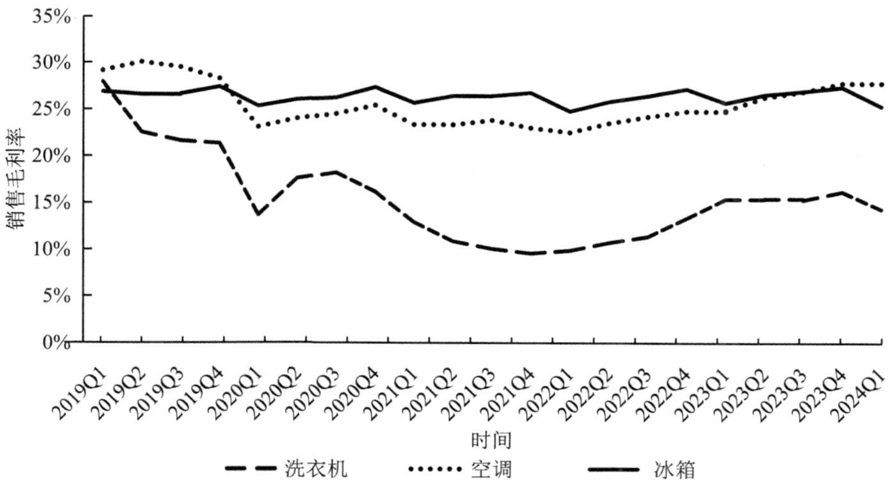

图5-19　白电上市公司销售毛利率

数据来源：通联数据。

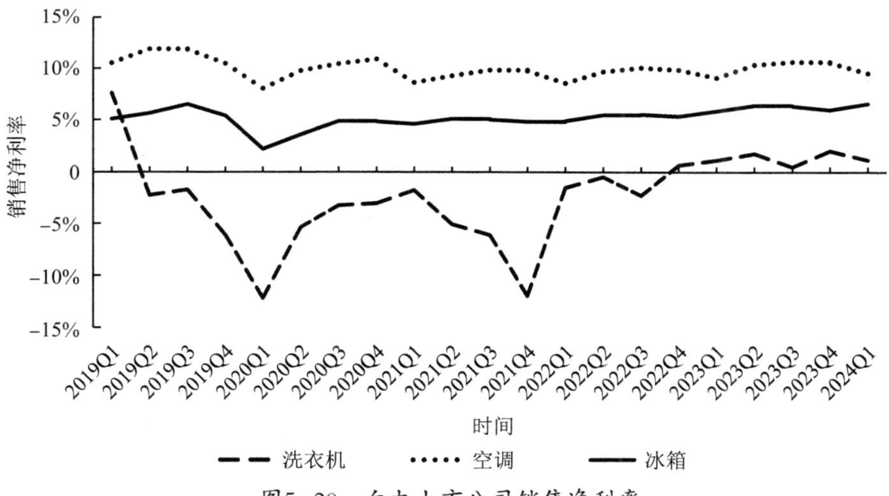

图5-20　白电上市公司销售净利率

数据来源：通联数据。

整体而言，黑电上游显示器件行业毛利率高于其下游彩电企业，上游显示器件毛利率与净利率整体波动较大（见图5-21、图5-22）。自2009年Q3以来，显示器件毛利率水平在9%～24%周期性波动，净利率水平在-4%～10%周期性波动，彩电企业毛利率水平在10%～14%，略有上升趋势，净利率水平在-2%～4%。一方面，显示器件行业上游涉及玻璃基板、背光模组、液晶材料等组件，其中玻璃基板是整个显示器件制造的关键材料，其技术门槛高、生产难度大，而该部分核心技术掌握在美国与日本手中，导致我国显示器件行业在更上游环节受制于人。另一方面，显示器件行业投资周期长，退出成本大，产能与需求之间会有一定的错配，因此，显示器件行业盈利波动大。我国显示器件行业市场集中度高，且彩电厂商纵向一体化程度低，因此，彩电整机制造行业议价能力弱，其毛利率水平低于显示器件行业。

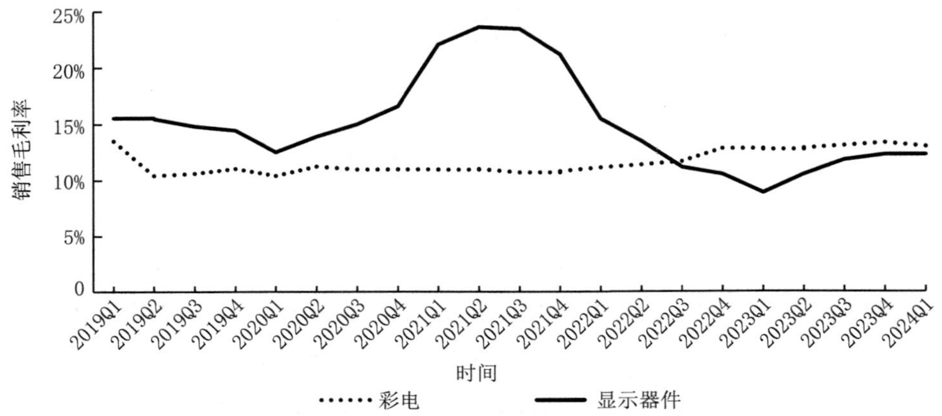

图5-21 彩电及显示器件上市公司销售毛利率

数据来源：通联数据。

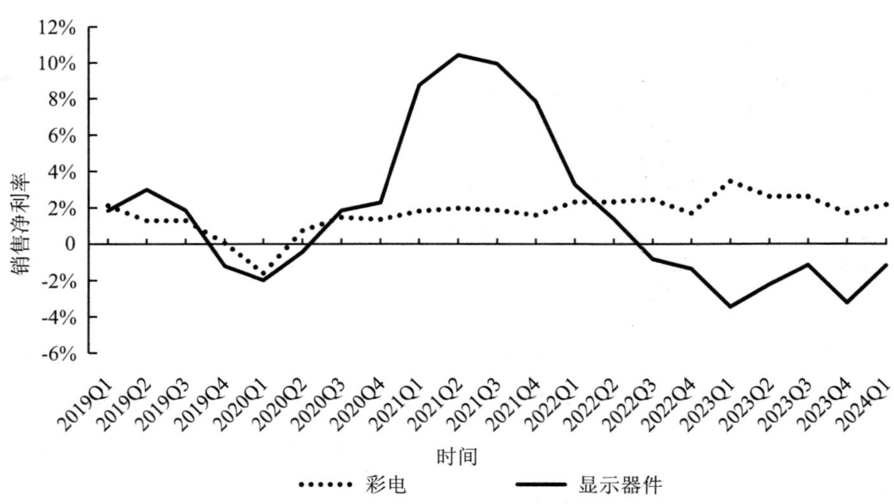

图5-22 彩电及显示器件上市公司销售净利率

数据来源：通联数据。

相较于大家电行业而言，小家电行业盈利能力强，但盈利能力的波动性更大。自2019Q1以来，小家电行业销售毛利率水平呈现先降后升的趋势，在30%～34.5%波动（见图5-23）。小家电的销售净利率水平在8%～10.5%。小家电成本中原材料占比较大，达70%以上，其中最主要的原材料为塑料、铝以及铜。2020年Q3以来，塑料、铝的价格都处于上升区间，导致小家电行业的毛利率承受较大压力。

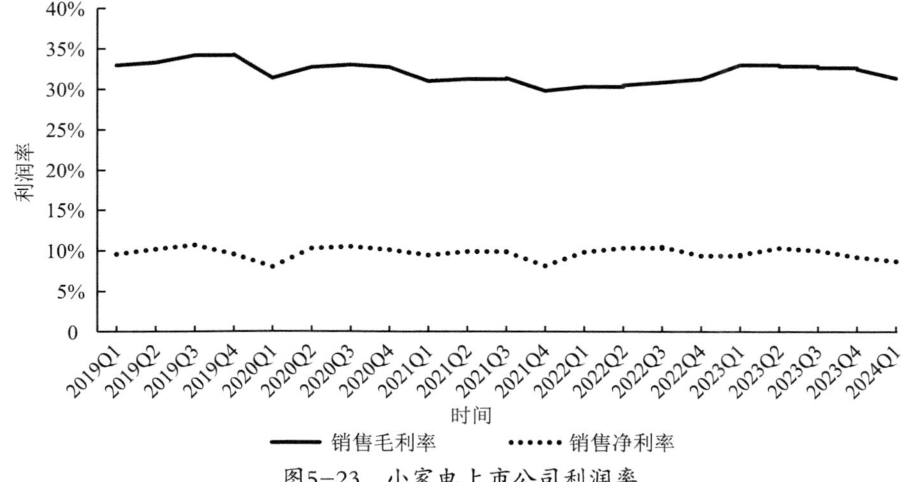

图5-23　小家电上市公司利润率

数据来源：通联数据。

（二）创新能力：我国家电企业创新水平领跑全球

2023年全球家电领域专利申请总数为136197件，我国专利申请总数为122621件，我国家电领域专利申请数量占比达90%，Top5专利申请人中，我国占据3位。由此可见，我国家电领域创新水平领跑全球。

从国内家电行业专利申请数量来看，白电头部企业占据明显优势。2023年，从专利申请总数与发明专利申请数量来看（见表5-4、表5-5），格力、海尔与美的集团均位居前三名，三者发明专利申请数量分别为2444项、1031项和463项，厨大电与黑电企业专利申请总数分别位于第二梯队与第三梯队，小家电企业专利申请总数多，但其发明专利申请数量少，一定程度上反映了其专利质量的弱势。

表5-4 2023年家电企业专利申请总数

企业	企业类型	2023年专利申请总数/项
海尔集团	白电	3399
珠海格力集团	白电	2984
美的集团	白电	2575
宁波飞翔集团	厨大电	1440
杭州老板电器	厨大电	1008
九阳股份	厨房小家电	925
苏泊尔集团	厨房小家电	759
海信集团	白电、黑电	699
奥克斯集团	白电	625
四川长虹电子控股集团	黑电	518

数据来源：CSMAR数据库。

表5-5 2023年家电企业发明专利申请数量

企业	企业类型	2023年发明专利申请数量/项
珠海格力集团	白电	2444
海尔集团	白电	1031
美的集团	白电	463
宁波飞翔集团	厨大电	428
杭州老板电器	厨大电	384
四川长虹电子控股集团	黑电	271
海信集团	白电、黑电	204
奥克斯集团	白电	182
TCL集团	黑电	145
中国华能集团	新能源	136

数据来源：CSMAR数据库。

第二节 家电产业发展环境和趋势研判

一、宏观经济环境

近年来，我国经济增速逐步放缓，面临较大下行压力。与此同时，人口红利逐渐消失，国内外环境不确定性因素增多，给经济发展带来了巨大的挑战。

在此背景下，居民收入增速降低，消费信心下降。居民人均可支配收入与人均支出的增速（见图5-24、图5-25）呈现相似的变化趋势。在2019年以前，人均可支配收入与人均支出增速平缓下降，2019年以后，二者增速均波动剧烈。相比较而言，人均支出比人均可支配收入增长更缓慢，并且更容易受到外部冲击的影响。

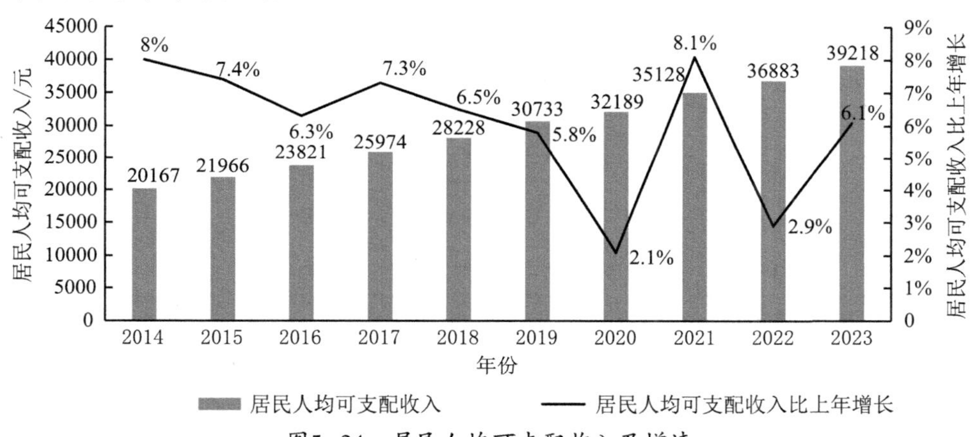

图5-24　居民人均可支配收入及增速

数据来源：国家统计局。

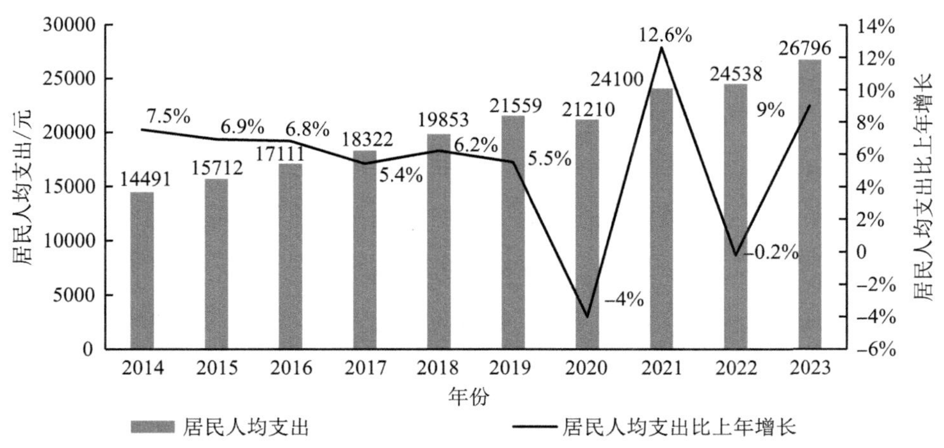

图5-25　居民人均支出及增速

数据来源：国家统计局。

从居民人均支出占可支配收入的比重来看，我国人均支出占可支配收入的比重低，2019年，美国该比重为93%，而我国仅有70.15%。从长期来看，我国该比重呈现出逐年下降的趋势（见图5–26），2014年人均支出占可支配收入的比重约为71.86%，到2023年该比重已降至68.33%。2019年以来，个人支出占可支配收入的比重降幅尤为明显，且波动剧烈。居民储蓄意愿强烈，消费信心不足，另外居民部门过高的杠杆率也造成了消费支出的减少。

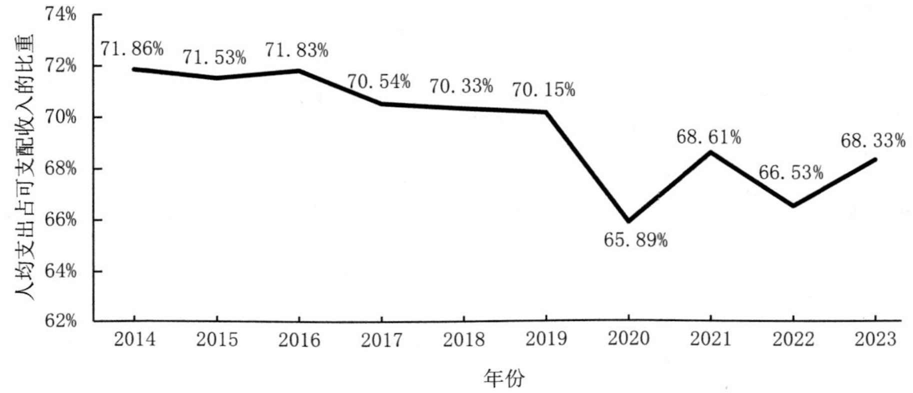

图5–26 我国人均支出占可支配收入的比重

数据来源：国家统计局。

从消费者预期指数（见图5–27）来看，2022年初消费者预期指数骤降，之后一直在100%以下波动，2022年10月以后有所回升，2023年初又有下降趋势，之后一直处于平稳状态，但较2019年的水平还有较大差距。消费者就业信心指数短期内承压是消费者信心指数处于低位的重要原因，从就业数据来看，2023年全年全国城镇调查失业率平均为5.2%，总体稳定，但中青年失业率处于高位，2023年12月，不包含在校生的16～24岁、25～29岁劳动力调查失业率分别为14.9%、6.1%，中青年较高的失业率一定程度上抑制了消费需求的释放。

消费者支出意愿下降，消费信心不足，对家电市场有很大的影响。家电属于限选消费品，当消费者预期不足，首先会减少限选消费品的支出，2023年以来，限额以上单位家用电器和音像器材类商品零售总额累计增速低于平均水平，2023年初出现负增长，随后一直在零左右徘徊（见图5-28）。

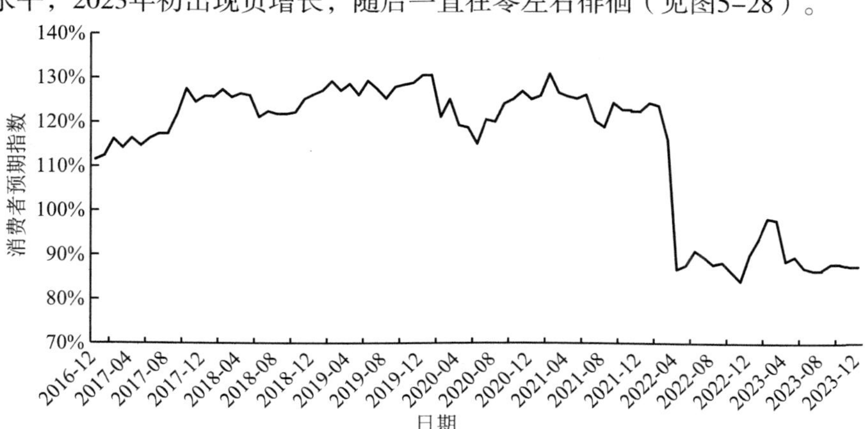

图5-27　消费者预期指数

数据来源：国家统计局。

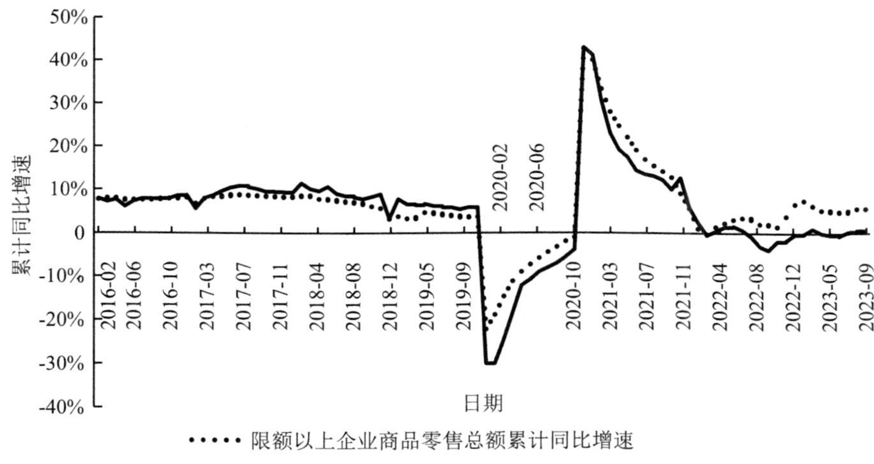

图5-28　限额以上企业商品零售总额累计同比增速

数据来源：国家统计局。

二、房地产市场

近十年来，房地产市场共经历三个阶段（见图5-29、图5-30）。

第一阶段，2015—2016年，房地产市场快速扩张，商品房销售面积与销售额均出现快速上涨，销售额年均增速在23.7%左右。2008年以后，为缓冲国际金融危机对经济的影响，国家采取一揽子措施稳定经济，计划于2010年底投入四万亿用于基础设施建设，房价也因此开始飞涨，房地产市场火爆起来。2010年起，国家推出限购令政策为房地产市场降温。2014年，房价涨幅收窄，商品房销售额出现负增大，房地产市场萎靡，一些地市开始陆续放开限购政策以对冲房地产下行压力，同时国家为稳增长、去库存，采取了对楼市的一系列干预政策，包括930新政、连续降准降息、放松房地产企业融资限制、支持棚改货币化。在一系列政策的强力刺激下，房地产市场复苏，商品房销售面积与销售额连续两年大幅增长。

第二阶段，2017年商品房销售额增长率显著下降，2018—2021年，房地产市场扩张速度总体稳中有降，商品房销售额增长率从2017年的13.38%逐渐下降至2021年的4.66%。2016年，中央经济工作会议提出房住不炒的理念，各地市开始密集出台调控政策，一、二线城市房价回落明显。2017年以后，楼市政策的主线仍延续房住不炒的理念，调控政策目标不变，力度不减。

第三阶段，2022年至今，房地产市场急剧收缩，2022年商品房销售面积与销售额均出现大幅度下滑，房地产销售额相较2021年下降26.73%。疫情结束以后，宏观经济不景气，居民消费信心恢复不足，因此商品房需求增速乏力，房地产企业面临回款压力，屡次出现房地产企业债务违约现象，因此商品房销售额出现负增长，房地产行业高增长周期结束，进入存量时代。

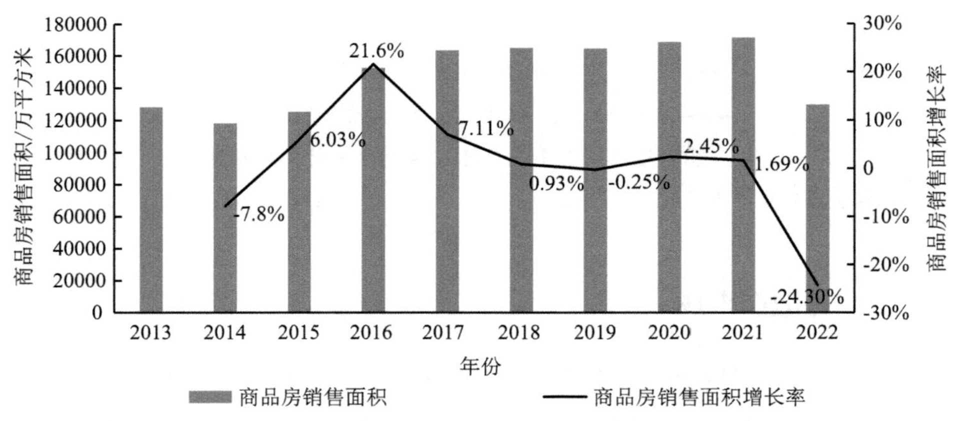

图5-29　房地产销售面积及增长率

数据来源：国家统计局。

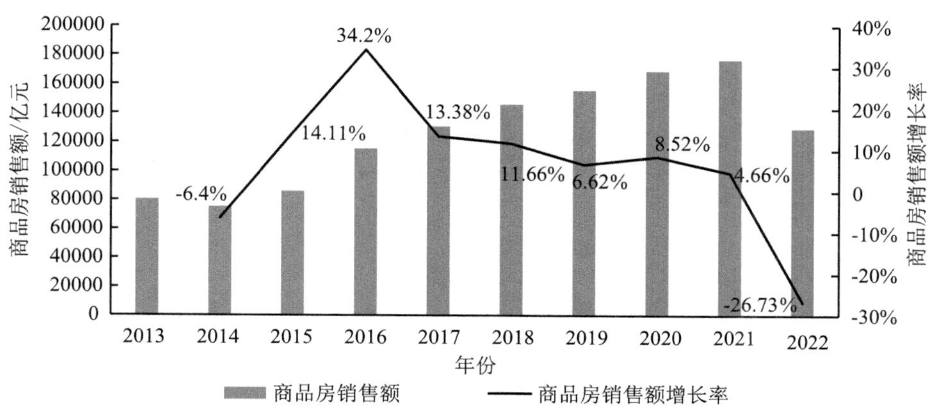

图5-30　房地产销售额及增长率

数据来源：国家统计局。

房地产行业与家电行业存在强关联性，因此房地产市场的兴衰对家电行业的影响较大。家电行业与房地产行业的变化趋势大致相同（见图5-31），2015—2016年，房地产行业去库存、稳增长的政策，带来了房地产行业的扩张，也刺激了家电行业需求的增长。2017—2021年，商品房销售额与销售面积增速回落，家电行业增速也呈现出逐年下降的趋势。从本质上来讲，房地产市场影响家电的新增需求，短期来看，国家采取积极政策保障房地产行业软着陆，房地产市场有一定程度的回暖。2023年1—9月商品房销售额与销售面积相较于2022年同期降幅有所收窄，一定程度上会带来家电销售规模的扩大。长期来看，随着城镇化率的提高与人口增速的下降，房地产市场发展放缓，传统家电销量很难再有大规模增长，家电行业进入存量时代。

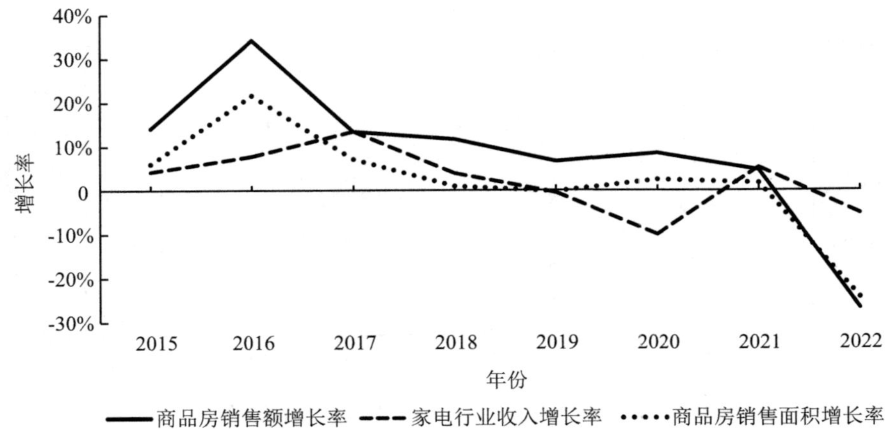

图5-31　商品房销售额、销售面积增长率与家电行业收入增长率走势

数据来源：国家统计局。

三、市场环境

家电市场近十年来全渠道零售额总体上呈现先升后降的趋势（见图5-32），年均增长率在1.9%左右。2015—2018年，家电市场呈现增长趋势，年均增长率在6.06%左右。2017—2023年，家电市场全渠道零售额增长率总体上呈现下降趋势。

从销售额结构来看，传统大家电仍是家电市场的主力。2022年，以冰箱、洗衣机、空调为主的白电占家电市场销售额的48.0%，以彩电为主的黑电占家电市场销售额的14.5%，厨大电占家电市场销售额的11.1%，三者合计达家电市场份额的七成（见图5-33）。

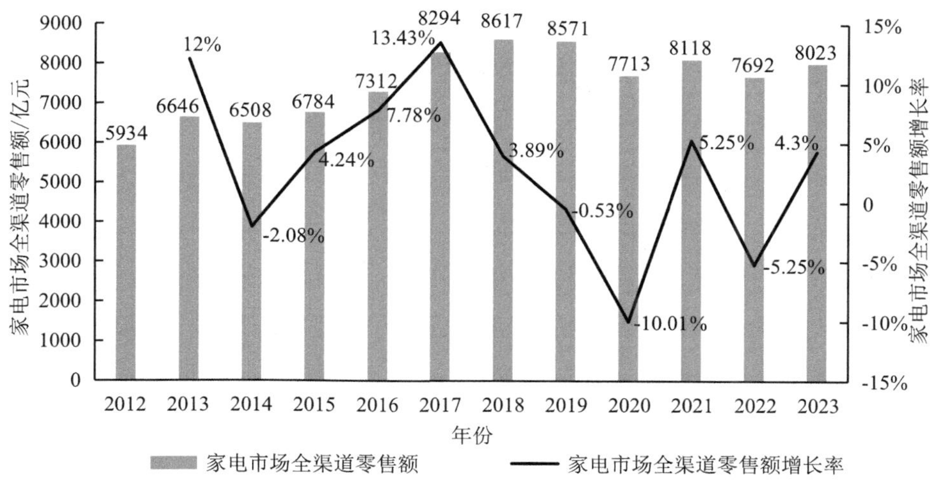

图5-32 中国家电市场全渠道零售额及增长率

数据来源：奥维云网。

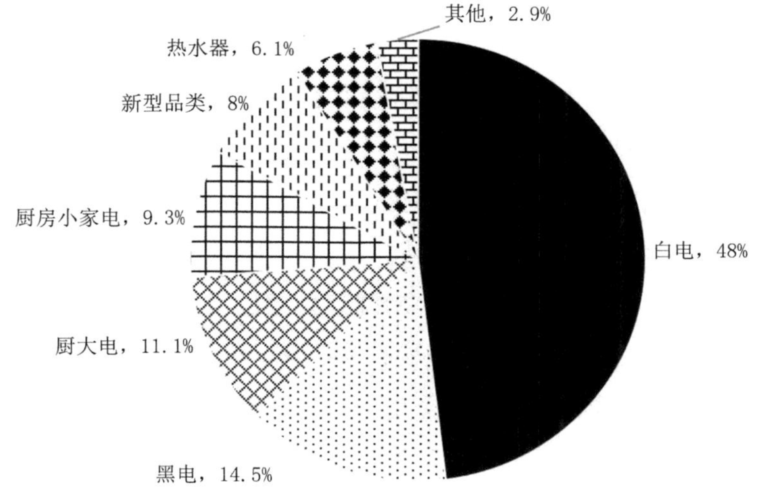

图5-33 2022年各类家电零售额占比

数据来源：奥维云网。

四、政策环境

2008—2013年，我国家电产业政策密集出台，尤其是家电下乡、以旧换新和节能惠民三大政策，极大地推动了家电行业的发展。三类政策补贴本质上都是以财政手段，直接给予消费者价格补贴，从而促进家电消费。三大政策效果明显，2008—2013年，家电集中补贴政策叠加房地产市场扩张周期，家电市场全渠道零售额由4345亿元增长到6646亿元，销售额增长53%，年均增长率达8.87%。渗透率方面，三大政策推出后，各品类家电在农村中的普及率均显著提高。2008年，农村居民冰箱、洗衣机均不足50台/百户。2013年，两类家电在农村的普及程度均超过70台/百户。补贴政策虽短期内利好家电市场，但家电作为耐用消费品，更换周期长，一定程度上透支了未来的需求，导致家电市场在后来增长乏力。

2013—2018年，家电产业政策降温，规范家电行业发展，促进家电行业转型升级是政策的主基调。“十三五”规划提出，未来十年中国家电行业的目标定为由家电大国成为家电强国，此阶段国家重视家电行业重点技术突破以及家电品牌建设，引导家电产业进行产业结构调整，致力于推动我国家电行业由追随者变为引领者。此轮家电产业政策弱化了给予消费者以及家电厂商直接补贴的方式，采用宣传推广、政府采购的方式给予家电厂商扶持。

2019年以来，家电行业的国家层面政策（见表5-6）呈现两大特点。其一，支持家电行业朝向绿色化、智能化发展。在绿色化方面，国家鼓励家电行业企业开展绿色供应链管理，引导支持绿色家电消费，对更新置换绿色、环保家电的消费者给予一定的补贴。在智能化方面，国家鼓励家电行业企业发展智能制造与智慧工厂，并组织开展高端智能化核心技术突破。其二，为刺激消费，促进内循环，国家鼓励家电等大宗消费以释放消费潜力。一方面，国家支持有条件的地区淘汰落后家电，对购买智能化、绿色化家电的消费者予以补贴。另一方面，支持老旧小区改造，以刺激家电的更新置换需求。

表5-6　我国家电产业部分政策

政策导向	时间	政策名称	政策要点
鼓励家电消费，支持家电回收与更新换代，支持绿色智能家电下乡	2020年12月	《商务部等12部门关于提振大宗消费重点消费促进释放农村消费潜力若干措施的通知》	激活家电家具市场，鼓励有条件的地区对淘汰旧家电家具并购买绿色智能家电、环保家具的消费者给予补贴
	2022年2月	《国务院关于印发“十四五”推进农业农村现代化规划的通知》	鼓励有条件的地区开展农村家电更新行动、实施家具家装下乡补贴和新一轮汽车下乡，促进农村居民耐用消费品更新换代
	2022年5月	《国务院关于印发扎实稳住经济一揽子政策措施的通知》	稳定增加汽车、家电等大宗消费……鼓励家电生产企业开展回收目标责任制行动
	2022年7月	《商务部等13部门关于促进绿色智能家电消费若干措施的通知》	鼓励家电生产和流通企业开发适应农村市场特点和老年人消费需求的绿色智能家电产品。鼓励有条件的地方对购买绿色智能家电产品的消费者给予相关政策支持
支持家电行业绿色化、智能化发展	2021年5月	《中国家用电器工业“十四五”发展指导意见》	做好绿色供应链管理，采用绿色原材料和零部件，开展绿色材料应用研发，推广绿色包装材料……找准产业链短板，在关键零部件、新型材料等领域，推动产业链上下游及产、学、研协同创新，发挥各自优势，实现上下游企业协同发展
	2021年12月	《工业和信息化部办公厅关于印发制造业质量管理数字化实施指南（试行）的通知》	进一步引导制造业企业深化新一代信息技术与质量管理融合，以数字化赋能企业质量管理，提升产业链质量协同水平
	2022年1月	《国务院关于印发“十四五”数字经济发展规划的通知》	打造智慧共享的新型数字生活……引导智能家居产品互联互通，促进家居产品与家居环境智能互动，丰富“一键控制”“一声响应”的数字家庭生活应用
	2022年1月	《促进绿色消费实施方案》	鼓励引导消费者更换或新购绿色节能家电、环保家具等家居产品。大力推广智能家电，通过优化开关时间、错峰启停，减少非必要耗能、参与电网调峰……鼓励有条件的地区开展节能家电、智能家电下乡行动
	2023年7月	《工业和信息化部　国家发展改革委　商务部关于印发轻工业稳增长工作方案（2023—2024年）》	组织国家高端智能化家用电器创新中心加快智能技术、关键零部件、新材料应用等关键共性技术突破

从广东省家电产业政策（见表5-7）来看，广东省近期家电产业政策主要集中在两方面：第一，积极响应国家关于提振消费的政策，鼓励各地市开展家电“以旧换新”政策，对购买家电的消费者予以补贴，从而促进家电消费；第二，广东省重视智能家电作为支柱产业的发展，致力于打造全球最有竞争力的家电产业集群，具体措施包括开展家电创新提升工程、加快家电制造绿色与智能化转型、开展产品质量品牌提升工程、促进广东省家电产业国际化发展。

表5-7　广东省家电产业部分政策

时间	政策名称	具体内容
2020年9月	《广东省发展智能家电战略性支柱产业集群行动计划（2021—2025年）》	《行动计划》基于广东省家电产业当前的地位和发展要求，在创新能力、产业规模、产业布局、品牌质量、国际化水平五个方面提出了发展的具体目标
2022年5月	《广东省贯彻落实国务院〈扎实稳住经济的一揽子政策措施〉实施方案》	稳定增加家电等领域消费，鼓励各地市开展家电等生产、销售企业实施惠民让利促消费活动，重点鼓励加大对绿色智能家电、智能手机、可穿戴设备等的促销力度，推动广东省家电换代升级
2023年3月	《广东省推动智能家电标准化发展三年行动方案（2023—2025年）》	建立健全智能家电标准体系，增强广东省家电国际竞争力，形成完整强大的产业集群
2023年7月	《广东省关于打造家电总部大产业的若干政策措施（征求意见稿）》	培育全球最具有竞争力的家电产业集群，具体发展目标包括：优化产业布局、完善创新体系、引培总部企业、提高品牌定位、开拓国内国外市场等
2023年9月	《促消费专项行动政策措施》	促进家电消费：举办“家电换新活动”，对于消费者购买家电产品予以补贴。支持家电企业设立销售公司，对于达到一定规模的给予补贴

五、产业发展趋势研判

（一）高端家电市场逆势增长

近几年，高端家电产品销售占比不断提高（见图5-34），海外家电市场中高端家电市场贡献占比从2018年的23.4%上升到2021年的27.4%，我国高端家电市场贡献占比从2018年的18.1%增长到2021年的28.3%，中国高端家电市场增长势头迅猛。2021年，我国高端家电市场贡献占比超过全球，在家电市场整体疲软的情况下，高端家电市场逆势增长。

具体到各家电品类而言，厨大电尤其是洗碗机与燃气灶，其中的高端产品线下销售额占比高，增速快（见图5-35）。2023年，燃气灶与洗碗机高端产品线下销售额占比分别是35.0%与49.6%，增速分别为5.8%和10.4%。白电中冰箱高端市场表现亮眼，2023年高端冰箱线下销售额占比为39.6%，增速为2.9%。小家电由于定位为高性价比，其高端品类表现弱于其他家电。

长期以来，我国高端家电市场被外资占据。近年来，国产品牌开始发力，除西门子、博世等品牌外，其他高端家电品牌在中国几乎销声匿迹，取而代之的是国产高端家电品牌。目前，中国高端家电市场已呈现出海尔卡萨帝、海信璀璨、美的COLMO三足鼎立的竞争格局。海尔卡萨帝2021年销售收入达129亿元，增长率达40%，连续五年复合增长率均在30%以上，2021年前三季度，其1万元以上高端家电市场占有率达37.4%，1万元以上高端洗衣机市场占有率达77.2%。美的COLMO品牌定位于高端全屋智能化解决方案，将AI融于高端家电，打造理性美学，其旗下产品包括白电、厨大电等，2021年美的COLMO品牌销售收入达42.6亿元，同比增长300%，2022年其销售额突破80亿元，同比增长90%。

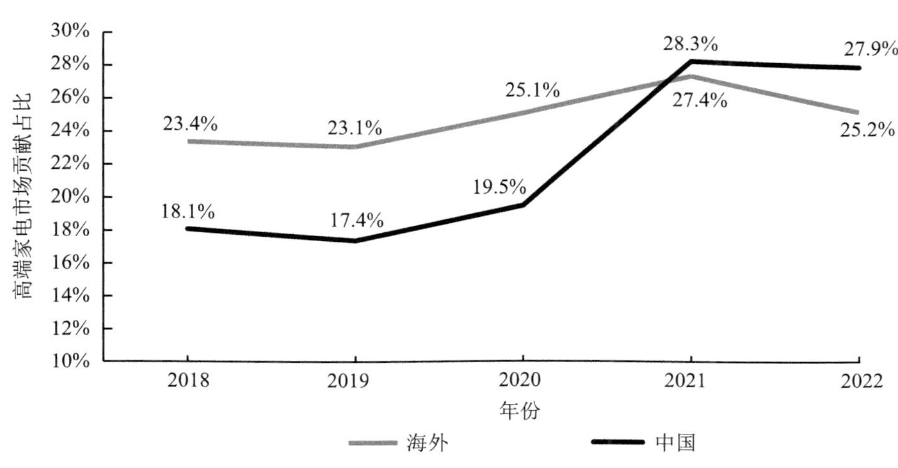

图5-34　高端家电市场贡献占比

数据来源：奥维云网。

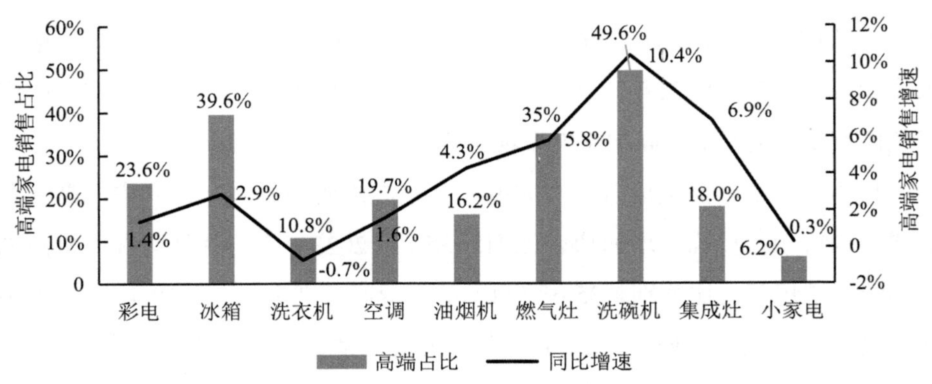

图5-35　2023年线下高端家电销售占比及增速

数据来源：奥维云网。

（二）家电产品智能化与绿色化发展

随着消费主力逐渐转变为Z世代，传统家电融合物联网、大数据、人工智能等数字化技术成为家电行业发展的新趋势。智能家电结合数字技术，让使用者可以通过智能系统实现交互功能，还可以不断学习用户习惯，从而使家电具备个性化功能，智能家电还具有便捷性、节能性与安全性。2023年，美的宣布与百度文心一言合作，共同推动AI技术在家电领域的应用，此次合作将打造人与智能家电对话场景，从而提升用户体验。2021年，我国智能家电市场规模达到5760亿元，2017—2021年，智能家电的渗透率不断提高。截至2021年，我国智能彩电渗透率已经达到67%，智能空调渗透率达到64%。在产业政策方面，商务部等14部门联合印发了《推动消费品以旧换新行动方案》，该方案提出通过财政支持方式，鼓励有条件的地区给予购买绿色智能家电的消费者补贴，旨在促进家电行业向智能化转型，有利于企业进行技术创新，使得家电产业寻找新的增长点。

除了智能化以外，家电绿色化也是家电行业的发展趋势。绿色家电通常达到一定的行业标准，在使用过程中具有高效节能的特点，不仅具有环境友好性，还关注到用户的舒适度与健康性。目前，政府通过鼓励以旧换新、制定行业标准等方式，推动绿色家电的普及。

（三）家电下沉渠道表现亮眼

2022年，农村居民人均可支配收入为20133元，城镇居民人均可支配收入为49283元。2023年，农村居民人均可支配收入为21691元，城镇居民人均可支配收入为51821元，农村与城镇居民2023年人均可支配收入的增速分别为7.7%和5.1%，农村居民人均可支配收入显著高于城镇居民。从城乡居民消费水平对比指数（见图5-36）来看，2012年该指数为3.17，2022年该指数下降至1.96，农村与城镇居民的消费水平在不断缩小。可以看出，农村居民收入与消费水平增长势头迅猛。

我国家电市场整体趋于饱和，随着农村居民收入与消费水平不断提高，下沉市场增长迅速，蕴含着巨大的机会。2022年，我国家电下沉市场规模为2900万亿元，相比2021年增长14.2%，而2022年全国家电市场整体下滑7%。从家电品种（见图5-37）来看，在家电下乡、以旧换新和节能惠民三大政策的推动下，彩电、冰箱与洗衣机等大家电普及度较高，城镇居民与农村居民每百户拥有量差距不大，但空调，油烟机等厨大电，微波炉等厨房小家电在农村的普及度显著低于城市，以上几种家电将是未来下沉市场的发力点，会有巨大的增长空间。

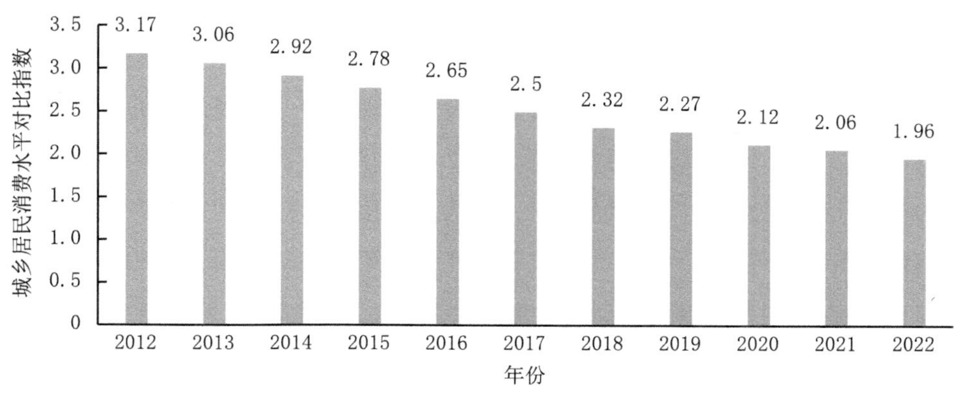

图5-36　城乡居民消费水平对比指数

数据来源：国家统计局。

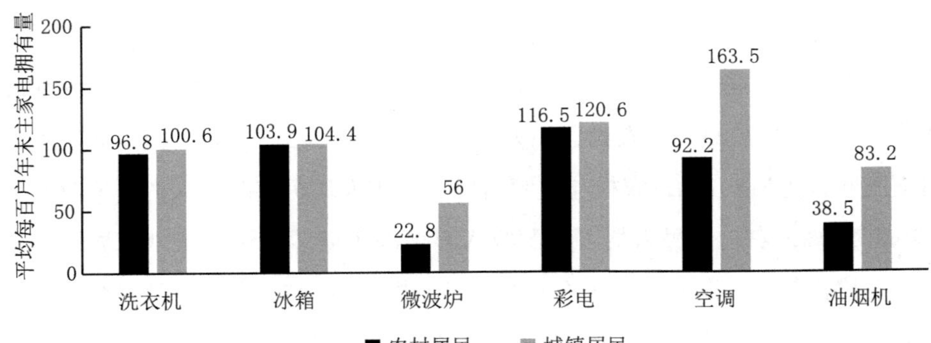

图5-37　2022年平均每百户年末主家电拥有量

数据来源：国家统计局。

第三节　家电产业空间布局

一、我国家电产业空间布局

（一）我国家电产量集中在华东和华南地区

综合来看，我国白电产量主要集中在华东与华南地区，广东、安徽、浙江、山东、江苏贡献了绝大部分白电产量。其中，广东与安徽实力更为强劲，安徽白电产业发展较为均衡，其三大白电产量均位居全国前二位，而广东在空调与冰箱的生产上领先。

空调生产方面，我国省市间的空调行业呈现出“一超多强”的格局（见图5-38）。2023年我国家用空调总产量24487万台，其中广东的空调产量为7598.14万台，约占全国产量的31%，位居全国第一。广东的空调产业在全国具有绝对优势。安徽、浙江、重庆和湖北位于第二梯队，四省市2023年的空调产量均在2000万台以上，合计为9428.53万台，占全国总产量的38.5%。

冰箱产量方面，安徽与广东同为第一梯队。2023年我国家用冰箱的总产量为9632.3万台，其中广东的家用冰箱产量为2169.04万台，占全国产量的22.5%，位居全国第二，安徽的家用冰箱产量为2946.55万台，占全国冰箱产量的30.6%，位居全国第一（见图5-39）。

广东在洗衣机行业相对弱势。2023年，全国家用洗衣机产量为10458.32万台，广东的洗衣机产量为803.56万台，占全国产量的7.68%，位居全国第五，而洗衣机行业第一梯队的江苏与安徽2023年的产量分别为3311.84万台与3031.11万台，分别占全国洗衣机产量的31.67%和28.98%（图5-40）。

彩电产量方面，广东彩电产量呈现垄断格局，2023年广东彩电产量为11060.05万台，是第二名山东的近4.5倍（见图5-41）。

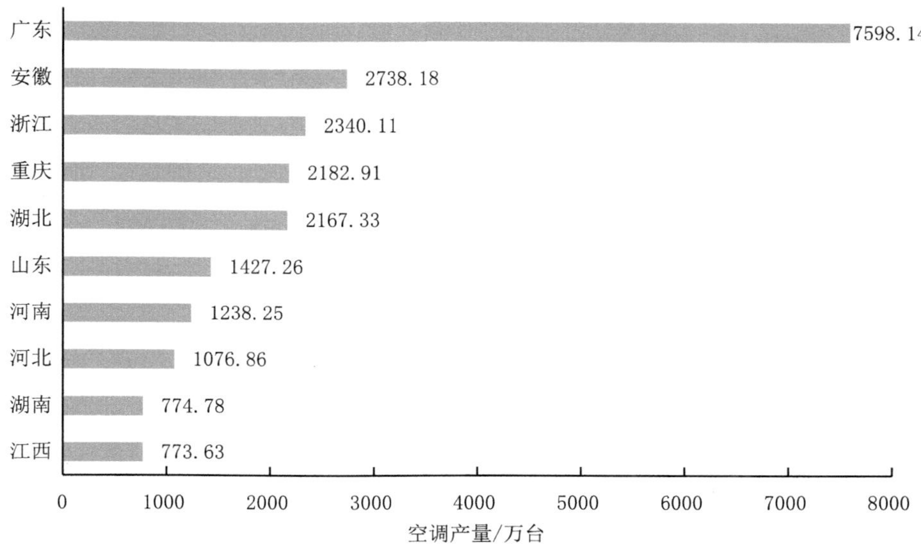

图5-38　2023年我国部分省市空调产量

数据来源：各省统计局。

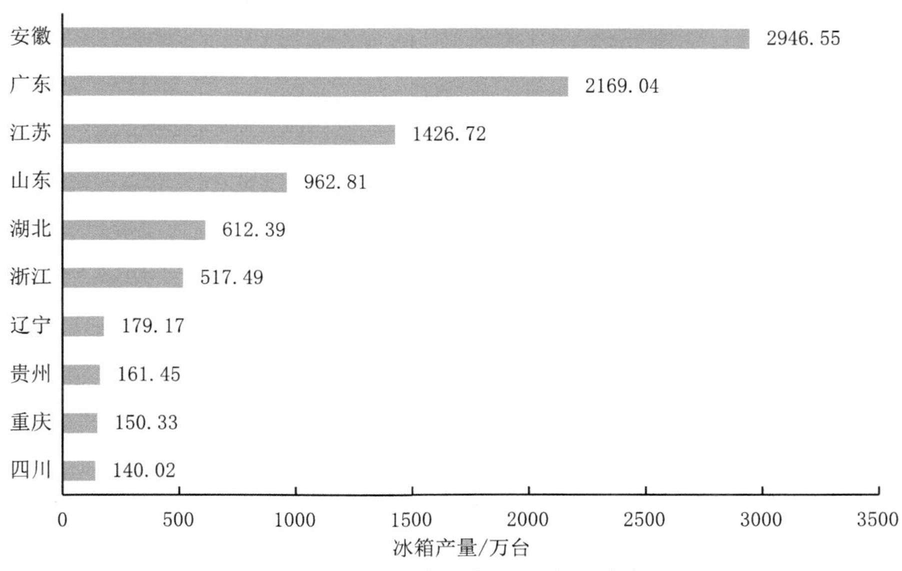

图5-39　2023年我国部分省市冰箱产量

数据来源：各省统计局。

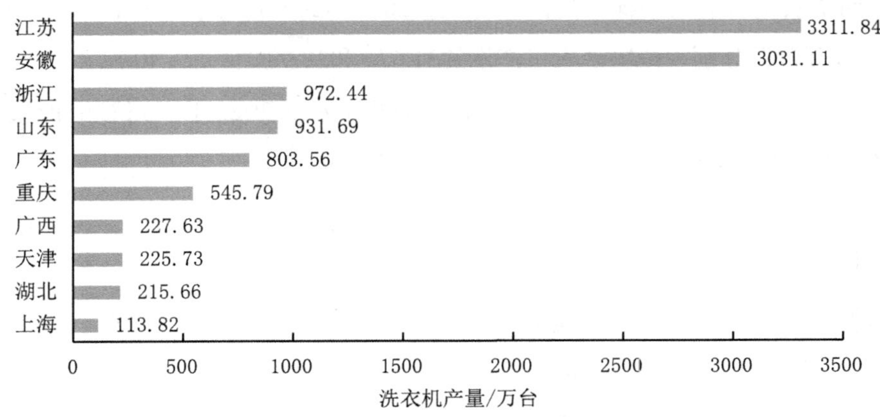

图5-40　2023年我国部分省市洗衣机产量

数据来源：各省统计局。

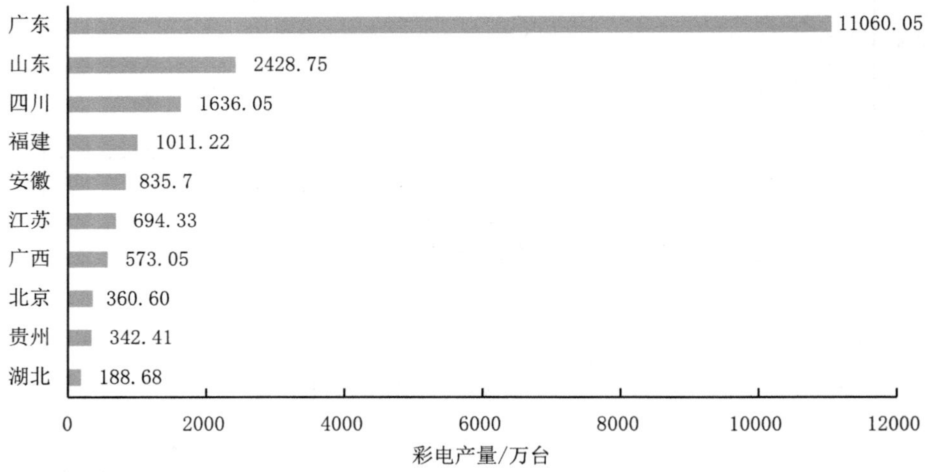

图5-41　2023年我国部分省市彩电产量

数据来源：各省统计局。

（二）浙江与广东家电企业数量领先

从家电企业数量的区域分布（见图5-42）来看，截至2024年4月12日天眼查数据显示，我国家用电力器具制造企业共72497家。其中，浙江与广东的家电企业数量位于第一梯队，分别为30100家和21953家，家电注册企业数量在全国占比分别为41.5%和30.3%。江苏与山东的家电注册企业数量位于第二梯队，分别为4483家与3733家。各省市的家电企业数量占比与其家电产量占比之间存在一定差异。一方面是因为少数地区的头部企业贡献了大部分家电产量，另一方面是家电企业存在异地投资，导致了家电企业的注册地与产地不一致。

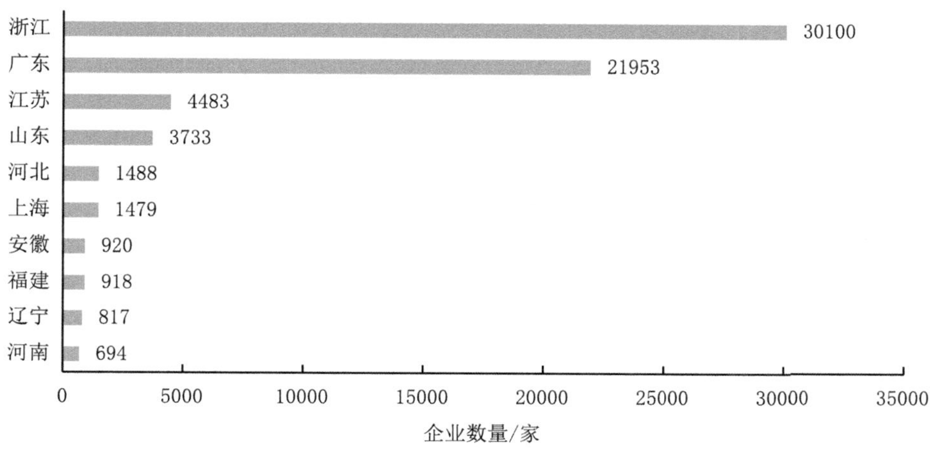

图5-42　我国部分省市家电企业数量分布

数据来源：天眼查。

二、主要四省份家电产业概况

从全国来看，浙江、山东、安徽、广东的家电产业在全国具有较强的竞争力，以下是四省份的家电产业概况。

1.浙江

浙江的智能家电集群整体规模位列全国第四。截至2020年底，浙江家电规模以上工业企业数量共794家，总产值达1983.64亿元，总利润达158.37亿元。浙江在小家电、厨大电以及白电产业上具备一定优势，尤其是厨大电以及小家电产业领跑全国，浙江油烟机的市场占有率达27%，其部分小家电的产量与出口量均位居全国第一。目前，浙江已形成了以宁波为中心的智能家电产业集群。

作为“小家电之都”的慈溪，生产了全球近60%的小家电，2021年，慈溪规模以上智能家电集群产值达1042.6亿元。一方面，其家电企业数量众多且小家电品类齐全，全市拥有超过2000家家电整机制造企业以及近万家家电配套企业，拥有卓力、公牛、方太、月立等知名企业，产出30多个系列上千品类的家电，已成为全球最大的插座、电熨斗、取暖器生产基地。另一方面，慈溪小家电在全球竞争力强，出海势头迅猛。2023年，慈溪家电出口额达261.3亿，较上年增长13.1%。

以嵊州、海宁为中心的智能厨电产业集群为例，2021年，嵊州厨电规模以上工业产值达80.5亿元，拥有约180家厨电整机制造企业以及约500家厨电配套企业，规模以上厨电企业共65家，培育出亿田、帅丰等知名品牌与行业龙头企业。嵊州在全国厨具市场占有约30%的市场份额，其优势产品包括洗碗机、集成灶、电烤箱等，其集成灶产量更是达到全国产量的65%。2021年，海宁厨电规模以上企业产值达45亿元。截至2019年底，全市厨电产业共有规模以上企业14家，其中6家企业的主营业务为集成灶，拥有火星人、浙江美大等集成灶领域上市企业。与海宁相比，嵊州在厨电产业链上的配套更为齐全。

2.安徽

安徽形成了以合肥、芜湖、滁州为主体，以蚌埠、马鞍山、阜阳、六安、宣城等地为节点的智能家电（居）产业格局。

2022年，合肥智能家电产业集群实现产值近900亿元，全市家电规模以上工业企业共计90余家，全市家电“四大件”总产量5750.6万台套。其中，洗衣机的产量为2249.4万台，冰箱的产量为2079.4万台，空调的产量为787.8万台，彩电的产量为634万台。合肥白电产业尤其是冰箱、洗衣机产业在全国具有领先优势，二者产量在全国占比均在25%左右。

合肥主要通过招商引资的方式吸引家电龙头企业在本地建设生产基地，白电龙头企业美的、格力、海尔以及黑电相关企业京东方、TCL、长虹均在合肥设有生产基地。合肥还通过引进企业不断完善家电上下游产业链配套，如引进美芝压缩机、美的威灵电机、凌达冰箱压缩机等企业，目前合肥白电产业配套率已达80%以上。

芜湖形成了以空调产业为核心的智能家电集群。2021年，芜湖的家电相关产业产值达818.2亿元，全市规模以上家电及配套企业187家。芜湖是全国重要的空调产地，也是华东地区最大的空调产地。2022年，芜湖的空调产量达1690.7万台，占全国空调总产量的7.6%，多家空调龙头企业在芜湖都建设了生产线，美的在芜湖的总投资超过200亿元。2023年，奥克斯空调也宣布在芜湖投资50亿元，以建设空调压缩机生产线。

3.山东

山东家电产业主要集中在青岛。青岛的智能家电产业集群入选国家先进制造业集群。2020年，青岛家电产业链规模以上企业实现营业收入1935.6亿元。截至2023年，青岛集聚了超过2000家家电企业，其中，规模以上企业641家，培育出海尔、海信、澳柯玛等知名企业。2023年，青岛包括冰箱、彩电、空调、洗衣机等的主要家电产量达6380万台，其中彩电的产量2428万台，空调的产量1405万台，海尔冰箱与洗衣机的出货量排名全球第一，海信电视的出货量排名全球第二，其中激光电视的市场占有率排名全球第一。

4.广东

广东家电产业规模大、家电品类齐全。2022年，广东的家电产业实现营业收入1.6万亿元，工业增加值3138亿元，净利润达1100多亿元，其规模占全国家电市场总规模的近50%。其中，空调、彩电、电饭锅、微波炉的产量保持全国第一。广东目前已形成以广州、深圳、佛山、 中山、惠州、江门为核心的珠三角家电产业集群。

广东空调与彩电产业集群在省内形成“百花齐放”的格局。其中，空调形成了以珠海、佛山、中山、广州、江门为核心的产业集群。2022年，珠海、佛山、中山空调的产量均在1000万台以上。彩电形成了以深圳、惠州、广州、江门为核心的产业集群。2022年，深圳、惠州彩电的产量均在2000万台以上。厨电形成了以佛山、中山为核心的产业集群，佛山部分厨小电产量位居世界第一，厨大电产量更是占国内总产量的三分之一。

三、广东家电产业发展现状和空间布局

（一）广东是我国家电产业生产制造和出口大省

广东是我国家电产业生产制造和出口大省，家电产业链品类齐全。广东拥有一批智能家电龙头企业，如美的、格力、TCL、创维等，这些企业在全球家电市场中占据重要地位，引领着家电产业实现转型升级。2022年，广东电气机械和器材制造业增加值约占规模以上工业生产总值11.9%，家电产业是广东重要的支柱产业之一。

广东家电出口量排名全国第一。据海关总署广东分署统计，2023年，广东家电出口额达3061.9亿元，同比增长8%。广东家电出口额占广东出口总值的5.6%，家电是广东主要出口商品之一。其中，电视机、空调、电扇和冰箱等是广东出口的主要家电产品。

（二）广东形成以珠三角为核心的家电产业集群

广东目前形成了以佛山、中山、深圳、珠海、惠州、广州、湛江为核心的家电产业集群（见表5–8）。

佛山家电产业主要集中在顺德区。2022年，顺德区家电产业产值达3700多亿，其产值约占全国家电产值的15%，拥有超过3000家的家电及其配套企业，家电本地配套率在80%以上。顺德先后培育出美的、格兰仕、万和等一系列家电龙头企业，其产品产量大，种类齐全，在白电、厨大电、厨小电的生产上优势明显。其中，厨小电中的微波炉、电饭锅的产量排名世界第一。2022年，二者产量分别为5907万台与3192万台。其吸排油烟机与燃气灶产量分别为1459万台与3439万台，在全国总产量的占比均超过30%。

中山的家电产业不仅规模大，各类家电产业发展也较为均衡，其家电产能主要集中在南头镇、东凤镇、黄圃镇。截至2021年，中山共有家电及上下游企业超过一万家，规模以上工业企业560余家，中山在空调、彩电、冰箱、厨大电的生产上优势突出。2022年，中山空调与冰箱的产量分别为1267万台和1008万台。中山是粤港澳大湾区最大的冰箱生产基地，位于南头镇的奥马冰箱目前已成为我国最大的冰箱出口企业。除白电产业外，中山2022年吸油

烟机与燃气灶的产量均超过800万台。

深圳与惠州彩电产业在行业内遥遥领先。2022年，深圳与惠州的彩电产量分别为4833万台和2792万台，在国内彩电产量的占比分别为24%和14%。目前深圳与惠州形成了以TCL等龙头企业为核心的超高清显示产业链。TCL2017年在惠州投资129亿元建设“液晶面板-背光模组-电视整机”垂直产业链一体化项目，成为国内首个实现彩电垂直一体化的企业，该项目建成以后，预计每年会实现6000万片面板和3500万台彩电的产能，也将成为全球最大、最先进的彩电整机垂直一体化项目之一。

湛江是广东省内小家电配套最完善、产品类目最齐全的产业集群之一。湛江的小家电产能主要集中在廉江。目前廉江拥有小家电及其配套企业超过1000家。2022年，廉江的家电产业实现产值66亿元，出口成绩亮眼，家电出口累计额为10.95亿元，同比增长5%。湛江的小家电品类包括电饭锅、烤箱、电磁炉、微波炉等，销往包括东南亚、非洲、欧洲等70多个国家。

表5-8　广东家电产业集群情况

家电品类	产业集群	发力点
空调	以广州、珠海、佛山、中山、江门为核心	分体壁挂机、分体式柜机、移动机等空调产品
洗衣机	以佛山、珠海、中山、江门为核心	滚筒洗衣机、洗烘一体机、波轮洗衣机等产品
冰箱	以广州、佛山、中山为核心	智能、高效、绿色的冰箱。 零部件：高性能压缩机、高可靠性蒸发器与冷凝器、智能传感器等
彩电	以广州、深圳、惠州、中山、江门为核心	人工智能物联网智能电视、4K/8K超高清显示技术。 零部件：FRC芯片、单片机
小家电	以深圳、佛山、中山、揭阳为核心	清洁卫生电器具，家用美容、保健电器等产品
	以深圳、佛山、湛江、中山、珠海为核心	电风扇、空气净化器、水净化器等小家电产品及关键零配件
厨房电器	以佛山、中山、汕头、阳江为核心	高端化、嵌入式、智能化的灶具—烟机—烤箱—微波炉—洗碗机

（三）珠三角地区家电产业发展概况

由表5-9数据可知，从增加值占比来看，广东家电产业主要集中在珠三角地区。2022年，珠三角地区九市中家电产业增加值占全省的比重高达97%，且珠三角地区家电产业增加值占比从2011年的94%上升至2022年的97%。在珠三角地区九市中，佛山处于第一梯队，2022年佛山家电产业增加值全省占比达37.54%，且2011—2022年呈上升趋势，深圳、珠海、东莞、中山则处于第二梯队，2022年，四市家电产业增加值全省占比均在9%左右。从区位熵来看，佛山、珠海、中山三市2022年家电产业区位熵均在2以上，在家电产业具有突出的专业化优势，三市家电相关产业集聚程度较高。

表5-9　广东各市家电产业竞争力

区域	城市	增加值占全省比重			区位熵		
		2011年	2016年	2022年	2011年	2016年	2022年
珠三角地区	广州	6.70%	7.23%	4.88%	0.36	0.52	0.37
	深圳	15.26%	17.04%	16.09%	0.69	0.75	0.59
	珠海	8.58%	9.63%	9.85%	2.75	2.95	2.53
	佛山	34.57%	36.60%	37.54%	1.86	1.85	2.50
	惠州	2.57%	3.64%	6.02%	0.55	0.65	1.03
	东莞	7.40%	8.05%	11.13%	0.98	0.85	0.84
	中山	12.51%	6.98%	8.39%	2.19	1.66	2.29
	江门	5.39%	3.15%	2.75%	1.09	0.93	0.90
	肇庆	1.21%	0.63%	0.74%	0.46	0.21	0.38
粤东地区	汕头	0.77%	0.48%	0.39%	0.40	0.19	0.20
	揭阳	0.95%	1.28%	0.49%	0.37	0.38	0.38
	潮州	0.26%	0.15%	0.05%	0.26	0.13	0.08
	汕尾	0.07%	0.07%	0.35%	0.08	0.08	0.75
	河源	0.61%	0.56%	0.21%	0.50	0.50	0.22
	梅州	0.25%	0.17%	0.10%	0.34	0.24	0.16
粤北地区	韶关	0.27%	0.32%	0.30%	0.24	0.30	0.34
	清远	0.59%	0.48%	0.28%	0.35	0.34	0.18
粤西地区	云浮	0.18%	0.26%	0.05%	0.32	0.35	0.14
	阳江	0.43%	0.25%	0.21%	0.41	0.19	0.21
	湛江	1.40%	2.84%	0.18%	0.59	1.14	0.08
	茂名	0.05%	0.19%	0.01%	0.03	0.07	0.01

数据来源：广东省统计局。

第四节　广东家电产业转型升级的主要问题和对策建议

一、主要问题

（一）部分家电核心零部件自主供应能力较弱

广东家电产业配套齐全，家电零部件自主配套能力强，但部分高端核心零部件例如高端压缩机、高端传感器、高端家电芯片、先进材料以及智能控制技术等对外依赖严重。以高端传感器为例，高端传感器广泛应用于智能家电领域，高端智能传感器的运用是驱动传统家电向智能家电转型的重要因素，但高端智能传感器行业壁垒大、风险高，目前该领域主要被美国和一些欧洲国家把控，80%的高端智能传感器依赖进口，严重阻碍传统家电向智能家电的转型。

（二）家电行业标准体系不统一，国际标准的参与度不够

家电领域存在行业标准体系不统一的问题，严重影响家电产品的质量与使用体验。首先，在智能家电领域，家电厂商间的产品与系统平台之间的兼容性差，难以实现不同品牌之间的互联互通，导致不同品牌家电之间缺乏系统性。其次，家电零部件标准不统一的问题严重影响产品质量。部分家电零部件领域进入门槛低，零配件企业之间竞争激烈，导致厂商之间的恶性竞争，一些家电企业选用低成本的零配件，严重影响家电质量，尤其是在品类繁多、更新换代速度快的小家电领域。最后，在国际标准的制定和引领方面，广东家电产业的参与度不够，严重影响其在国际市场上的地位和话语权。

（三）大部分家电企业采用OEM/ODM形式，受外部冲击的影响大

广东多数家电企业采用OEM/ODM（代工/贴牌）的经营模式，自主研发投入较低，难以根据海外市场需求的变化调整企业自身的经营策略，处于被动地位，经营风险较大，业绩容易受外部冲击的影响。例如，位于深圳的北鼎

股份，2020年在深交所上市，2022年营收8.05亿元，归母净利4753.14万元，相较于2021年分别下降4.98%与56.19%，其OEM/ODM业务占比较大，由于原材料在报告期内高居不下，并且海外需求萎缩，因此其业绩下降严重。

（四）家电的品牌效应在全球处于弱势地位

广东家电整体规模在全球具备领先优势，但是多数家电出口以贴牌代工为主，自主品牌在国际上知名度低，品牌效应处于弱势地位。2022年全球精选领先大家电制造商收入排名当中，海尔智家以收入350亿美元排名第一，惠而浦与博西分别以236亿美元和132亿美元位列第二与第三，而美的集团在全球家电品牌中仅位于第二梯队，广东的家电品牌相较于其他知名品牌而言在全球的竞争力不强。另外，广东的低端家电产能过剩，家电品牌尤其是一些小家电在全球产业链中的附加值不高。

二、对策建议

（一）支持头部企业出海，打造国际一流家电品牌

第一，政府出台一系列政策支持广东家电头部企业做大做强，重视品牌知名度的提升，提高头部企业在全球家电市场的竞争力，从而培育出一批具有国际领先地位的家电品牌。第二，鼓励头部企业出海，通过并购或设立子公司的形式开拓国外市场，支持龙头企业在海外建立研发中心，加强国际研发合作，从而提升广东家电品牌在全球的知名度。第三，鼓励广东家电品牌参与国际知名家电品牌展览、行业会议以及行业论坛等活动，从而提升广东家电品牌的影响力。

（二）搭建产学研合作平台，推动家电领域科技成果转化

第一，政府可以搭建高校、研究院所与企业之间的交流平台，积极推进三方的产学研合作，使得企业能够了解高校与研究院所的最新科研动态，高校与研究院所也能够掌握市场需求，从而加快科研成果的转换，实现在高端家电零部件领域的突破。第二，政府可以通过设立家电产业产学研专项资金，积极资助家电领域重大产学研合作项目，增强三方合作意愿，降低合作风险。

（三）加强家电产业企业协作，推进行业标准体系建设

第一，针对智能家电产品之间不兼容的问题，广东省人民政府可以鼓励以龙头企业为核心，积极推动智能家电领域产品与平台标准体系的建设，实现单品与平台之间的系统化与互联化。第二，对于零部件标准不统一的问题，政府可以鼓励企业积极参与零部件标准体系建设，制定相关强制性标准体系，并通过监督、抽查等方式落实零部件标准的执行。第三，支持鼓励国际化家电企业参与国际标准制定，提高其在国际市场上的地位和话语权。

（四）重视家电基础领域研究，推动家电领域技术创新

第一，广东省人民政府应当重视家电基础领域研究，可以通过资金引导与政策支持，推动家电领域基础性成果的研究，支持在重点领域展开国际创新合作。第二，充分利用资金与人才优势，开展智能家电技术与产品的研发，推动行业数字化转型。第三，政府可以鼓励海外拥有先进技术的家电企业在省内投资，以海外优质企业带动家电产业链先进技术创新。

第六章
广东纺织服装产业转型升级分析[①]

纺织服装产业是我国的传统支柱产业、重要民生产业和国际优势产业，对促进国民经济发展、提高人民生活质量、增强文化自信、加快建设制造强国以及推动中国式现代化建设等具有重要意义。本章将从市场结构、市场行为、市场绩效、发展环境、趋势研判、空间布局等方面入手，分析全国纺织服装产业发展概况，广东纺织服装产业概况、空间布局和存在的主要问题，并提出转型升级的对策建议。

第一节　纺织服装产业链SCP范式分析

一、纺织服装产业链概况

纺织服装产业是以纺织业、服装业和化学纤维制造业为主要组成部分的产业，涵盖了从纺织原料采集、纤维加工、纺织品制造到服装设计、制造、销售的全过程（见图6-1）。根据《国民经济行业分类》（GB/T 4754-2017）中的行业分类标准，纺织服装产业大致可以划分为四大类，分别是纺织业，纺织服装、服饰业，皮革、毛皮、羽毛及其制品和制鞋业，化学纤维制造业。

① 本章执笔人为暨南大学经济学院刘心语、杨亚平。

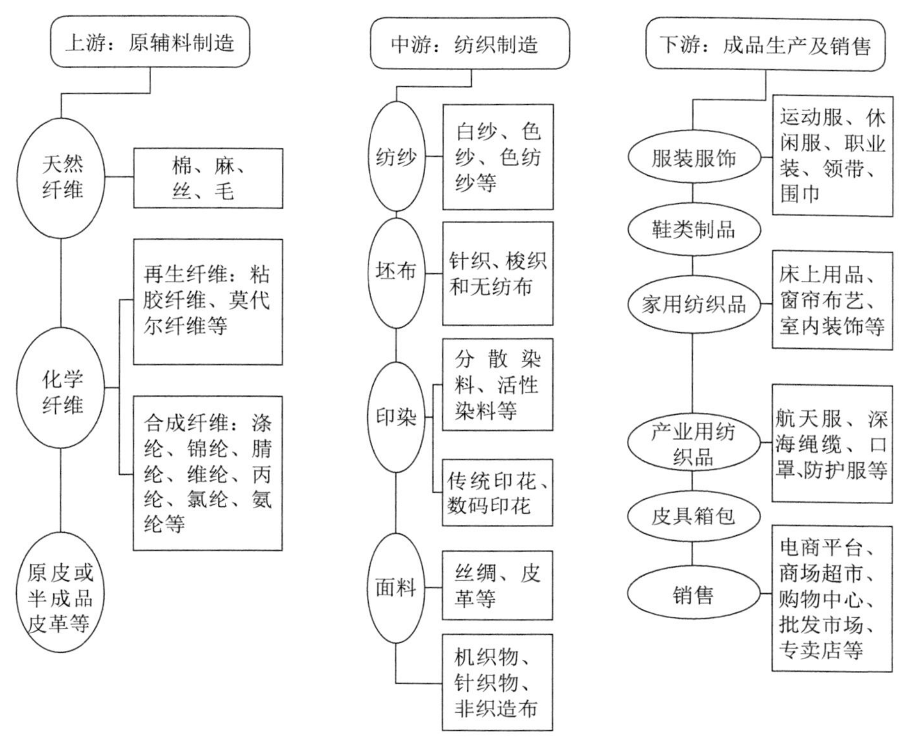

图6-1　纺织服装产业链结构

中国目前已建立相对完整的纺织服装产业链，技术水平和机器设备相对先进，常规化学纤维产品生产技术居世界先进水平，在纺纱加工、印染织布和成衣制作等加工制造环节具备明显优势，但存在高端原料供给不足、品牌国际影响力不强、全球价值链地位有待提升等问题。

二、产业链市场结构

在纺织服装产业上游，我国化学纤维制造业规模大，技术较为成熟，涤纶长丝行业形成寡头垄断格局。中游染料行业是印染流程的重要部分，我国该行业集中度较高，但高端技术不及发达国家，成本优势不及其他发展中国家且面临环保压力。下游家纺和鞋服市场竞争激烈，家纺和女装市场集中度稳定但偏低，运动鞋服市场高度景气，但国产品牌竞争力不及国际品牌。

（一）上游：头部企业扩产，涤纶长丝行业集中度持续提升

纺织纤维一般可分为天然纤维和化学纤维。据中国纺织工业联合会公开的数据，2022年，中国纺织纤维加工总量超6000万吨，占全球比重一半以上。伴随着纺织产业的不断发展，我国化学纤维的使用领域和产量远超天然纤维。其中，涤纶是化学纤维中产量最高的品种，涤纶长丝产量占涤纶产量的80%左右，是涤纶的主要产品之一。行业集中度是行业中前N家最大的企业所占市场份额的总和，是分析行业竞争格局常用的指标。例如，CR6指前六家最大的企业所占市场份额的总和，数值越大，表明集中度越高，市场越垄断。根据百川盈孚的数据，涤纶长丝行业的CR6从2017年的45%提升至2021年的58%，并在2022年进一步升至63%，行业集中度持续且大幅提升。2023年涤纶长丝行业集中度分布见图6-2，头部差距较大，CR3达50%，CR6已上升至65%。由于新增产能主要集中在头部企业，在头部企业持续扩产的背景下，中小企业面临淘汰危机，而头部企业有望凭借规模化、低成本、高技术等优势实现可持续增长，因此，未来行业的集中度很可能继续提升。

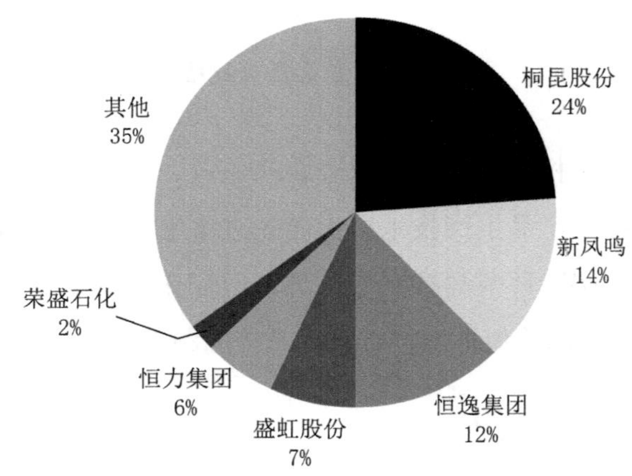

图6-2　2023年涤纶长丝行业集中度分布

资料来源：锐意资本。

（二）中游：染料行业集中度高，中小企业压力较大

我国染料的种类包括分散染料、活性染料、硫化染料、还原染料、酸性染料等，其中分散染料和活性染料是我国染料的主要品种。根据中商情报

网的数据，2021年，分散染料占比为45.57%，活性染料占比为30.51%。我国染料行业市场集中度高，根据中国染料工业协会和前瞻产业研究院的数据，2018—2021年，三家龙头企业占比约50%，集中度较为稳定，其中，2021年的集中度分布见图6-3。而我国染料企业面对发达国家高端染料产品优势和东南亚等发展中国家染料低成本优势的双重压力。同时，在绿色制造、产能过剩、新冠疫情和复杂国际环境的加压下，环保成本大幅上升，相应需求不足，染料市场竞争加剧，价格竞争日益激烈，部分企业出现亏损，被迫退出市场。而强大的染料制造企业能够凭借规模、技术、资金等优势获得退出企业的市场份额，染料行业的集中度有望进一步提高。

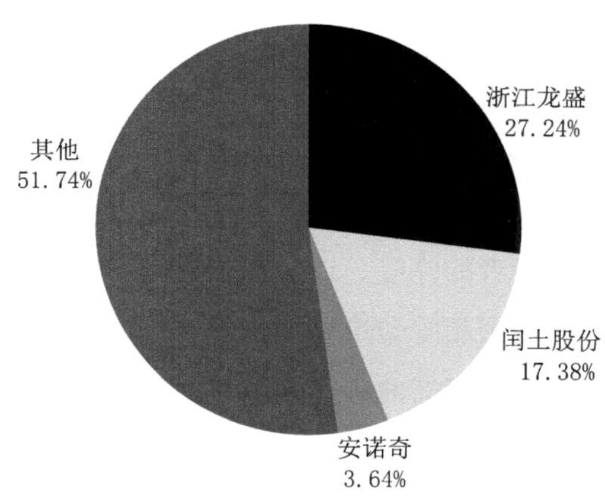

图6-3　2021年染料行业集中度分布

资料来源：《2022年中国染料行业发展现状分析，中国占比全球染料产量70%的份额「图」》，https://www.huaon.com/channel/trend/841295.html，2022年10月9日。

（三）下游市场竞争格局

1.家纺：行业集中度持续偏低，但存在向头部品牌集中的趋势

全球的家纺市场适度分散，很少有企业占据市场主导地位，小企业通过专业化、精细化服务与具备规模效应的大企业竞争。在中国，家纺行业集中度显著低于主要发达国家，消费者对于品牌的认知较差，企业数量众多，行业进入门槛较低，排行首位的企业的市场占有率仅为1.6%，无品牌产品仍然占据较大的市场份额（见图6-4）。

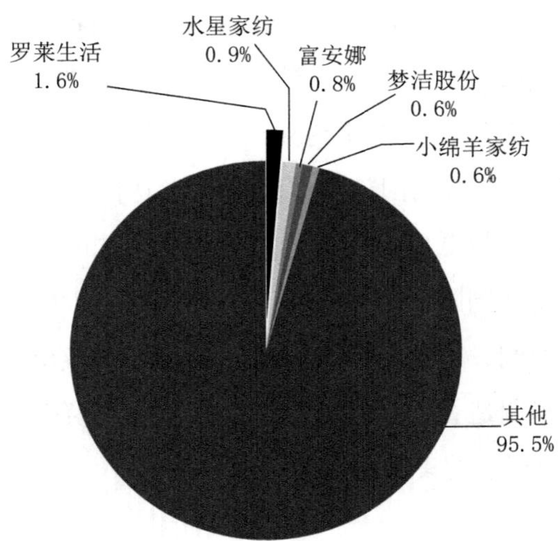

图6-4　2021年家纺行业市场份额占比

资料来源：华经产业研究院。

随着电商的发展，市场出现很多质量参差不齐的产品，小厂商对质量的控制不足极大损害了消费者的体验。近年来，人们越来越注重产品的品质和体验，领先的企业开始利用品牌塑造、技术创新、市场营销等手段抢占市场份额，未来可能会出现消费逐渐向头部品牌集中的趋势。不过，竞争格局的改变需要消费端推动，从集中度变化情况（见图6-5）来看，目前家纺行业整体竞争格局还比较稳定。

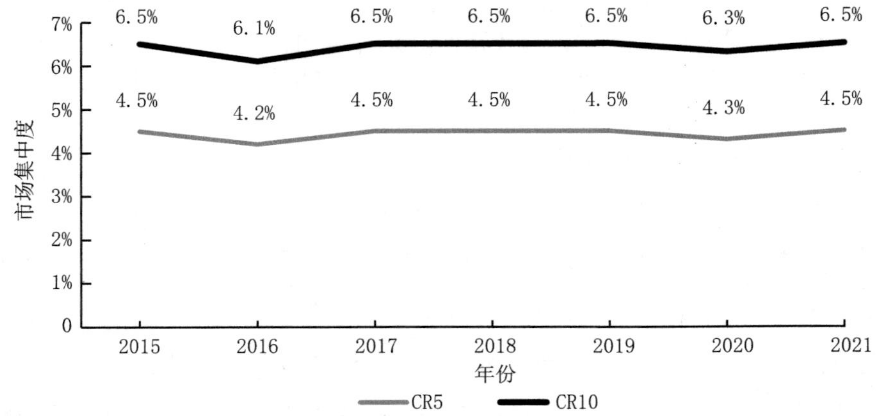

图6-5　2015—2021年中国家纺行业CR5、CR10情况

资料来源：华经产业研究院。

2.鞋服：行业集中度显著提升，但细分领域存在差异

总体来看，鞋服行业集中度偏低且显著提升（见图6-6）。从细分领域来看，运动鞋服行业集中度最高，其次是鞋类行业，男装和童装稍次，最低的为女装。在这些细分行业中，除女装行业集中度较为稳定外，其他细分行业整体集中度皆呈上升趋势，但都与发达国家存在差距。

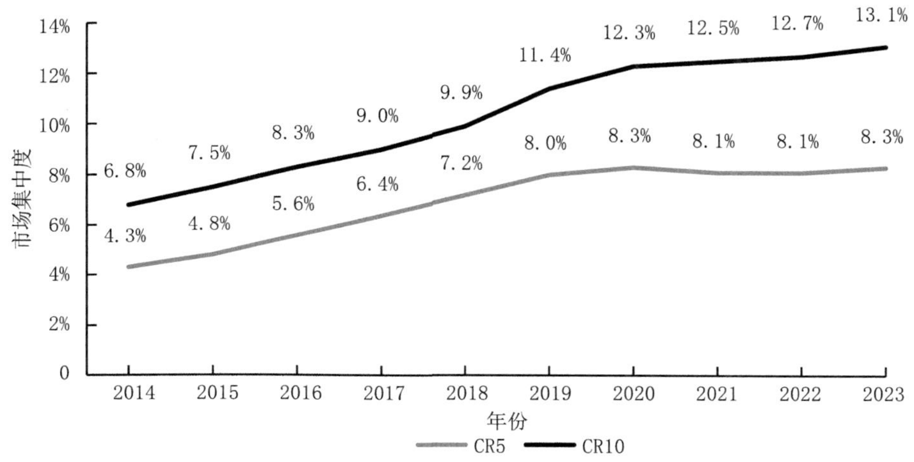

图6-6　2014—2023年中国鞋服行业CR5、CR10情况

资料来源：欧睿数据、浙商证券研究所。

运动元素的添加使运动鞋服的集中度显著高于其他细分行业。根据国海证券研究所的报告，中国鞋类行业市场集中度不高，但上升趋势较大，CR10从2015年的18.2%递增至2022年的37%，且头部品牌基本为运动品牌。这既反映了运动鞋在鞋类市场中的流行，也暗示了一个现象：相较于竞争激烈、集中度相对较低的传统鞋类市场，运动元素的加入会引导市场走向不同的格局。正是基于这种差异，运动鞋服作为一个独特的细分市场被凸显出来。实际上，中国运动鞋服行业的集中度确实最高，不仅高于全球平均水平，也远超国内女装、男装和童装市场。这种与鞋服行业整体和鞋类行业截然不同的高集中度格局，正是运动元素融入所带来的市场变化的核心体现。

进一步从全球视角审视运动鞋服市场格局，国际品牌占据主导地位是其显著特点。西部证券研究中心报告显示，2019年美国、日本、英国排名前二

的品牌均为NIKE和adidas，中国、日本、英国的运动鞋服市场皆以国际品牌为主，国际品牌当中又以美国为主。相比之下，中国本土品牌与国际品牌存在明显差距。不过，近年来情况发生了变化，得益于头部品牌竞争优势的巩固和国产品牌消费潮流的兴起，头部品牌和国产品牌的市场份额均实现了持续增长。尽管近几年来市场集中度有所下降，竞争有所加剧，但总体上依旧呈现缓慢上升趋势（见图6–7）。

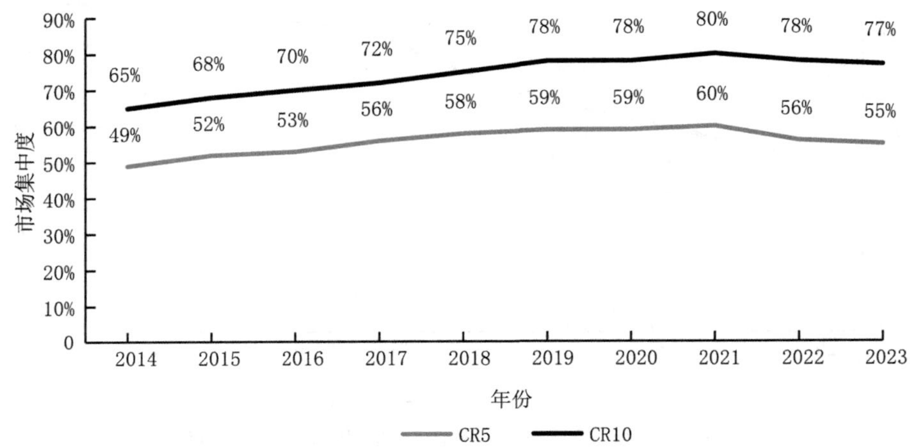

图6–7　2014—2023年中国运动鞋服行业CR5、CR10情况

资料来源：欧睿数据、浙商证券研究所。

根据智研咨询发布的数据，女装行业在服饰行业中占据了核心地位，2022年占比超50%，市场规模达10672.6亿元。女装行业集中度偏低（见图6–8），低于男装、童装行业的集中度但比较稳定，竞争更为激烈。女性对服装的需求十分多元化，购买频率较高，市场流行款式迭代较快。企业为了抢占市场，不断推出新款和新品牌，在供应链渠道趋同和女装企业缺乏创新的情况下，产品同质化现象严重，市场竞争激烈。面对大量的同质化产品，消费者倾向于选择低价产品，对品牌的忠诚度不高，从而导致女装行业的集中度偏低，不仅低于美国、日本、韩国的集中度，还低于全球平均水平。

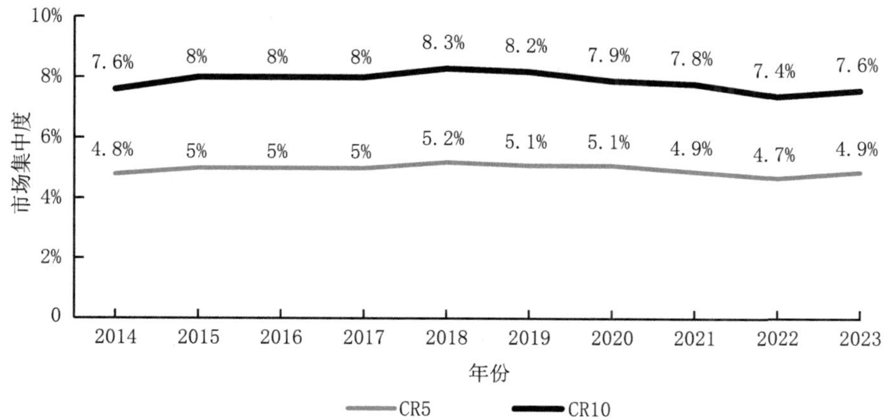

图6-8　2014—2023年中国女装行业CR5、CR10情况

资料来源：欧睿数据、浙商证券研究所。

男装行业的集中度比女装行业更高且在稳定上升中（见图6-9），但整体的市场集中度还是较低，低于美国和日本，市场十分分散，相比发达国家仍有提升空间。男装的品牌设计具备鲜明的品牌风格，不同品牌在性价比、功能、设计等方面有着各自的优势，能够针对不同类型的消费者进行品牌塑造，提高客户依赖性。根据前瞻产业研究院数据，2022年中国男装的头部企业包括海澜之家、安踏、Bestseller、雅戈尔等，其中海澜之家市场占有率最高，为4.6%。在目前的趋势下，未来头部品牌有望借助规模及品牌优势进一步提升男装行业的集中度。

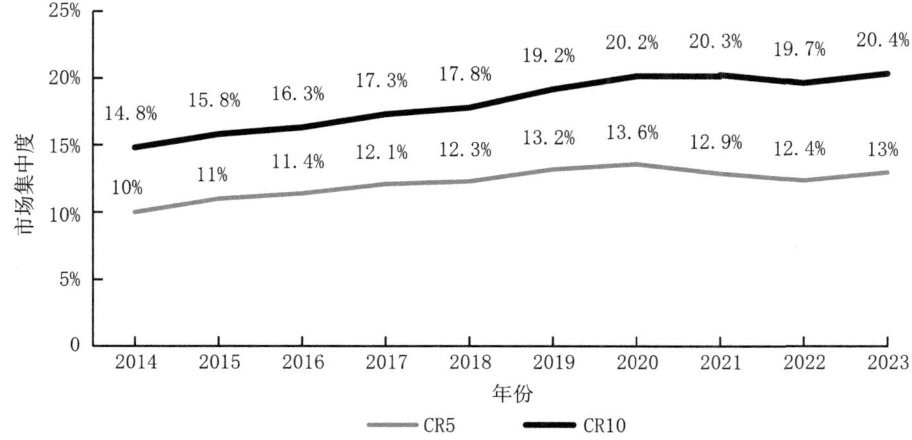

图6-9　2014—2023年中国男装行业CR5、CR10情况

资料来源：欧睿数据、浙商证券研究所。

中国童装市场的集中度较低，竞争较为激烈。童装更换频率高，家长更看重性价比。尤其在下沉市场中，家长的品牌消费意识并不高，中低端童装占据了大部分市场，高端童装品牌面临需求端升级速度过慢的困境。童装行业中复杂的工艺、高成本的安全要求，以及同质化和品质低劣的产品使得品牌塑造十分困难，中小品牌难以发展。尽管更注重品质品牌的年轻一代步入家庭促进了消费端的升级，但疫情的暴发和生育率的下降抑制了童装消费，童装集中度从2021年开始增速放缓（见图6–10）。从全球视角来看，美国和日本对品牌知识产权保护得较好，消费者对品牌的信任度也更高，美国和日本童装市场的集中度都较高。欧睿数据显示，2022年美国和日本童装的CR5分别达35.4%和22.5%，相对而言，我国高端童装品牌的发展和童装集中度的提升还有很大空间。

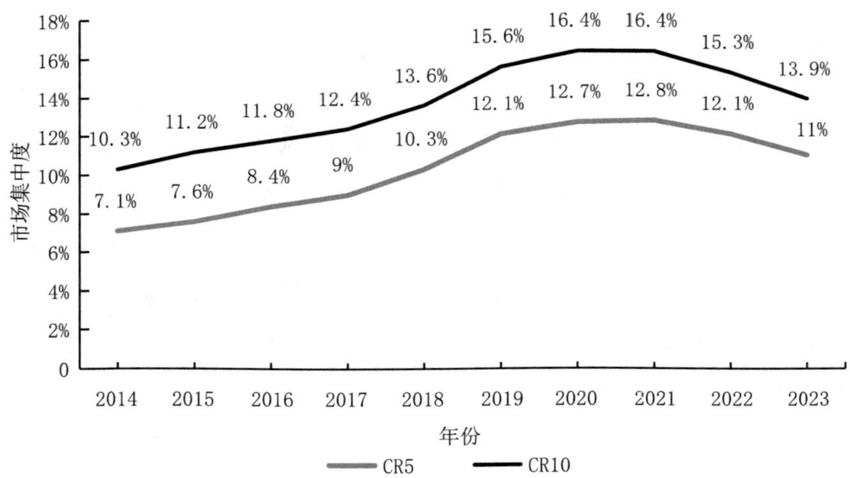

图6–10　2014—2023年中国童装行业CR5、CR10情况

资料来源：欧睿数据、浙商证券研究所。

三、产业链市场行为

纺织服装市场中企业主要通过兼并收购、低价竞争、研发创新、产品差异化等行为提升市场份额和竞争力，以获取更高利润。

（一）兼并收购：海外并购热度提升，介入全球化运营

纺织服装行业呈现海外并购的特征，龙头企业是投资并购的主要参与

者。2016年，杭州永盛集团收购法国德赛耶，山东如意集团并购法国SMCP集团，深圳歌力思继2015年成功收购欧洲品牌Laurèl后再次收购国际潮牌Ed Hardy。2017年，天虹集团收购位于越南和柬埔寨的牛仔服装加工厂，将产能向下游延伸。2019年，海澜之家控股英氏婴童，歌力思收购法国品牌IRO，珂莱蒂尔并购Keen Reach，安踏完成对Amer Sports的收购，行业内并购热度持续攀升。中国纺织服装企业实施海外并购，可以获得技术、品牌、市场、成本的新优势，进一步提升其在市场中的竞争力及价值链地位，同时有望提高纺织服装行业集中度，实现产业结构升级。

（二）低价竞争：大众品牌采取低价竞争策略，提价压力大

产品的定价主要由消费端需求和成本决定，纺织服装行业的主要成本是以棉花为主的原材料费用，越接近产业链下游，人工成本占比越高，但主要成本依旧是纺织原材料费用。原材料价格上涨时，位于中游的布厂和印染企业将进行提价，位于下游的纺织品服装企业将面临成本上涨和提价损失客户的风险。大众品牌主打薄利多销，产品定价低，同质化产品较多，竞争激烈，常使用低价竞争策略，涨价容易使客户流向其他低价产品。高端品牌定价高，奢侈品定价更是远高于成本，两者依靠品质、品牌竞争，服务人群的价格敏感度也较高，上涨的成本将转嫁到终端消费者身上（见表6–1）。

表6–1　纺织服装产品定价情况

市场	产品类型	价格竞争	定价水平	降价行为	涨价行为
中低端市场	同质化	激烈	低	明显	不明显
高端、奢侈品市场	差异化	相对较弱	高	不明显	明显

（三）研发创新：研发投入水平较低，且增长缓慢

近年来，纺织服装行业的研发投入水平不断提高，但颠覆性、原创性成果还是不足，创新能力有待加强。2022年制造业研发投入强度为1.55%，除化学纤维制造业外，其他纺织服装产业的研发投入强度都低于制造业平均水平（见表6–2）。

表6-2　分行业研发投入情况

行业	2020年		2021年		2022年	
	R&D经费/亿元	R&D投入强度	R&D经费/亿元	R&D投入强度	R&D经费/亿元	R&D投入强度
制造业	14783.8	1.54%	16914.3	1.46%	18619.6	1.55%
纺织业	231.4	0.99%	231.7	0.87%	246.3	0.93%
纺织服装、服饰业	105.8	0.76%	114.4	0.75%	117.8	0.79%
皮革、毛皮、羽毛及其制品和制鞋业	90.3	0.89%	104.0	0.91%	117.0	1.03%
化学纤维制造业	132.4	1.66%	169.3	1.64%	171.0	1.56%

资料来源：全国科技经费投入统计公报。

为获取竞争优势和超额利润，企业在面辅料研发、产品创新等资本较密集的环节持续进行研发投入，截至2023年第一季度，头部企业的研发费用都有所上升（见表6-3）。例如，作为毛纺一体化龙头企业的南山智尚的研发表现突出，在持续的研发投入下，已掌握生产超高分子量聚乙烯纤维的核心技术，公司的新材料业务实现扩张，产品竞争力提高。根据东方财富网数据，南山智尚2021—2023年的净利润分别为1.524亿、1.867亿、2.025亿，业绩实现持续增长。

表6-3　纺织服装行业主要上市公司研发情况

环节	代表企业	2021年		2022年		2023年第一季度		
		研发费用/亿元	研发占比	研发费用/亿元	研发占比	研发费用/亿元	同比增长	研发占比
化纤制造	荣盛石化	39.15	2.14%	43.67	1.51%	32.93	63.78%	2.13%
化纤制造	恒力石化	10.19	0.51%	11.85	0.53%	6.17	4.81%	0.56%
棉纺	华孚时尚	1.32	0.79%	1.10	0.76%	0.56	-6.48%	0.72%
毛纺	南山智尚	0.54	3.61%	0.60	3.66%	0.32	6.15%	4.35%
丝绸	嘉欣丝绸	0.54	1.47%	0.60	1.38%	0.31	0.32%	1.44%
印染	航民股份	1.74	1.83%	1.89	1.97%	0.98	3.34%	2.10%

续表

环节	代表企业	2021年		2022年		2023年第一季度		
		研发费用/亿元	研发占比	研发费用/亿元	研发占比	研发费用/亿元	同比增长	研发占比
服装	海澜之家	1.24	0.62%	1.94	1.05%	1.04	26.58%	0.93%
服装	雅戈尔	0.70	0.51%	0.82	0.55%	0.65	16.58%	1.11%
家纺	罗莱生活	1.25	2.17%	1.13	2.12%	0.63	10.44%	2.58%
家纺	孚日股份	0.23	0.44%	0.37	0.71%	1.04	-17.51%	3.99%
产业用	申达股份	1.64	1.56%	1.80	1.60%	0.77	19.78%	1.39%
产业用	振德医疗	1.53	3.01%	2.27	3.70%	0.82	-16.7%	3.57%

资料来源：企业年报。

（四）产品差异化：忽视创新、大众品牌领域同质化现象严重

不同年龄、性别、个性的人对服装的喜好都不同，服装行业应实现产品的个性化、差异化、细分化。原料、工艺、设计、品牌的不同导致服装产品在穿着体验、时尚风格、科技功能等方面有所不同，家纺行业也是如此。低端产品的市场竞争以价格竞争为主，忽视创新，产品同质化现象较严重，中高端品牌更倾向实施差异化战略瓜分市场（见表6-4）。此外，产业用纺织品的差异主要体现在用途和材料上，根据用途可以划分为医疗卫生、环境保护、交通运输、航空航天、新能源领域纺织品等。在材料方面，非织造材料的使用差异影响产品功能的内容和强度。该类纺织品的技术含量和产品附加值较高，但是，除少数骨干企业外，大多数企业缺乏研发创新和工艺改进的核心竞争力，生产的非织造材料的技术含量较低，只能采取低价竞争策略，同质化现象较为严重。

表6-4　服装家纺品牌的产品定位情况

品牌名称	品牌类别	产品特色
海澜之家	大众品牌	消费者定位为都市白领男士，树立亲切的国民品牌形象，售后服务优秀，产品平价优质、款式多、品种全
森马服饰	大众品牌	定位为年轻、时尚、活力、高性价比的大众休闲服饰
比音勒芬	中高端品牌	采用优质面料、功能性面料和独特的剪裁工艺
哈吉斯	中高端品牌	结合时尚休闲元素和经典英伦风格，产品风格更年轻，开发运动、潮流产品

续表

品牌名称	品牌类别	产品特色
报喜鸟	中高端品牌	通过产学研深度合作致力于面料的创新和性能提升，开发运动西服系列
水星家纺	大众品牌	定位为中高档品牌，实际销售中以中低端产品为主，产品亲和适用，现代时尚，色彩丰富，以舒适为首要考虑因素
富安娜家纺	中高端品牌	主打艺术设计风格，坚持研发创新和原创艺术设计，使用母婴级别的面料，运用生物酶抛光工艺使面料更柔滑
罗莱生活	中高端品牌	采用较为常见的欧式风格，注重产品档次且富有浪漫气息，以超柔床品为品牌定位

四、产业链市场绩效

纺织服装产业市场绩效受市场结构和行为影响，不同环节的市场绩效表现不同。从盈利能力来看，化学纤维制造业头部企业恢复不佳，增收不增利，纺织制造业绩承压，服装家纺业绩趋暖，整体为弱复苏；从价值链分布来看，纺织制造环节的企业技术水平偏低，利润主要被下游销售垄断；从创新能力来看，纺织服装产业的专利申请数不断增加，处于提质优化期。

（一）盈利能力：上游强势反弹，中下游渐进复苏

1.上游企业盈利能力

根据国家统计局数据，2023年，化学纤维制造业的营业收入和利润总额分别为10975.26亿元、270.73亿元，化学纤维制造业营业收入和利润同比上升6.75%和43.74%，行业下半年效益的突出表现扭转了上半年两项指标同比下滑的局面，整体呈现回升向好的态势。单从头部企业来看（见表6-5），化学纤维制造业头部企业效益指标普遍增加，少数呈现下降趋势。据东方财富网数据，2023年前三季度化学纤维制造业头部企业呈现了增收不增利的现象，即净利润普遍减少，一季度原油及化学纤维主要原料价格高位震荡运行是影响因素之一，但在年底该情况已经好转，呈现盈利改善的局面。得益于疫情的控制，终端需求有所改善，行业总体开工负荷高于2022年同期，行业整体的经济效益稳步回升。

表6-5　化学纤维制造业主要上市公司盈利情况

企业	2022年			2023年				
	总营收/亿元	净利润/亿元	毛利率	总营收/亿元	同比增加	净利润/亿元	同比增加	毛利率
荣盛石化	2891	33.40	10.81%	3251	12.45%	11.58	-65.33%	11.49%
恒力石化	2224	23.18	8.21%	2349	5.62%	69.05	197.89%	11.25%
恒逸石化	1521	-10.80	2.32%	1361	-10.52%	4.35	140.28%	3.76%
桐昆股份	619.9	1.30	3.23%	826.4	33.31%	7.97	513.08%	5.06%
新凤鸣	507.9	-2.05	3.71%	614.7	21.03%	10.86	629.76%	5.84%

资料来源：东方财富网。

2.中下游企业盈利能力

2023年纺织服装行业呈现弱复苏的态势，纺织制造行业业绩承压，服装家纺行业业绩趋好。由于海外市场需求收缩、订单外流，纺织出口受阻，外加俄乌冲突和海外通胀的影响，纺织制造行业业绩表现不佳。服装家纺行业受益于终端消费环境回暖，盈利能力出现提升。根据第一纺织网的数据，2023年，纺织制造板块营业收入为920.86亿元，净利润为68.44亿元，与去年相比均有所回落；服装家纺板块营业收入为1159.82亿元，同比下降5.2%，净利润为113.86亿元，净利润增幅明显，同比上升21.3%。从代表性企业的业绩情况来看（见表6-6），棉纺企业净利润回正，但营收普遍下滑；毛纺、丝绸、化纤纺织、印染企业净利润回正，但营收不稳定；家纺企业营收和净利润较为稳定，服装企业净利润增加较为明显，除上述企业和产业用纺织品外，其余企业盈利情况普遍有所改善。

后续，在下游去库存持续推进和内需市场回暖的双重支撑下，纺织制造公司和服饰制造公司订单有望逐步增加，产能和收入有望快速增长。

表6-6　纺织服装行业主要上市公司盈利情况

环节	企业	2022年		2023年			
		总营收/亿元	净利润/亿元	总营收/亿元	同比增加	净利润/亿元	同比增加
棉纺	华孚时尚	144.60	-3.51	136.60	-5.51%	0.67	119.06%
棉纺	百隆东方	69.89	15.63	69.14	-1.08%	5.04	-67.75%

续表

环节	企业	2022年		2023年			
		总营收/亿元	净利润/亿元	总营收/亿元	同比增加	净利润/亿元	同比增加
棉纺	鲁泰A	69.38	9.64	59.61	-14.08%	4.03	-58.14%
棉纺	华茂股份	34.94	-1.75	35.65	2.04%	1.38	179.28%
毛纺	新澳股份	39.50	3.90	44.38	12.37%	4.04	3.70%
毛纺	南山智尚	16.34	1.87	16.00	-2.05%	2.03	8.53%
毛纺	三毛B股	10.34	-0.13	10.94	5.82%	0.18	236.26%
丝绸	嘉欣丝绸	43.28	2.30	42.99	-0.69%	2.17	-5.86%
丝绸	金鹰股份	13.03	0.50	13.70	5.17%	0.35	-28.62%
丝绸	万事利	5.49	-0.02	6.92	26.10%	0.35	2284.66%
化纤纺织	台华新材	40.09	2.69	50.94	27.07%	4.49	67.16%
印染	航民股份	95.70	6.58	96.66	1.00%	6.85	4.13%
印染	华纺股份	34.89	-0.86	27.98	-19.81%	0.09	111.00%
服装	海澜之家	185.60	21.55	215.30	15.98%	29.52	36.96%
服装	雅戈尔	148.20	50.68	137.50	-7.23%	34.34	-32.31%
服装	森马服饰	133.30	6.37	136.60	2.47%	11.22	76.06%
服装	太平鸟	86.02	1.86	77.92	-9.41%	4.22	127.06%
服装	报喜鸟	43.13	4.59	52.54	21.82%	6.98	52.11%
家纺	罗莱生活	53.14	5.74	53.15	0.03%	5.72	-1.44%
家纺	孚日股份	52.48	2.04	53.40	1.75%	2.87	40.80%
鞋履	华利集团	205.70	32.28	201.10	-2.22%	32.00	-0.86%
鞋履	ST奥康	27.54	-3.70	30.86	12.05%	-0.93	75.08%
鞋履	红蜻蜓	22.51	-0.37	24.69	9.65%	0.52	232.18%
服装辅料	伟星股份	36.28	4.89	39.07	7.68%	5.58	14.21%
服装辅料	浔兴股份	21.12	0.82	20.54	-2.78%	1.21	47.38%
鞋服箱包	开润股份	27.41	0.47	31.05	13.28%	1.16	146.49%
产业用纺织品	申达股份	112.44	-1.91	116.70	3.77%	-3.47	-82.08%
产业用纺织品	振德医疗	61.38	6.81	41.27	-32.76%	1.98	-70.82%

资料来源：东方财富网。

（二）价值链：下游挤占中上游利润空间

价值链分布不均，纺织制造环节的企业技术水平偏低，利润主要被下游成品服装等纺织品销售环节垄断。纵观价值链分布（见图6-11），处于纺织服装产业上中游的原辅料制造和纺织制造的毛利率及附加值偏低。在上中游环节，行业内企业多，竞争激烈，集中度和技术水平偏低，客户十分了解生产成本，企业难以获得过高的溢价。服装家纺板块的毛利率最高，其中户外和家纺的毛利率最低，女装的毛利率最高，男装其次。根据国泰君安证券的数据，大众服饰板块的毛利率为44.83%，中高端服饰板块的毛利率为69.31%，中高端服饰是服饰高额毛利率的主要支撑。中高端服饰具备产品差异化，有较高的定价权，价格需求曲线缺乏弹性，往往具有较高的毛利率。

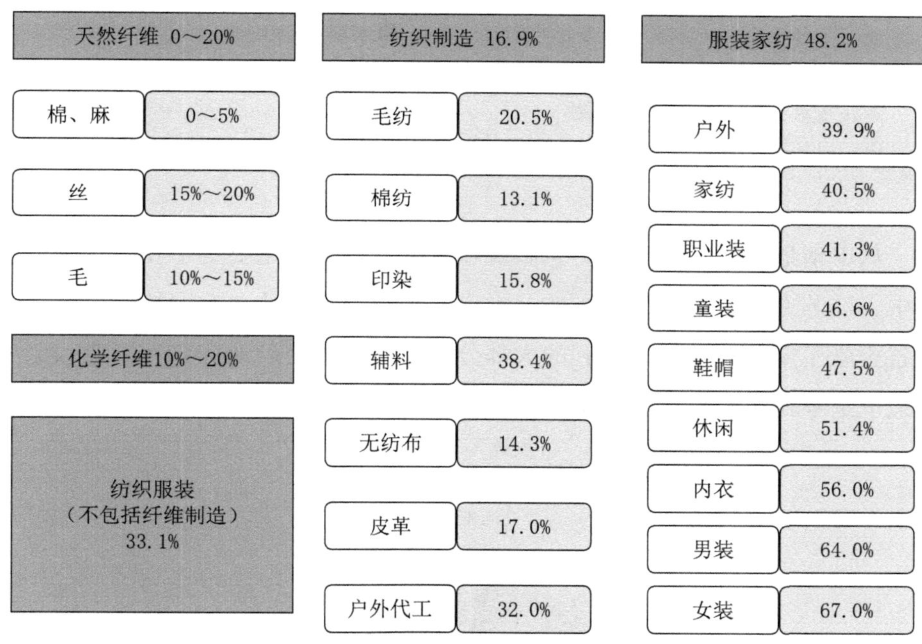

图6-11　纺织服装产业价值链分布及各板块毛利率

资料来源：Wind、广发证券发展研究中心、前瞻产业研究院。

（三）创新能力：专利质量不断提高，申请地域分布集中

随着研发投入的不断增多，纺织服装业的专利申请数大致呈现上涨的趋势（见图6-12）。作为体现创新能力的发明专利，其申请数存在波动，整体而言有所上升，纺织服装专利申请位于提质优化期。

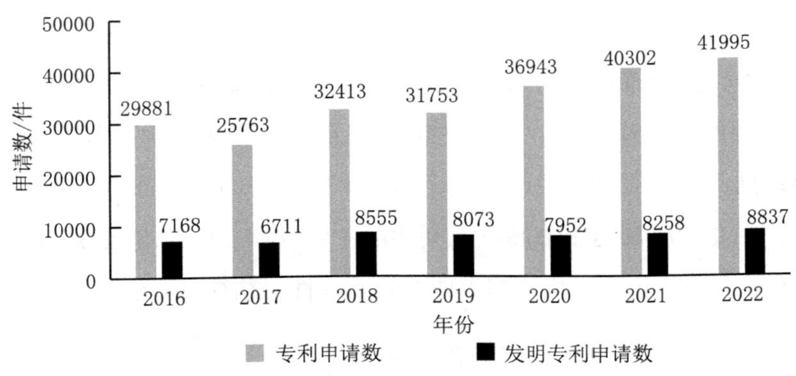

图6-12　纺织服装行业年度专利申请数

资料来源：历年中国统计年鉴。

注：图中的纺织服装行业由纺织业，纺织服装、服饰业，皮革、毛皮、羽毛及其制品和制鞋业，化学纤维制造业四类行业数据加总而得。

从申请地域来看，我国纺织服装领域的专利申请主要集中在沿海省市。其中，江苏专利申请约占全国的一半，浙江专利申请约占全国的四分之一，两省贡献了全国纺织服装专利的大部分申请，位于之后的广东、福建、上海等地也是专利申请的重点区域（见图6-13）。

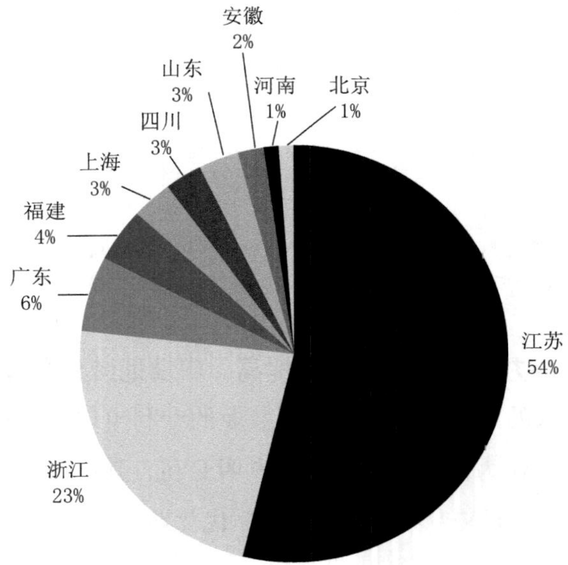

图6-13　纺织服装行业专利申请地域分布

资料来源：纺织经济信息网。

第二节　纺织服装产业发展环境和趋势研判

当前，我国的纺织服装产业面临新兴市场国家兴起和发达经济体制造业回流等竞争加剧的国际环境。近年来，中国虽然维持着第一大纺织服装出口国的地位，但面临劳动力成本上升、贸易保护主义抬头、“双碳”政策施压等挑战。对此，我国应积极寻求国内和国际区域合作，规划布局推动纺织服装产业的转型升级。广东应顺应全国政策方向，引导全省纺织服装产业进行高质量发展布局和指引。

一、宏观经济环境

纺织服装产业是全球重要的传统制造产业，从宏观层面来看，世界纺织格局正面临产能向东南亚转移、发达经济体制造业回流的局面。

一方面，发展中国家凭借劳动力成本优势，开始进入世界纺织市场。孟加拉国、越南、印度等发展中国家的纺织业虽然在兴起，但普遍面临基础设施不足、技术落后等问题。例如，越南大部分服装制造业为来料加工，原料依赖进口，面料技术也较为落后，但以相对廉价的劳动力和便利的外贸政策吸引了大量外国资本，成为近年来重要的纺织出口国。

另一方面，发达国家在品牌和技术上具备明显的优势，价值链地位突出。例如，美国是世界公认的纺织强国，是全球纺织品研发的领导者，也是重要的纺织品消费国和生产国，在高性能纤维与复合材料和生物基纤维材料等领域具有显著优势。日本的纺织技术位于世界领先地位，体现在化纤技术、碳纤维、纺织机械设备等方面。发达国家的纺织企业生产策略为：在国内生产附加值较高的纺织品，将价值低、技术低的产品生产转移到国外，进行海外布局，调整产业链结构。例如从2000年开始，美国缩减国内的纺织行业规模，让纺织行业向功能化、系列化、环保化、高科技自动化发展，并将视角集中在品牌塑造和价值链地位维护上。但在近期，由于全球形势的变化，美国开始引导制造业回流，纺织产业已有回流现象，越来越多的企业将生产线转移到具备高度自动化且环保的纺织基础设施的美国东南部地区。

综上所述，中国虽然原材料和劳动力丰富，纺织服装供应链十分完整，能够满足全球大部分的需求，生产制造能力与国际贸易规模长期居于世界首位，但依旧面临劳动力成本上升和国际竞争加剧的挑战。

2022年，中国仍是全球规模最大的纺织品和服装出口者（见表6-7）。根据WTO的数据，中国纺织品2022年同比增长1.5%，远高于全球纺织品出口-4.2%的增速。但是中国服装2022年增速为3.6%，落后于全球5%的平均水平，且在前十大服装出口者中排名垫底。未来，中国纺织品和服装的出口地位将受到挑战。在此宏观环境下，我国急需加快产业结构调整和升级，加强技术研发，提高我国在国际价值链中的地位。

表6-7　2022年纺织品和服装出口全球前十情况

出口者（前十）	纺织品出口金额/亿美元	占全球比重	出口者（前十）	服装出口金额/亿美元	占全球比重
中国	148	43.6%	中国	182	31.7%
欧盟	71	21.1%	欧盟	156	27.1%
欧盟外	25	7.4%	欧盟外	45	7.7%
印度	19	5.7%	孟加拉国	45	7.9%
土耳其	15	4.3%	越南	35	6.2%
美国	14	4.1%	土耳其	20	3.5%
越南	11	3.2%	印度	18	3.1%
巴基斯坦	9	2.6%	印度尼西亚	10	1.7%
中国台北	8	2.5%	柬埔寨	9	1.6%
韩国	8	2.4%	巴基斯坦	9	1.5%

资料来源：WTO发布的《World Trade Statistical Review 2023》。

二、政策环境

（一）国际："双碳"背景下区域合作和贸易保护主义并行

第一，部分国家推行贸易保护主义，影响了国际纺织服装行业的发展。一些国家采取高关税、进口配额、反倾销、技术壁垒、特别保护、社会责任等措施限制纺织服装的进口，近期劳工标准与劳工权益保障措施也开始流行。例如，美国在2021年12月签署了“维吾尔强迫劳动预防法案”，限制了在疆制造产品的使用，使得纺织服装行业中使用来自新疆的原材料存在风险，冲击了行业供应链。此外，还有如欧盟的《欧洲经济安全战略》、美国的“301条款”等含有贸易保护色彩的规则。

第二，在逆全球化浪潮下，纺织服装行业依旧呈现出国际合作的趋势。目前，与《跨太平洋伙伴关系协定》（TPP）类似，中国、日本、新西兰、澳大利亚、韩国和东盟十国签订了《区域全面经济伙伴关系协定》（RCEP）。该多边协定将通过零关税等方式促进区域内贸易，其中纺织服装行业受益颇多。世界各国正持续构建合作关系网络，据中国纺织工业联合会所述，截至2023年8月，世界贸易组织累计收到595份关于区域贸易协定（RTA）的通报，361个RTA正在生效。

第三，纺织服装行业的重要方向是节能减碳。根据国际能源署（IEA）发布的数据，纺织服装行业碳排放量占全球总排放量的10%，是仅次于石油的第二大污染源。为应对全球气候变化，各国制定了一系列政策，如欧盟《可持续和循环纺织品战略》、美国设立的《清洁竞争法》、欧盟《纺织品标签条例》、科学碳目标倡议（SBTi）。

（二）中国：战略规划产业布局，稳步推进可持续发展

中国纺织服装产业相关政策主要分为三大类，一是指引类政策，二是规范类政策，三是优惠性政策（见表6–8）。一方面，为建设制造强国，推进纺织服装传统制造业的结构调整和转型升级，中国制定了多项政策指引纺织服装产业的发展，主要内容包括科技创新、品牌建设、文化传承、绿色发展、数字技术融合等。另一方面，中国还完善了法规标准体系，这有助于促进行业规范发展，指引行业实现绿色发展和低碳发展。

表6–8　我国纺织服装产业重点政策汇总

时间	政策名称	政策性质
2011年1月	《国家纺织产品基本安全技术规范》	法规标准

续表

时间	政策名称	政策性质
2015年5月	《中国制造2025》	产业战略规划
2020年1月	《纺织染整工业废水治理工程技术规范》	法规标准
2020年8月	《关于进一步做好稳外贸稳外资工作的意见》	优惠性政策
2021年9月	《商务部关于茧丝绸行业“十四五”发展的指导意见》	产业战略规划
2022年4月	《关于化纤工业高质量发展的指导意见》	产业战略规划
2022年6月	《数字化助力消费品工业“三品”行动方案（2022—2025年）》	行动指引政策
2022年7月	《工业领域碳达峰实施方案》	行动指引政策
2022年7月	《国家发展改革委等部门关于新时代推进品牌建设的指导意见》	行动指引政策
2022年11月	《数字化试衣 虚拟服装用术语和定义》	法规标准
2023年11月	《纺织工业提质升级实施方案（2023—2025年）》	产业战略规划
2023年12月	《工业和信息化部等八部门关于加快传统制造业转型升级的指导意见》	产业战略规划
2023年12月	《印染行业规范条件（2023版）》及《印染企业规范公告管理办法》	法规标准

（三）广东：政策助推培育世界级先进纺织服装产业强省

纺织服装产业是广东传统的支柱产业和重要的民生产业。经过近四十年的发展，广东的纺织产业链较为完整，已成为全球第三大服装出口基地和全球最大的针织服饰生产基地。广东积极推进纺织服装产业的转型升级，致力于打造世界级先进纺织服装产业强省。2023年广东省制定了《关于进一步推动纺织服装产业高质量发展的实施意见》，提出建设“一群两极三区”，力图推动集群、经济增长极和核心发展区的建设，促进区域合作、产业有序转移、特色园区建设和产业强链补链等。广东省就集群建设、园区建设、绿色化、数字化建设等主题也颁布了相关政策，对产业转型升级实施了进一步的指引（见表6-9）。特别地，2024年广东省制定出台了促进纺织服装产业数字化转型的相关政策，以数产融合突破行业发展瓶颈，从研发设计、生产制造、经营管理、公共服务等关键环节的数字化技术应用出发，将数字技术用于测色配色、印染、数据采集、智能、多功能、绿色纺织品制造、交互式设计、仓储物流等领域。

表6-9　广东省纺织服装产业重点政策汇总

时间	政策名称	政策性质
2019年12月	《广东省纺织服装创意设计园区（平台）培育建设实施方案（2019—2025年）》	行动指引政策
2020年9月	《广东省发展现代轻工纺织战略性支柱产业集群行动计划（2021—2025年）》	产业战略规划
2021年7月	《广东省制造业高质量发展“十四五”规划》	产业战略规划
2021年12月	《广东省人民政府关于加快建立健全绿色低碳循环发展经济体系的实施意见》	行动指引政策
2023年2月	《关于进一步推动纺织服装产业高质量发展的实施意见》	产业战略规划
2023年3月	《广东省工业和信息化厅关于印发纺织服装和家具行业数字化转型指引的通知》	行动指引政策
2023年3月	《广东省实施消费品工业“数字三品”三年行动方案》	行动指引政策

三、市场环境

（一）纤维加工领域内需强劲，但先进纤维材料研发有待加强

2022年，中国纺织全行业纤维加工总量超过6000万吨，占全球比重一半以上。目前，我国的人均纤维消费数量和结构已达到中等发达国家水平，而2000年，据中国纺织工业联合会公布的数据，我国人均纤维消费数量仅为7.5公斤左右，低于当时世界人均9.5公斤左右的水平。我国已成立国家先进功能纤维创新中心，旨在加快纤维技术的突破。广东省化学纤维研究所有限公司等单位联合该创新中心打造了推动高性能纤维发展的公共服务平台，进一步加强纤维材料的研发。但我国关键材料和核心技术依旧受制于人，在功能纤维新材料、高端用纤维材料及纺织品、前沿纤维新材料等领域与发达国家具有较大差距。

（二）纺织机械供给能力稳定，融合信息技术，接轨国际

随着纺织机械向高速、高产、自动化的方向发展，高端市场主要被国外企业垄断，中国国产的纺机配件大多占据中端或者低端市场。近年来，中国纺织机械的技术创新进步非常明显，融合大数据、人工智能等技术向自动化、智能化迈进，积极与国际先进技术和生产工艺接轨。截至2022年底，我

国纺织机械行业的生产设备数字化率为55.6%，智能制造就绪率为14.6%，数字化生产设备联网率达49%。目前，国产纺织机械供给能够满足国内大部分需求，为国内的纺织发展提供了良好的设备基础，与印度、孟加拉国等国占据了全球大量市场份额。其中，国产纺织装备国内市场占有率超80%，高端装备关键基础件国产化率超50%。

（三）纺织服装供需情况：生产下滑，出口承压，内销回暖

我国纺织服装内销市场规模巨大，整体呈现增长态势。疫情时期，纺织服装行业内销增长放缓。疫情暴发初期，2020年服装鞋帽、针、纺织品类的零售额增速为负数，纺织服装行业内销出现明显下滑。疫情防控常态化时期，在我国宏观经济回升和一系列扩内需、促消费政策的推动下，内销市场开始回暖，2023年零售额为14095亿元，同比增长8.4%，增速较上年增加了19.4%（见图6-14）。

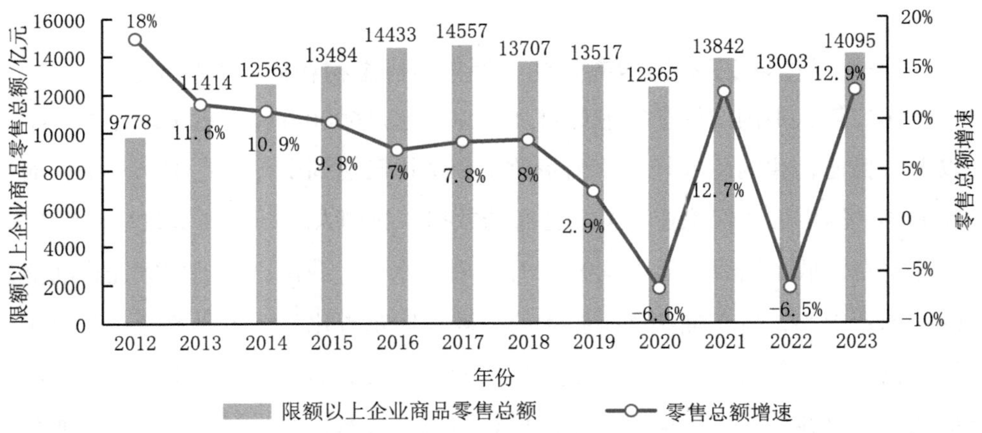

图6-14　纺织服装商品零售总额及增速

资料来源：中国经济信息网。

从国际市场来看，服装出口上行和下行因素并存，但由于复杂的国际环境，下行压力短期内难以缓解。从2015年起我国服装出口逐年下降，直到疫情暴发，我国服装出口下滑速度有所放缓。随着国外产能的恢复，在2022年的高基数下，2023年服装出口数据同比下降7.8%（见图6-15），我国依旧面临国际市场需求萎缩的下行压力。在发达国家补库存需求回升、我国加速拓

展新兴市场、跨境电商等新模式快速发展的背景下，我国的服装出口也存在上行支撑因素。

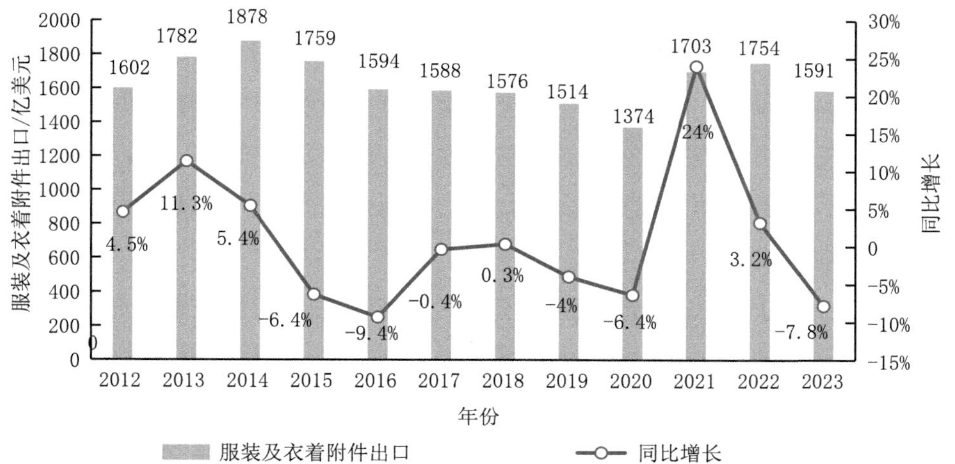

图6-15　服装及衣着附件出口情况

资料来源：中国海关。

尽管内销市场需求有所回暖，但是在出口下行压力中，服装产量整体呈现下滑态势。2023年，受外需收缩、内需增长乏力、成本上涨等因素影响，服装行业规模以上企业工业增加值同比下降7.6%。规模以上企业服装产量194亿件，同比下降8.7%，服装生产明显下滑（见图6-16）。

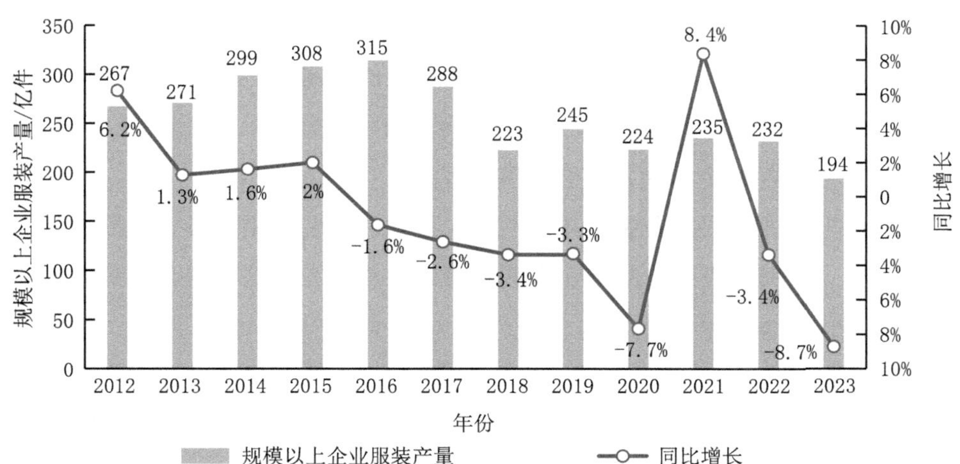

图6-16　规模以上企业服装产量变化趋势

资料来源：国家统计局。

四、产业发展趋势研判

（一）新一轮全球产业转移趋势明显

随着“一带一路”倡议的推进，中国纺织企业纷纷到南亚、西亚、中亚以及非洲地区投资，打造跨国供应链，实现市场拓展和产业链价值提升。同时，中国劳动力成本持续走高，制造业面临升级转型的挑战，产业转移已成未来趋势，具备劳动力成本和关税优势的东南亚成为中国纺织企业的海外扩产地和产业转移地。

（二）线上模式冲击传统服装运营，服装企业线上线下融合布局

在互联网的快速发展下，电商零售、直播带货冲击着线下服装销售。一方面，突如其来的疫情给实体门店造成了巨大冲击，企业急需调整目前的运营策略。另一方面，新零售模式的兴起和消费者对线上购物的偏好迫使企业布局线上平台。为提高风险应对能力、保留并抢占市场份额，越来越多的服装企业开启了线上线下全渠道融合运营模式。

（三）聚焦高技术领域，坚定不移走科技创新道路

科技是我国纺织服装产业转型升级最重要的抓手和动能。未来，科技创新的重点将主要集中在纤维新材料技术、绿色制造技术、高性能产业用纺织品技术、先进纺织装备技术、纺织智能制造技术等领域。重大的技术革新将使行业发生大跨越，例如Lyocell纤维产业化成套技术的研发打破了国外垄断，实现了在服装、家纺、产业用纺织品领域的高水平、规模化市场应用；3D技术为服装设计、个性化定制、绿色环保提供了新方案。

（四）大规模个性化定制是未来趋势

近几年，许多国外企业已开始发展大批量的服装定制业务，并取得了较好的成果。我国的服装定制产业发展也呈增长趋势，根据智研咨询的数据，2022年我国定制服装产量和需求量分别为6.03亿套和5.6亿套左右，分别较2021年增长1.9%和1.7%。相比于传统手工全定制和团体职业装定制，大规模个性化定制拥有更低的成本和更高的自由度，以工业化的效率生产出满足客户个性化需求的产品。红领集团便是一个成功的例子。由于消费者对独特设计的追求，大规模个性化定制将成为重要趋势。

第三节　纺织服装产业空间布局

一、我国纺织服装产业空间布局

（一）我国纺织服装产业空间发展概况

我国的纺织服装企业分布比较集中，主要分布在东部和南部沿海地区，在西部和东北地区也有所发展。根据《中国基本单位统计年鉴2023》，2022年，我国纺织服装企业数量为531728家。浙江、江苏、广东三大省份的纺织服装企业数量在全国范围内遥遥领先。其中，浙江的企业数量最多，为105592家，占比达19.86%；江苏的企业数量次之，为88401家，占比达16.63%；广东的企业数量在其后，为82088家，占比达15.44%（见图6-17）。

浙江、江苏、广东等地凭借产业配套基础、对外贸易与人才吸引政策的优势，成为我国纺织服装产业发展的前沿阵地。在沿海产业外溢下，具备交通便利性以及人力成本优势的江西、安徽、河南、湖北等地的纺织服装产业得到快速发展。同时，在西部和东北地区也分布着部分产业集群，如辽宁、新疆等地，纺织服装产业的发展主要受当地特殊市场需求和特色资源的推动。

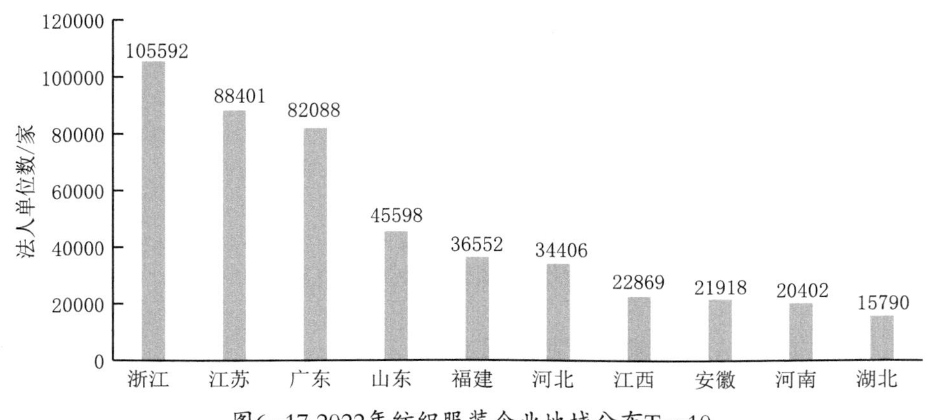

图6-17 2022年纺织服装企业地域分布Top10

资料来源：《中国基本单位统计年鉴2023》。

注：图中的纺织服装行业由纺织业，纺织服装、服饰业，皮革、毛皮、羽毛及其制品和制鞋业，化学纤维制造业四类行业数据加总而得。

（二）我国纺织服装产业集群布局

截至2022年底，与中国纺联共建的纺织服装产业集群为202个，以服装为主导的集群有52个，占全部集群的25.74%。中国纺联的数据显示，2022年集群中仅有8%的规模以上企业，集群主要由中小微企业组成。与企业分布类似，浙江、江苏、广东的产业基础良好，其集群种类和数量均位于前列（见表6-10）。

表6-10 纺织产业集群试点分布

行业类别	集群数量/个	重点分布省份
服装	52	广东、福建、辽宁、浙江
针织	31	广东、浙江、江苏、山东
综合	23	江苏、浙江、广东、福建
家纺	22	浙江、江苏、山东、河北
棉纺	21	山东、江苏、河南、湖北
产业用	14	江苏、浙江、山东、湖北
毛纺	13	江苏、浙江、河北、山东
化学纤维	7	浙江、江苏、福建
长丝织造	6	浙江、江苏、福建
商贸	5	广东、安徽、浙江
麻纺	3	江苏、江西
印染	2	浙江、福建
丝绸	2	浙江、山东
纺机	1	山东

资料来源：《夏令敏：守正创新，勇毅前行，建设现代化纺织产业集群》，http://www.ctei.cn/jq/yjbg/202212/t20221220_4292439.html，2022年12月20日。

二、广东纺织服装产业发展现状和空间布局

（一）广东纺织服装产业发展概况

纺织服装产业是广东传统的支柱产业和重要的民生产业。2022年，广东纺织服装产业规模以上企业增加值1509.48亿元（见表6-11），约占规模以上企业工业增加值4.1%。广东纺织服装产业涵盖了纺纱、织造、印染、成衣制

造等一系列环节，产业链相对完善。广东是我国纺织服装重要的生产基地和出口贸易大省。

表6-11 2016—2022年广东纺织服装行业各项指标情况

年份	规模以上企业数量/家	总产值/亿元	增加值/亿元	营业收入/亿元	利润总额/亿元	年平均就业人数/万人
2016	6124	9417.19	2291.16	9107.13	416.1	193.12
2017	6116	8576.65	2099.74	8349.38	396.54	171.96
2018	6129	6863.67	1645.4	6623.22	295.86	138.29
2019	6027	7000.99	1696.88	6864.4	313.54	130.35
2020	5693	5982.74	1446.98	5765.45	275.57	106.2
2021	5872	6847.52	1653.11	6509.51	281.94	104.75
2022	6113	6659.84	1509.48	6323.76	291.93	101.09

资料来源：历年广东统计年鉴。

注：纺织服装产业统计口径：纺织业，纺织服装、服饰业，皮革、毛皮、羽毛及其制品和制鞋业的规模以上企业数据。

（二）广东纺织服装产业呈现“一群两极三区”布局

广东纺织服装产业的空间发展布局为：广州和深圳为时尚创意和品牌建设地；汕头、佛山、惠州、汕尾、东莞、中山、江门、湛江、阳江、潮州和揭阳等市作为纺织服装专业镇，发展原材料及辅料、制品研制、设备制造等产业链优势环节；广州、深圳、佛山、东莞、惠州、江门、潮州等市推动皮革产业发展。

广东出台相关政策引导纺织服装产业呈现“一群两极三区”的空间布局。广州、深圳作为总部经济增长极，发挥其在商贸、全球性展会、总部、高端定制、时尚创意等方面的优势；汕头–潮州–揭阳、深圳–东莞–惠州、广州–佛山–中山服装产业三区作为产业发展核心区，通过自身做大做强带动周边地区发展，推进纺织服装产业集群建设。

从区位熵（见表6-12）来看，汕头、揭阳、汕尾纺织服装产业的区位熵远大于1并在十多年里一直位于各地市前列，表明其产业的比较优势较为明显，产业集聚程度高。清远、中山、佛山等城市2022年的区位熵都超过1，表明其具备专业化优势。作为“两极”的深圳和广州在产品研发、时尚设计、品牌营销环节具有优势，但生产制造的集聚程度不如上述城市。从增加值占全省的比重来看，2022年中山、云浮、清远、汕头和揭阳的比重排在全省前列，具有规模优势，其中清远、中山和云浮的增加值占全省比重有上升的趋势。

表6-12　广东各城市纺织服装产业全省地位的变化情况

城市	增加值占全省比重			区位熵		
	2011年	2016年	2022年	2011年	2016年	2022年
汕头	14.68%	10.93%	8.55%	2.73	3.81	7.85
揭阳	7.71%	5.97%	7.28%	3.61	3.39	5.00
汕尾	1.51%	1.26%	1.73%	4.83	2.67	2.04
清远	5.26%	9.54%	15.20%	1.25	0.91	1.87
中山	14.96%	14.74%	21.91%	1.84	1.08	1.49
佛山	0.28%	0.38%	0.22%	1.08	0.99	1.46
东莞	0.82%	1.27%	0.93%	1.56	1.10	1.21
肇庆	0.38%	0.37%	0.49%	1.06	1.29	1.18
江门	2.92%	5.77%	4.33%	1.58	0.93	1.05
潮州	4.08%	2.10%	0.96%	1.02	1.17	1.01
云浮	11.86%	10.42%	16.08%	1.05	0.82	1.01
河源	10.47%	4.53%	5.47%	0.67	1.13	1.01
梅州	7.81%	3.17%	3.20%	0.51	0.52	0.76
惠州	0.56%	1.24%	0.23%	0.62	1.03	0.74
广州	0.38%	1.95%	0.30%	0.79	0.78	0.65
茂名	0.71%	2.83%	0.47%	0.36	1.03	0.46
珠海	2.80%	3.78%	2.31%	0.48	0.39	0.45
深圳	2.09%	1.27%	2.86%	0.35	0.26	0.27
韶关	1.01%	1.41%	0.65%	0.25	0.35	0.26
阳江	9.12%	11.49%	6.50%	0.54	0.95	0.23
湛江	0.60%	0.61%	0.34%	0.16	0.78	0.13

资料来源：历年广东统计年鉴。

注：增加值为规模以上企业数据，区位熵按工业部门数值计算。

（三）广东纺织服装集群集中在珠三角及粤东地区

产业集群促进了企业的集聚和品牌的传播，提高了产业链的效率和协同能力，同时集群提供的专业化服务对中小微企业的转型升级具有重要意义。目前广东拥有大朗毛织、虎门女装、盐步内衣、沙溪休闲服、开平牛仔服等知名产业集群，这些产业集群主要分布在珠三角及粤东地区（见表6–13）。

表6–13 广东纺织服装产业发展布局

区域	产业布局
环珠江口	设计及品牌、供应链、高端定制、平台、总部等
珠江东岸	服装、织造、染整、鞋业、功能化及差别化纤维、装备等
珠江西岸	服装、织造、染整、家纺、鞋业、产业用纺织品、装备等
粤东西北	服装、家纺、功能化及差别化纤维、产业用纺织品等
市（县）	主要集群布局
广州	服装商贸、牛仔服
东莞	羊毛衫、女装、童装、品牌服装
开平	中国纺织产业基地市、牛仔服
中山	牛仔服、休闲服、内衣
普宁	中国纺织产业基地市、内衣
潮州	婚纱礼服
佛山	面料、内衣、针织、童装
汕头	工艺毛衫、内衣、家居、针织
惠州	男装、鞋业
博罗	休闲服

资料来源：《广东省培育纺织服装产业集群行动计划（2019—2025年）》等其他公开资料。

（四）广东纺织服装重点企业的空间布局

从重点企业的空间布局（见表6–14）来看，纺织服装行业领先企业主要分布在广州、佛山、东莞、深圳等地。作为商贸中心的广州和作为科技创新中心的深圳分别拥有资源和技术，这些要素加上两者在时尚和定制方面的优势，能够推动产业向高端化发展。另外，佛山和东莞等地形成了成熟的产业集群，也是企业和品牌发展的重要地域。

表6-14　广东纺织服装重点企业分布

城市	重点企业分布
广州	比音勒芬服饰股份有限公司、广州市汇美时尚集团股份有限公司、广州本色服装服饰有限公司、鹿颜国际服饰（广州）有限公司、广州诚恒贸易有限公司、广州菲特网络科技有限公司
佛山	广东溢达纺织有限公司、佛山市致兴纺织服装有限公司、广东骆驼服饰有限公司、广东奥丽侬内衣集团有限公司、广东波顿时装有限公司、佛山枫莲内衣集团有限公司
东莞	东莞德永佳纺织制衣有限公司、搜于特集团股份有限公司、东莞市以纯集团有限公司、东莞市米多服饰实业有限公司、东莞市卡蔓时装有限公司
深圳	深圳歌力思服饰股份有限公司、深圳市叶子服装实业有限公司、深圳市安奈儿股份有限公司、深圳市玮言服饰股份有限公司
汕头	宏杰内衣股份有限公司、广东洪兴实业股份有限公司
珠海	珠海奥伦提时装有限公司
惠州	旭日商贸（中国）有限公司

资料来源：前瞻产业研究院。

三、广东重点城市纺织服装产业发展概况

根据产业布局地位、发展态势和重点企业分布，我们对广东纺织服装产业代表性城市深圳、广州、汕头、揭阳、佛山、东莞的纺织服装产业概况进行介绍。

（一）深圳：中国时尚之都，品牌塑造和服装设计优势明显

深圳的纺织服装产业的主要定位是高设计含量、高附加值的时尚创意型服装产业，致力成为全球时尚产业高地和国际新锐时尚之都。作为中国时装业最发达的城市之一，深圳稳居全球时尚之都前六，拥有较为完善的时尚产业链，面辅料市场、服装批发市场、工业园区、会展中心等资源较为丰富。深圳在品牌塑造和服装设计上具有优势，截至2023年，有3万多名服装设计师，在深圳2500多家品牌企业中，其中90%以上为自主品牌，市场占有率在全国大中城市一线商场超过60%，居全国第一。

（二）广州：最大服装批发聚集地，下游为优势领域

广州的纺织服装产业链布局较为完整，但天然纤维产业并未在广州有所

布局，主要依赖进口。广州的产业链优势主要集中在下游的服装设计、成衣生产，以及服装零售和批发。广州是我国最大的服装批发聚集地，服装批发市场蓬勃发展，集中分布在流花商圈、沙河商圈及十三行商圈等商圈。截至2022年，广州的纺织服装专业市场达192家，数量居全国首位，在市场交易额、辐射范围、集散能力等方面处于全国领先地位。

（三）汕头：内衣家居服发展强势，产业链上下游较薄弱

截至2022年，汕头拥有近8000家纺织服装生产企业，是中国最大的内衣家居服生产基地，也是中国纺织服装产业基地和中国工艺毛衫出口基地。在产业链方面，汕头纺织服装产业链完整，涵盖织造、印染、成衣制作、电商销售等环节，但在原料供应、研发设计和销售所在的上下游领域比较薄弱，企业的分布也较为分散，促进产业集聚、推动强链补链是其下一步发展方向。

（四）揭阳：内衣和塑料鞋是其特色产业，电商化水平领先

揭阳的纺织服装产业集中分布于普宁。普宁拥有完整的产业链，涉及纺纱、织布、印染、辅料、设计、生产、销售环节，是全国纺织产业集群试点地区。普宁以内衣产业为核心发展纺织服装产业集群，产品销售额和市场占有率连续多年居全国内衣行业前列，被认定为国家外贸转型升级基地。普宁流沙东街道纺织产业的电商化水平位于全国前列，快递业务量城市排名靠前，仅稍落后于广州。另外，揭阳拥有中国塑料时尚鞋之都的荣誉，同浙江温州、福建晋江等共同组成中国鞋都，揭阳榕城区是其鞋业发展的中心。

（五）佛山：区域品牌建设加快，下游环节相对薄弱

佛山的纺织服装产业在产业集聚、区域品牌打造方面取得了一定成效。产业分布呈明显的集群特征，产业链配套完善，形成了以张槎针织、盐步内衣、西樵面料、均安牛仔、环市童服、里水袜子等为代表的纺织服装产业基地。然而，佛山的产业链主要集中在生产加工环节，高附加值的下游环节较弱，品牌效应不强，数智化程度有待提高。

（六）东莞：产业带中心推动周边发展，设计开发和数字化水平有待提高

东莞的纺织服装产业已形成一定的集群化规模，目前已形成三大产业带：以虎门为中心的纺织服装产业带、以大朗为中心的毛针织产业带、以厚街为中心的制鞋产业带。东莞纺织服装产业基础良好，产业链完整，在特色产品集群建设和品牌塑造方面已取得成效。另外，东莞拥有以纯、都市丽人等知名品牌和虎门、大朗、茶山等全国服装名镇，大朗毛织成为我国最具规模、产业链最完善的毛织产业集聚区。但是，同佛山等城市一样，东莞纺织服装在设计开发、数字化应用等方面仍然存在短板。

第四节　广东纺织服装产业转型升级的主要问题和对策建议

一、主要问题

（一）纺织服装出口竞争优势有所减弱

近几年，广东的纺织服装出口金额有所下滑。2022年出口金额为3697.9亿元，同比仅增长1.69%。与此同时，广东出口金额占全国的比重日益下降，从2018年的17.99%下降到2022年的14.56%，2023年已下降至13.45%（见表6-15）。而同为纺织大省的浙江在出口金额和占比方面呈现上升趋势，广东纺织服装出口的竞争优势有所减弱。

表6-15　全国、广东和浙江纺织服装出口情况

年份	全国		广东			浙江		
	金额/亿元	同比	金额/亿元	同比	占比	金额/亿元	同比	占比
2018	24130	-75.83%	3245	-11.23%	17.99%	6735	6.29%	24.89%
2019	25393	3.09%	3698	-3.16%	16.90%	6622	3.73%	25.04%

续表

<table>
<tr><th rowspan="2">年份</th><th colspan="2">全国</th><th colspan="3">广东</th><th colspan="3">浙江</th></tr>
<tr><th>金额/亿元</th><th>同比</th><th>金额/亿元</th><th>同比</th><th>占比</th><th>金额/亿元</th><th>同比</th><th>占比</th></tr>
<tr><td>2020</td><td>23481</td><td>2.95%</td><td>3636</td><td>7.78%</td><td>17.69%</td><td>5848</td><td>-2.31%</td><td>23.76%</td></tr>
<tr><td>2021</td><td>22669</td><td>3.58%</td><td>4010</td><td>-9.32%</td><td>15.49%</td><td>5386</td><td>8.58%</td><td>24.91%</td></tr>
<tr><td>2022</td><td>22020</td><td>8.14%</td><td>3721</td><td>1.69%</td><td>14.56%</td><td>5514</td><td>13.22%</td><td>26.08%</td></tr>
<tr><td>2023</td><td>21359</td><td>-4.97%</td><td>3842</td><td>-12.24%</td><td>13.45%</td><td>5316</td><td>1.72%</td><td>27.91%</td></tr>
</table>

资料来源：历年广东省国民经济和社会发展统计公报、中华人民共和国历年国民经济和社会发展统计公报、历年浙江统计年鉴。

注：纺织服装出口金额由服装及衣着附件、鞋类和纺织纱线、织物及制品出口金额加总得出。

据艾媒咨询统计，2020年上半年广东纺织服装出口企业数量为28276家，居全国首位，江苏其次，为13597家，浙江以12292家位列第三。广东的纺织服装出口企业数量远超其他省份，但出口金额却并不如位于第三的浙江。原因在于广东的纺织服装出口企业主要以中小企业为主，生产规模小、产品出口竞争力不强。

同时，随着劳动力成本优势消失，广东的纺织服装出口还面临着与孟加拉国、巴基斯坦、越南和印度等国的竞争，广东乃至全国的市场份额都受到了影响。

（二）研发投入不足，数智化改造待加速

广东纺织服装细分行业中的纺织服装、服饰业的R&D经费和投入强度均为上升趋势，其余行业有所波动，但各细分行业的研发投入强度普遍低于全国平均水平，说明广东的纺织服装行业的研发投入不足（见表6–16）。据前文所述，广东的纺织服装专利申请数量明显低于江苏和浙江。相比于江浙地区，广东的纺织服装企业规模小，集群以中小企业为主，产品主要为中低档产品，技术含量不高，容易模仿，企业间易发生以价格战为主的恶性竞争。

表6-16　广东省分行业研发投入情况

年份	行业	全国		广东	
		R&D经费/亿元	投入强度	R&D经费/亿元	投入强度
2020	纺织业	231.4	0.99%	10.86	0.54%
	纺织服装、服饰业	105.8	0.76%	13.59	0.55%
	皮革、毛皮、羽毛及其制品和制鞋业	90.3	0.89%	11.69	0.94%
	化学纤维制造业	132.4	1.66%	2.10	1.21%
2021	纺织业	231.7	0.87%	12.54	0.56%
	纺织服装、服饰业	114.4	0.75%	15.14	0.54%
	皮革、毛皮、羽毛及其制品和制鞋业	104.0	0.91%	12.68	0.87%
	化学纤维制造业	169.3	1.64%	3.10	1.26%
2022	纺织业	246.3	0.93%	10.75	0.49%
	纺织服装、服饰业	117.8	0.79%	17.39	0.68%
	皮革、毛皮、羽毛及其制品和制鞋业	117.0	1.03%	14.30	0.91%
	化学纤维制造业	171.0	1.56%	1.71	0.93%

资料来源：全国、广东省科技经费投入统计公报。

在数字化领域，截至2023年9月末，广东已推动2.9万家规模以上工业企业数字化转型，占全省比重的43%，远低于浙江80.61%的数字化改造覆盖率，广东的工业企业数字化改造有待加速。从纺织服装行业的数字化改造来看，广东于2023年公布的《广东省纺织服装行业数字化转型指引》提出，到2025年，广东的纺织服装行业数字化转型和应用水平迈上新台阶，全行业两化融合水平达到60%以上，规模以上企业达到70%以上。

（三）品牌开发意识不足，品牌培育相对落后

根据2022年公布的重点培育纺织服装百家品牌名单，广东仅有3家企业上榜，远低于江苏、浙江、山东等省份（见表6-17）。江浙地区注重发展大企业集团，培育本土品牌，在国际国内市场上都具有一定的竞争力，而广东在国际国内市场的品牌培育方面有所不足。在外贸领域，广东以贴牌加工、来料加工的模式获取低利润，出口服装附加值较低，品牌建设、自主创新滞后。近年来，尽管广东实施了品牌战略，出现了一些本土特色品牌，但缺乏

国际知名品牌，自主品牌的数量有限，竞争力低于国内其他品牌。

表6-17 2022年重点培育纺织服装百家品牌分布

地区	消费品牌/家	制造品牌/家	区域品牌/家
江苏	12	11	7
浙江	12	8	1
山东	7	14	3
上海	7	2	0
北京	6	2	0
安徽	2	2	0
广东	2	1	0
湖南	2	0	0
福建	1	7	0
湖北	1	0	2
内蒙古	1	0	0
河北	0	2	3
辽宁	0	2	1
河南	0	2	0
吉林	0	1	0
总计	53	54	17

资料来源：工业和信息化部。

（四）产业聚集地较多但呈现小而散、协作不足的状态

从纺织服装、服饰业规模以上企业的各项指标来看，广东服装服饰行业规模以上企业的规模缩减，就业人数逐年下降，企业数量、盈利和产值下滑明显，行业增长乏力。

中国服装协会以营业收入、利润总额、营业收入利润率为依据，选出131家企业进入2022年中国服装企业百强榜，其中江苏39家，浙江25家，山东18家，北京13家，其他省市30家，而广东仅有6家，说明广东龙头企业建设不足。

广东的服装集群以中小微企业为主，但缺乏为中小微企业服务的工业园区。目前广东还存在大量的个体户，很多是家庭作坊，集中在城中村或者城

郊村。这些中小微企业和个体户，甚至还有未进行工商登记的家庭作坊，皆未纳入规模以上企业的统计范围。截至2023年，沙溪服装行业规模以上企业占比仅为2%左右。广东服装行业企业规模偏小，龙头企业不足，服装竞争力不强，呈现出小而散、协作不足的状态。规模太小的企业、非正规的家庭作坊模式，抵抗风险能力弱，员工就业保障难，融资能力差，研发创新、产业转移和数字化转型困难大，是产业转型升级的一大障碍。

二、对策建议

（一）扩大开放合作水平，助力稳链强链

第一，推动中低端制造业向外转移，优化产业结构，与“一带一路”沿线国家形成结构互补。第二，把握RCEP和“一带一路”的机遇，推进市场多元化战略，减少广东的纺织服装出口对美国、日本和欧盟市场的依赖性，通过建立合作联系、海外投资设厂、电商布局等方式，开拓如非洲、中东、俄罗斯等新的出口目标市场。第三，鼓励企业在海外建立棉花、羊毛等原料的生产基地，以确保供应链的稳定性和原料的质量水平，稳定原料供应。第四，推进绿色供应链国际合作与网络建设，积极支持绿色制造、环保投资，倡导绿色消费模式。

（二）大力推动技术创新和管理、制造流程数字化

第一，加强科技平台建设，结合专业特色构建区域创新体系，支持纺织服装重点园区建设产品公共研发设计平台，建立广东省功能性纤维与纺织品工程技术研究中心，支持骨干企业联合学校和科研机构建设院士工作站、专业孵化器等平台开展产学研合作。第二，重点推进服装生产设备升级，提供专项资金，鼓励企业参与东莞国际缝制设备展览会、大湾区国际智能鞋机鞋材工业设备展等展会，支持行业组织开展智能化服装设备技术比赛。第三，发挥广东省纺织服装产业数字化协同创新中心的数字化服务作用，鼓励创新中心提供数字化转型共性解决方案并开放普惠化的产品和服务。第四，建立纺织服装行业知识中心，整合面料知识库、服装设计模型库、算法库等资源，建立纺织服装数字化平台供应商库，发布供需对接清单，鼓励企业学习

或应用卡奥斯服装云智造系统、福富工业互联网平台、哈勃智慧云等已有数字成果。

（三）提高品牌质量与知名度，完善品牌建设环境

第一，加强质量建设，鼓励采用或制定高于国际先进标准的企业标准，加强生产过程巡检、半成品抽检、成品质检，加快建设集群质量检测服务平台，发展第三方质量检测和认证服务，开展检测机构能力验证。第二，鼓励各地挖掘潮绣、广绣等非物质文化遗产和传统技艺，将地域文化、民族风情结合当代时尚和工艺融入纺织服装品牌建设。第三，开展特色产品推广活动，利用当地文旅、大型商圈、活动展会宣传和销售本地品牌产品，支持有关地市结合本地产业特色，举办购物节、户外纺织服装时尚生活节等纺织服装主题节庆活动，支持企业开展电商直播、短视频引流等新商业模式。第四，加快构建品牌保护机制，学习中国绍兴柯桥（纺织）知识产权快速维权中心案例，对纺织品进行数字化备案，健全线上维权机制，强化平台侵权监管责任，降低企业维权成本。

（四）进行制衣村改造，加强平台、园区建设

第一，进行制衣村改造，学习广州郊区大源村、河南安阳市等产城融合改造案例，成立工作专班，拆除原厂房，建设功能设施完善的纺织服装产业新城，通过“依法退出一批，整合升级一批，培育壮大一批”，升级改造康乐、鹭江等城中村，把握广清现代轻工纺织产业集群共建所带来的机遇，提高产业集聚度和生产专业化程度。第二，加强平台建设，学习义乌国际商贸城、中国轻纺城等案例，建设服装城、电子商务园、网批城等平台，推动企业集聚，建设数字化供应链服务平台，链接纺织服装生产企业、纺织服装批发市场、面辅料要素市场等，实现供需对接。第三，建设专为中小微企业服务的园区，引入龙头企业和科研机构，带动其他企业的发展，提供设施、人才、资金等资源的支持，打破产业小而散的局面。

（五）推动人才培养和引进，强化人才产业化支撑

第一，引导本科高校、职业院校完善纺织相关专业的设置，以纺织全产业链和区域纺织发展需求为依据部署学科专业，扩大招生规模，组织骨干企

业与院校共建产业学院或实训基地，开设冠名班、订单班，开展企业新型学徒制培训，深化产教融合和校企合作。第二，实施人才招引稳岗政策，借鉴清远市清城区政策等，鼓励高技能人才、技术工人、顶岗实习学生的引进，组织人才公益培训，创建人才培训基地，开展“订单式”和“定岗式”培训。第三，建设行业人才库和技术服务平台，开展技能比赛，制定合适的行业人才评定体系，借鉴“浙里工程师”平台构建等案例，集聚高层次人才资源，降低搜寻成本，推动人才资源共享。

（六）积极发挥集群、行业组织和政府的作用

第一，提高产业集聚度，在“一群两极三区”的基础上发挥行业龙头的带领作用和企业集聚的协同作用，建设纺织服装产业集群联盟，增强纺织产品竞争力，例如，可利用深圳女装特色产业基地的大型服装出口企业组建产业联盟，形成集群优势。第二，积极发挥行业组织的作用，支持广东省纺织、服装协会等组织深入开展信息传递、标准制定、质量认证、贸易摩擦应对、人才培训、技术推广、展览展示等工作。第三，优化营商环境，完善用地、用电、融资、吸引外资、人才引进等方面的政策措施，打造数字政府，完善“粤商通”服务功能，推行“一站式”服务。

第七章
广东食品饮料产业转型升级研究①

食品饮料产业作为社会经济的重要支柱，承载着从农产原料采摘至最终消费的完整的生产、加工、销售流程，横跨农业、加工制造、流通、服务等多个产业领域，对消费者的生活与健康产生了深远影响。我国食品饮料产业近年来实现了快速发展，得益于国家产业政策的引导、项目扶持及资金支持，表现出企业自主创新能力显著增强、关键技术取得重要突破、产业链质量安全检测与追溯技术不断创新的特点。广东作为全国食品饮料工业生产和出口的大省，以“广东粮、珠江水”的区域品牌闻名，其精制食用植物油、冷冻饮品、饮料产量居全国首位，显示了广东在全国食品饮料产业中的重要地位。广东的食品饮料产业虽然取得了令人瞩目的成就，但仍面临一些挑战和问题。为了适应市场变化、迎合消费升级的需求以及实现高质量发展，广东食品饮料产业亟须转型升级。本章前两节对食品饮料产业链发展概况、发展环境和趋势进行了分析；第三节介绍广东食品饮料产业的发展现状、空间布局、重点城市发展概况，并对广东食品饮料产业的主要问题进行了分析；第四节提出了促进产业转型升级的对策建议。

第一节　食品饮料产业链SCP范式分析

一、食品饮料产业链概况

依据《国民经济行业分类》（GB/T 4754-2017），食品饮料产业细化为

① 本章执笔人为暨南大学经济学院余梦玲、杨亚平。

农副食品加工业、食品制造业以及酒、饮料和精制茶制造业三大核心类别，其重要性在于与终端消费者的紧密联系，以及关系到产业链的完整性与复杂性。

产业链的上游涵盖种植业、畜牧业、水产业及包装业等多个关键领域，主要原材料包括大豆、小麦、高粱等，其质量与供应稳定性对行业的稳健发展具有决定性作用。中游环节聚焦于食品饮料的制造过程，通过精细化的加工手段和创新技术的运用，将原材料转化为丰富多样、美味可口的食品或饮料。下游主要涵盖线下与线上两种销售渠道，通过构建多元化的销售渠道网络，确保产品能够高效、便捷地送到消费者手中。在市场需求方面，食品饮料产业既服务于B端市场，如餐饮业等商业领域，又满足C端市场，即广大个人及家庭消费者，这种多元化的市场需求为行业的持续发展提供了广阔的空间（见图7–1）。

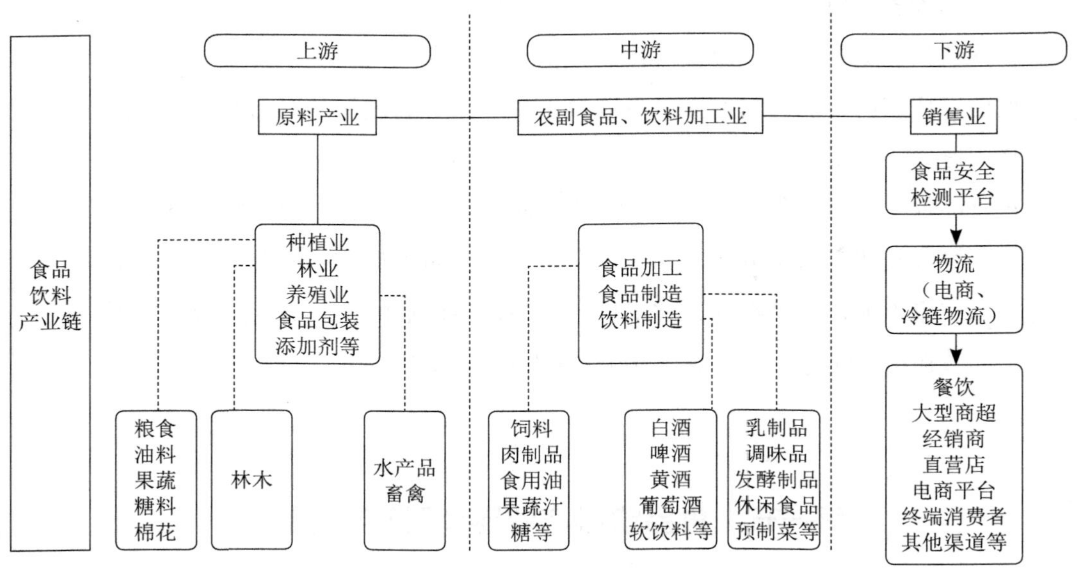

图7–1　食品饮料产业链图

二、产业链市场结构

（一）上游：各行业市场分散，增长动力依旧稳健

1.食品包装行业：市场集中度低，竞争激烈

当前，我国食品包装行业市场集中度低。大型企业及国企数量有限，民营企业众多但分布广泛，行业整体规模较小，无显著规模优势企业，主要代表企业市场份额占比均不足2%，竞争激烈。据统计，2020年我国食品包装行业CR3为3.73%，CR5为4.68%（见图7-2）。但随着环保政策的加强，部分企业经营受限，不规范的中小企业面临被淘汰的风险，预计市场集中度将有所提升。

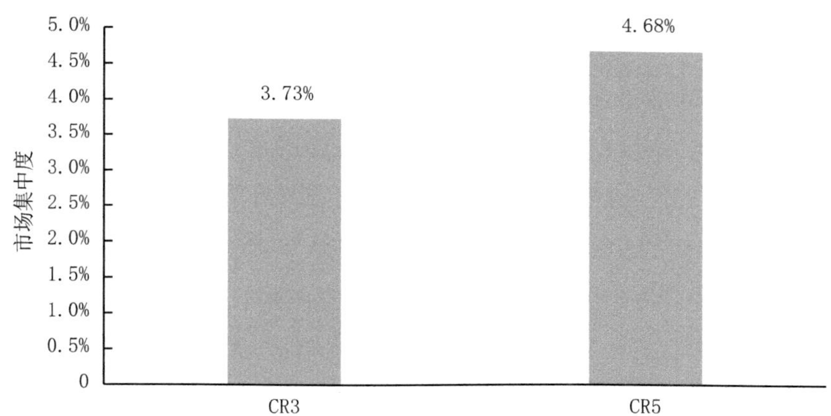

图7-2 2020年中国食品包装行业市场集中度情况

资料来源：《2020年中国食品包装行业发展现状分析，行业智能化、自动化、多元化发展「图」》，https://www.huaon.com/channel/trend/782301.html，2022年2月8日。

2.水产养殖行业：市场集中度低，大型企业少

目前，我国水产品养殖企业多以分散的个体经营模式为主，规模化的大型企业较少，市场集中度较低。但随着农村劳动人口的减少，以及我国农业生产的专业化、技术化要求不断提高，我国水产品行业的集约化程度也将有所提高。按注册资本划分，国联水产、好当家、ST东洋和獐子岛位于行业第一梯队，注册资本均超5亿元。第二梯队包括大湖股份、百洋股份、中水渔业、中鲁B和开创国际，注册资本均超2亿元，其中大湖股份超4亿元（见图7-3）。

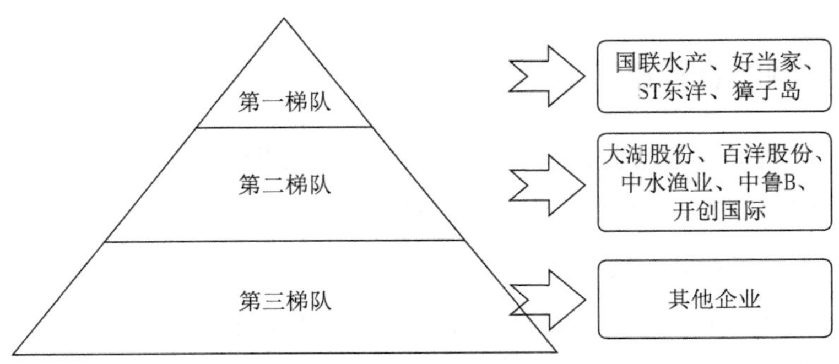

图7-3　水产养殖企业竞争格局

资料来源：智研咨询。

3.生猪养殖行业：市场集中度扩大，头部企业快速增长

在畜牧业中，中国的畜种分布格局与全球整体趋势相吻合，显著地反映出以猪肉为主体，其次是禽肉、牛肉和羊肉的产业结构。在行业竞争格局中，头部生猪养殖企业正积极扩大其市场份额，展现出强劲的增长势头。行业的CR10从2016年的4.8%大幅增长至2022年的20.3%[①]，充分体现了行业集中化的趋势。截至2022年底，中国前二十大猪企能繁母猪存栏合计897万头，占据了整体市场份额的20%。其中牧原股份、正大食品、温氏股份位于行业前三，分别占据6.4%、2.6%和2.5%的市场份额（见图7-4）。

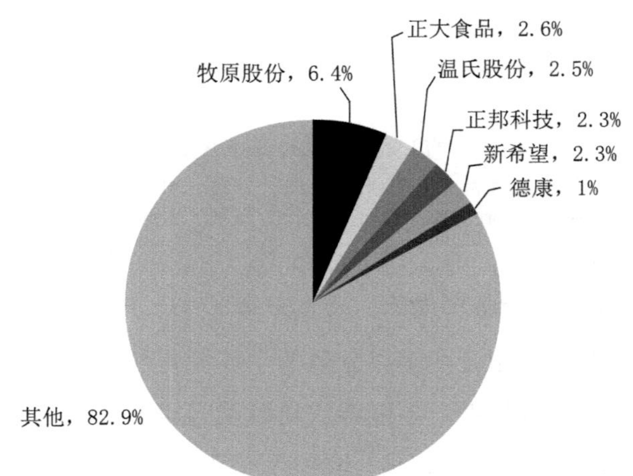

图7-4　2022年中国生猪养殖行业能繁母猪企业市场占有率

资料来源：根据全国农产品成本收益资料汇编。

① 《2022年中国生猪养殖行业发展现状及趋势分析，疫情加速行业集约化、规模化进程「图」》，https://www.huaon.com/channel/trend/89100/.html，2023年5月4日。

（二）中游：乳制品、调味品市场份额集中，预制菜、软饮料竞争白热化

1.乳制品：两超多强双寡头格局，市场份额集中

目前，我国乳制品行业呈现两超多强的双寡头格局，市场份额相对集中，按照企业知名度、经营规模和整体实力可分为三大梯队。其一，伊利股份、蒙牛乳业作为全国性乳企，品牌影响力显著，产品结构丰富，销售渠道广泛，位居行业前列。其二，区域性乳企如光明乳业、天润乳业、新乳业等，在各自经营区域具备一定优势，品牌影响力逐渐显现。其三，地方性乳企如南方乳业、燕塘乳业等，通过精准掌握周边资源，实现错位竞争，虽规模较小但经营灵活。整体来看，乳制品行业集中度较高，伊利、蒙牛两大巨头占据显著市场份额，竞争优势稳固。伊利市场规模庞大，市占率达24.2%，蒙牛紧随其后，市占率为21.3%（见图7–5）。

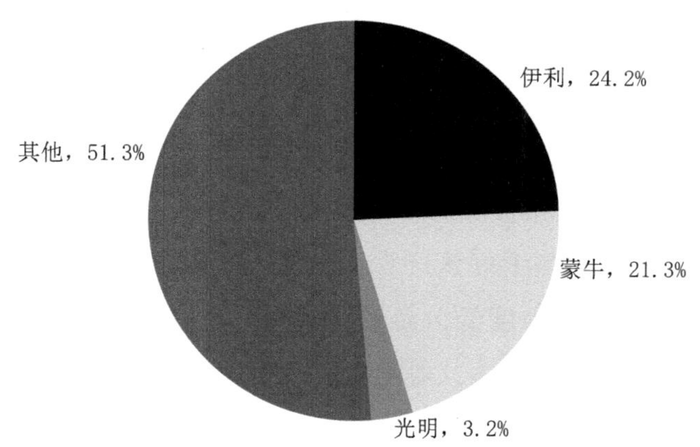

图7–5　2022年乳制品行业市场份额

资料来源：易普咨询。

2.调味品：头部企业市场份额稳固，中部、尾部企业洗牌分化

近年来，调味品行业市场格局变化显著，头部企业市场份额稳固，中部企业洗牌分化，尾部企业逐步退出市场。其中海天味业保持领先，与后两名差距显著（见图7–6）。2018—2022年，调味品行业整体复合增速为6.23%，但头部企业增速高于平均水平，海天味业复合增速为12.06%，厨邦

为7.74%，市场挤压明显。激烈竞争下，调味品及细分行业市场集中度不断提升。2018—2022年，调味品行业CR5从10.98%增至14.57%，增长了32.7%；酱油行业CR5从33%增至39.93%，增长了19.5%；火锅调料行业CR5从25%增至32.96%，增长了31.8%，挤压式竞争加剧。

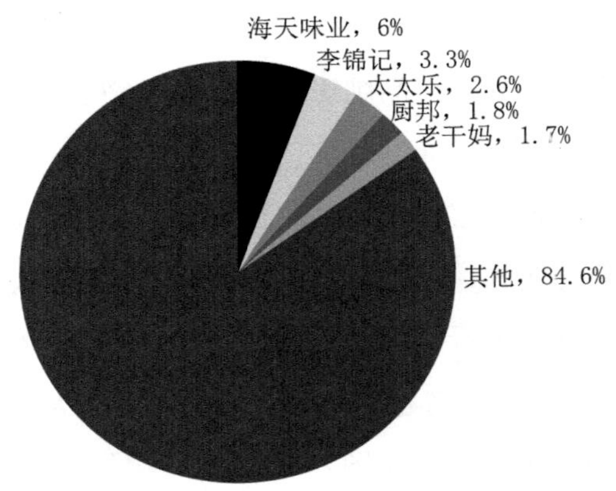

图7-6　2023年调味品行业竞争格局

资料来源：国金证券研究所。

3.预制菜：市场格局分散，处于模式探索阶段

近年来，预制菜行业投融资事件数量持续增长，由2020年的12起增至2022年的31起，表明资本看好该行业。然而，目前我国预制菜行业市场格局分散，参与者众多但集中度低，尚未形成龙头企业，整体处于模式探索阶段。由于预制菜依赖冷链运输，对物流成本及食材新鲜度的要求限制了企业产品的配送范围，目前多数企业只能覆盖一定地区，尚未出现全国性的预制菜龙头企业。根据华经产业研究院数据，2020年我国预制菜行业CR10为13.6%，CR5为9.2%（见图7-7），市场占有率排名前三的企业为厦门绿进食品、安井食品、味知香，其市场占有率分别为2.4%、1.9%、1.8%。

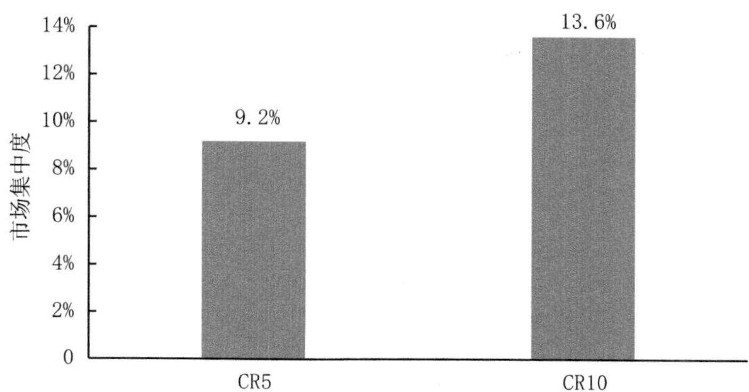

图7-7　2020年中国预制菜行业市场集中度

资料来源：华经产业研究院。

4.软饮料：市场格局逐渐分散，竞争加剧

从企业市场占有率来看，软饮料行业竞争激烈，市场格局分散。当前，随着市场的日益扩大，越来越多的企业纷纷将目光聚焦于软饮料行业，如伊利、蒙牛等知名企业，亦通过推出全新产品，正式进军软饮料市场。数据显示，2011年至2020年，中国软饮料行业CR10呈下降趋势，反映出市场集中度降低和竞争加剧（见图7-8）。

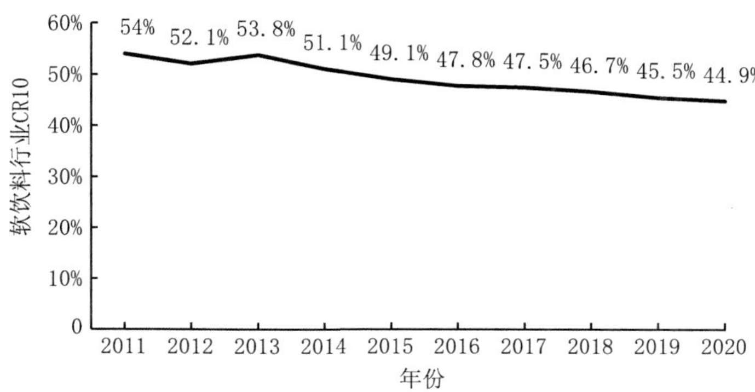

图7-8　2011—2020年中国软饮料行业CR10变化情况

资料来源：欧睿国际。

从品牌层面分析，2020年软饮料行业市场占有率前三企业为可口可乐、养生堂和顶新，市场占有率分别为9.3%、8.4%和5.8%（见图7–9）。且市场份额前十的企业中，多数主打包装饮用水和即饮茶，说明这两大品类在软饮料市场占据重要地位。

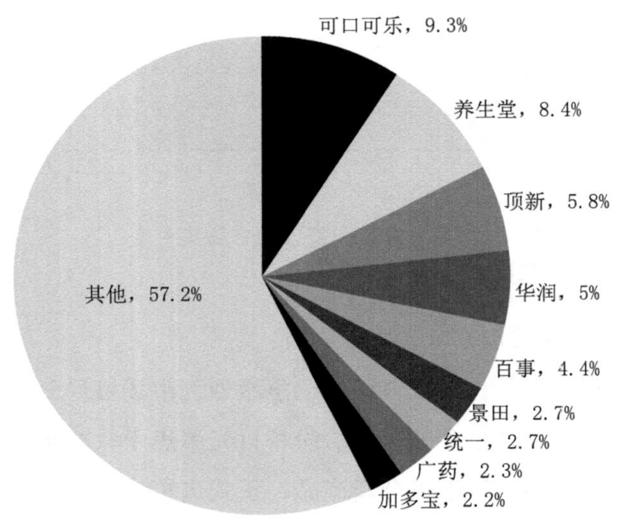

图7–9　2020年中国软饮料行业企业市场占有率

资料来源：欧睿国际。

5.休闲食品：市场格局分散，集中于长三角与珠三角

艾媒咨询数据显示，自2010年至2022年，中国休闲食品行业市场规模持续扩大，由4100亿元增长至11654亿元。然而，在市场份额分布方面，行业内的竞争格局相对分散，集中度尚待提高。具体来讲，2020年我国休闲食品市场CR15为22.4%，然而，2021年降低至21.5%（见图7–10）。从品牌的地域分布情况来看，长三角与珠三角地区集中了我国休闲食品品牌的主要力量。

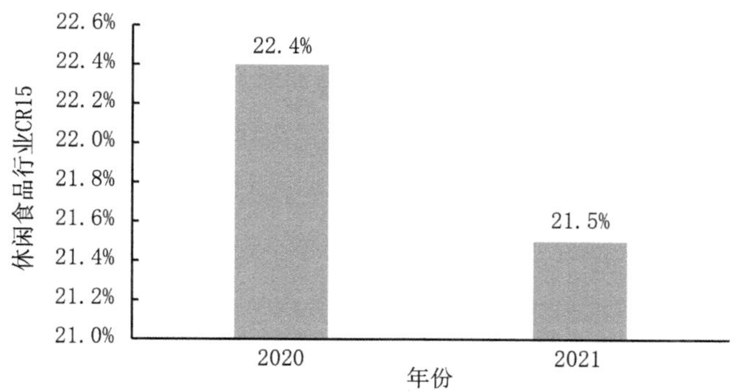

图7-10　2020—2021年中国休闲食品行业市场集中度

资料来源：华经产业研究院。

（三）下游：线上线下渠道融合重塑，餐饮业、冷链业市场分散

1.食品饮料产业线下渠道仍占较大比例，线上渠道发展迅速

从渠道维度看，综合电商平台的增长势头正逐渐放缓，兴趣电商则展现出巨大的增长潜力。与此同时，线下市场以70%的比例占据着包括食品饮料产业在内的零售市场的主导地位。根据尼尔森IQ数据，截至2023年9月，食品饮料线下渠道的同比增速为2.4%。在这一增长趋势中，近场小业态展现出了强大的活力，小型超市和便利店的增长率分别为1.5%和5.1%。在线上渠道方面，以抖音为代表的内容电商呈现出迅猛的增长态势，增速高达75%（见图7-11），并成功拉动线上渠道整体增长14%。随着内容电商的迅速崛起，该渠道已成为品牌争夺市场份额的重要战场，展现出不容忽视的市场影响力。

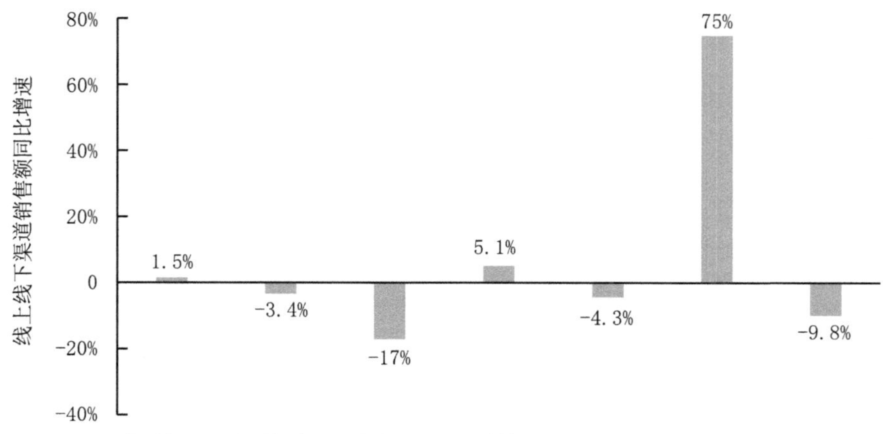

图7-11　食品饮料产业线上线下渠道销售额同比增速

资料来源：尼尔森IQ。

2.餐饮业：市场集中度较低，行业格局相对分散

我国餐饮行业内拥有若干规模庞大的龙头企业，然而，鉴于餐饮行业整体市场规模以万亿计，行业内的市场集中度尚显不足，竞争较为激烈。据统计，2020年全聚德、西安饮食、广州酒家等企业的餐饮业务收入在全国餐饮行业市场规模中的占比分别约为0.013%、0.007%和0.012%。而全聚德、西安饮食、广州酒家、同庆楼、中科云网五家上市企业的餐饮业务收入总和仅占中国餐饮行业市场规模的0.065%左右，可见餐饮业市场集中度较低，行业格局相对分散。根据2022年前三季度的营业总收入情况，我国餐饮行业企业可划分为以下三大梯队（见图7–12）。

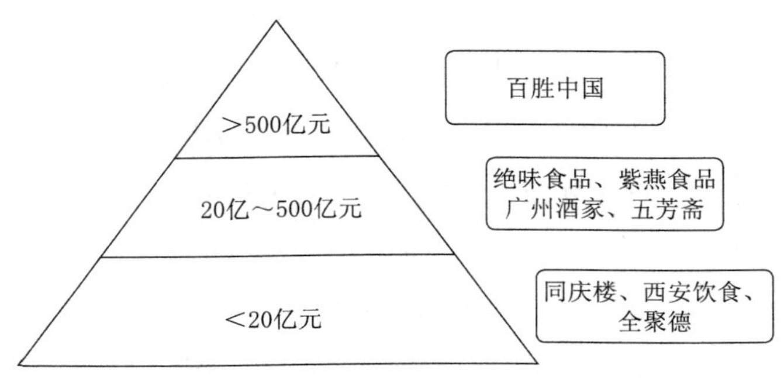

图7–12 2023年中国餐饮业竞争梯队

资料来源：前瞻产业研究院。

3.冷链物流行业：市场散、小、杂，缺乏主导企业

冷链物流行业是我国现代物流体系的关键一环，主要满足食品、医药等领域的冷链需求，其中，食品冷链需求占90%，医药冷链需求仅占9%。近五年来，冷链物流行业快速发展，重点企业营收规模持续攀升。2020年，冷链物流行业百强企业市场占有率首次达到18%，至2021年扩大至18.2%（见图7–13）。然而，冷链物流行业仍面临挑战，如市场散、小、杂，缺乏主导企业。为推动行业健康发展，需加强企业整合，提升运营效率和服务质量。

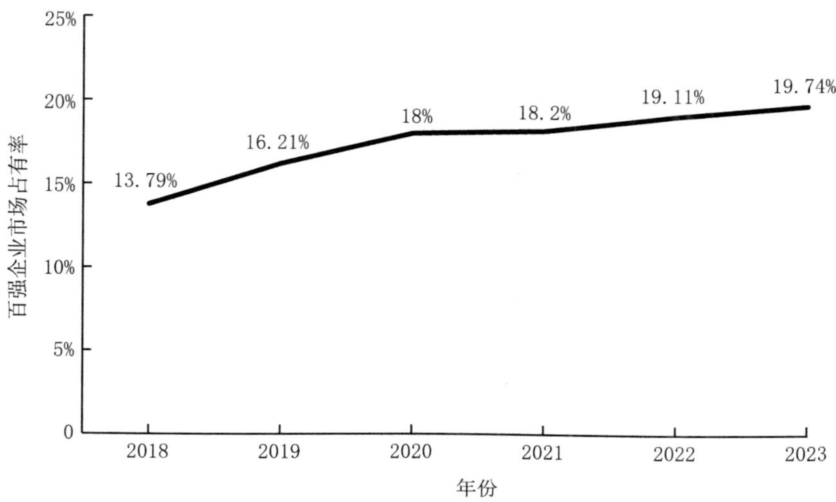

图7-13 2018—2023年中国冷链物流行业百强企业市场占有率趋势图

资料来源：中商产业研究院。

三、产业链市场行为

（一）线上广告投入结构性分化，食品类增长且视频媒体占主导

根据艾瑞咨询数据，2020—2024年中国食品饮料行业前三季度网络广告投入呈现明显的周期性波动特征（见图7-14）。2020年前三季度食品饮料行业网络广告投入指数为55.3亿，次年迎来爆发式增长，2021年前三季度投入指数飙升至75.7亿，同比大幅增长36.8%，这主要得益于疫情后线上消费需求的集中释放；然而，此后行业进入持续调整期，2022年前三季度投入指数回落至72亿，2023年前三季度进一步微降至70.6亿，直至2024年前三季度降至69.1亿，这一波动反映出行业正在经历更深层次的结构性调整，包括细分品类策略的转变以及营销渠道的重构，整体呈现出从粗放扩张向精细化运营过渡的发展轨迹。

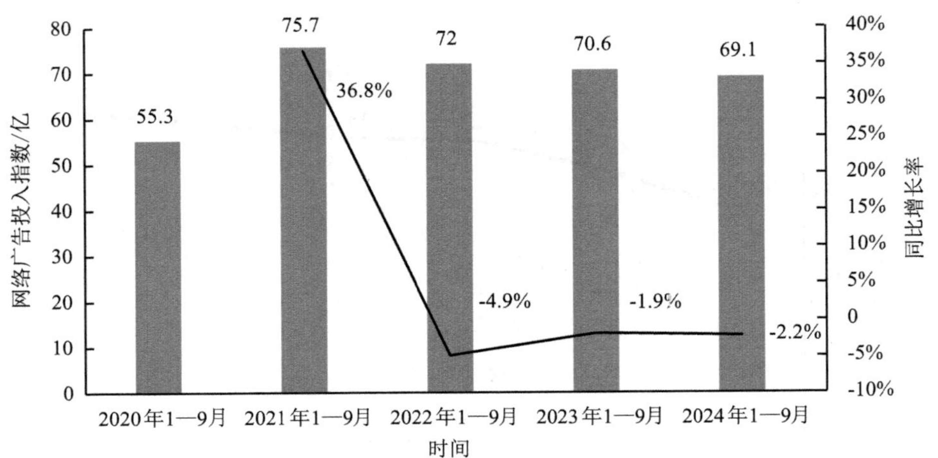

图7-14　2020—2024年1—9月中国食品饮料行业整体网络广告投入指数趋势

资料来源：艾瑞咨询。

具体来说，细分品类呈现显著分化。根据艾瑞咨询数据，食品类别前三季度网络广告投入指数逆势增长11.1%，取代饮料类成为广告投放的TOP1细分行业，从2023年29.8亿增加至2024年33.1亿，反映出健康食品、功能零食品类的营销加码；而饮料类大幅缩减14.3%，从2023年31.4亿减少至2024年26.9亿，凸显含糖饮料受到健康消费趋势的冲击；酒类保持相对稳定，微降3.3%，从2023年9亿减少至2024年8.7亿。这种结构性变化表明，行业整体投入虽仍处于调整周期，但已从粗放扩张转向精准投放，食品类创新品类的崛起正逐步抵消传统饮料下滑的影响。

从广告媒体类型来看，2024年1—9月食品饮料行业各细分品类在网络广告媒体投放上呈现出显著差异但共性明确的分布特征（见图7-15）。视频网站以绝对优势成为所有品类的核心投放渠道，其中饮料类最为依赖该渠道；门户网站作为次要阵地，食品类和饮料类占比相近，酒类则进一步扩大至36.1%，突显其多元化触达策略；相比之下，新兴媒体如微博媒体和IT类网站中，三者的渗透均较弱，普遍低于5%，而其他类媒体中，酒类占比突出，表明酒类品牌更倾向于探索碎片化渠道或垂直渠道。这种格局清晰地揭示了三大细分赛道的投放逻辑共性——优先抢占高曝光的头部视频平台（如长视频贴片广告），同时依据品类特性分层布局，如食品类强化门户网站覆盖以触达家庭场景用户，酒类则通过长尾渠道补充差异化场景触达。

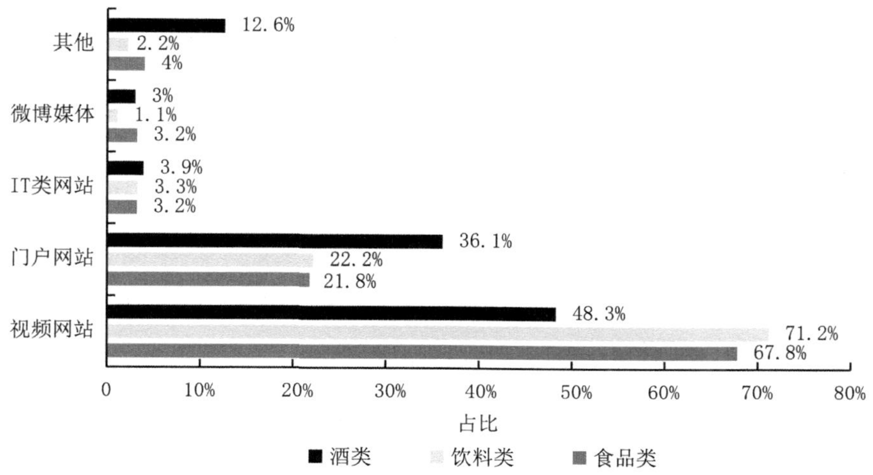

图7-15 2024年1—9月食品饮料行业主要细分品类网络广告媒体类型占比

资料来源：艾瑞咨询。

（二）线下渠道复苏与创新，量贩零食店大范围扩张

食品饮料产业的线下渠道在疫情过后逐步恢复，呈现出多样化的特征。根据尼尔森IQ的监测数据，线下渠道在消费品全渠道份额中的比重逐年增加，2023年达到了70.3%。其中，大超市、小超市和便利店等连锁门店增长迅速，呈现两位数增长趋势。现代连锁店以其现代化管理、供应链规模优势和强体验等特征吸引了消费者，成为大包装产品、高端产品及新品的主要销售阵地。与此不同，转型独立店则承载着中低端商品升级和核心大单品下沉的功能，满足了消费者的即时性和便利性需求。会员店作为大卖场的升级版本，针对高线中产用户，提供更大面积、更为差异化的产品供给体系，成为零食品牌布局的重要渠道。此外，量贩零食店的兴起也成了食品饮料产业的一个显著趋势，其丰富的产品种类和价格优势吸引了消费者，量贩零食店数量不断增加，截至2023年已超过2万家。随着市场饱和，量贩零食龙头企业已经开始向全国范围扩张。在这种背景下，食品饮料企业不断调整线下渠道布局，加深与各类新兴渠道的合作，以抓住市场机遇并实现业绩增长。

（三）研发创新加速，休闲零食与软饮料领域需加强

2022年，中国轻工业联合会评选科学技术奖励232项，其中，食品类发明奖6项，占比30%；食品类进步奖54项，占比25%。与2021年相比，食品类奖项总占比增加5个百分点，显示食品领域科技创新强劲。其次，中国轻工联完成科技成果鉴定203项，其中食品领域鉴定项目75项，凸显食品领域科技创新的重要性。食品领域新增8家重点实验室和7家工程技术研究中心，创新平台总数超80家，占轻工全行业35%。这些平台覆盖传统及综合领域，为食品产业持续健康发展提供支撑。

此外，食品饮料产业代表企业整体上的研发投入大致呈增长趋势，这表明这些企业对于研发的重视程度在不断提高（见表7-1）。按细分行业来看，乳制品、调味品、肉制品等行业的研发投入较多，而保健品、休闲零食及软饮料行业研发投入有待提升。

表7-1　2021—2022年食品饮料产业代表企业研发情况

细分行业	代表企业	2021年		2022年	
		研发费用/亿元	占营收比重	研发费用/亿元	占营收比重
乳制品	中国飞鹤	4.30	1.89%	6.10	3.13%
乳制品	伊利股份	6.01	0.5%	8.22	0.67%
调味品	海天味业	7.72	3.09%	7.51	2.93%
调味品	安琪酵母	4.75	4.45%	5.40	4.17%
肉制品	双汇发展	7.27	1.09%	7.94	1.27%
保健品	汤臣倍健	1.50	2.02%	1.58	2.00%
休闲零食	煌上煌	0.65	2.79%	0.57	2.93%
软饮料	农夫山泉	1.25	0.42%	2.77	0.83%

资料来源：企业年报。

（四）供应链升级，食品饮料产业迈向OBM模式

食品饮料产业供应链正经历由OEM向OBM模式的升级变革。OBM模式不仅为品牌提供了完整的产品研发、生产和营销服务，还推动了传统代工厂转型。在这一新趋势的推动下，传统品牌的供应链体系也在寻求变革。网红食

品饮料品牌如元气森林、钟薛高等采用OBM模式，加速供应链变革；钱大妈对源头采购、仓储配送、商品打包及分拣等全链路的环节都进行了改造，通过“日清”模式提升产品新鲜度和流通效率。

另一方面，零食折扣业态也对供应链进行了创新。通过与上游厂商直接合作，零食折扣店绕过了传统流通环节的加价，拥有了商品价格的优势。同时，借助高周转的优势，零食折扣店拥有更灵活的品类结构和产品组合，满足了消费者多样化的需求。此外，零食折扣店以小型店、社区化的特征，抓住了消费近场化的趋势，为购物增加了便利性。这些变革源于对供应链的洞察与优化，食品饮料产业供应链不断演进，产品竞争力和市场占有率也得以提升。

四、产业链市场绩效

（一）价值链：中上游挤压下游利润空间

食品饮料产业的上游、中游和下游在毛利率上存在明显的差异。上游产业包括食品包装业、水产养殖业、畜禽养殖业和种植业等，其毛利率普遍为5%～40%。中游产业涉及乳制品、调味品、预制菜、白酒、软饮料和休闲食品等，毛利率范围更广，从8%到90%不等，集中于30%左右。而下游产业包括零售、餐饮和冷链物流等产业，其毛利率在10%～30%（见图7-16）。

分析显示，食品饮料产业中游的毛利率相对较高，特别是白酒和软饮料等细分行业，其毛利率甚至高达70%～90%。而中游产业能够获取更多的利润，可能是品牌溢价、产品差异化或技术优势等因素所致。相比之下，上游和下游产业的毛利率相对较低，上游受到原材料价格波动和成本压力的影响，下游则面临着激烈的市场竞争和产品价格下降的挑战。

综上所述，食品饮料产业的价值链结构呈现出中上游产业挤占下游利润空间的特点。这种结构可能会导致供应链中的利润分配不均衡，需要各个环节的企业谨慎制定策略，以确保自身盈利能力和市场竞争力。

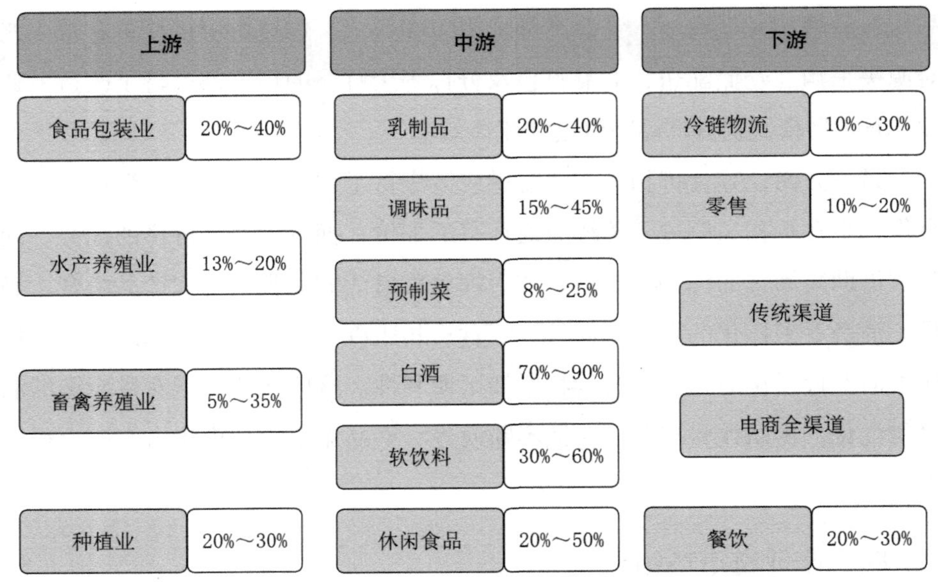

图7-16　食品饮料产业价值链核心组成

注：上述毛利率区间以行业代表性上市公司2022年毛利率填列。

（二）盈利能力：食品饮料盈利增长，白酒行业表现强劲

食品饮料产业的盈利能力呈现稳步增长的趋势。从2022年到2023年第一季度，食品饮料板块上市公司的平均毛利率和净利率均持续上升。根据国元证券发布的数据，2022年食品饮料行业平均毛利率为47.68%，净利率为19.05%，分别比上一年同期增长了2.44个百分点和0.9个百分点；在2023年第一季度，平均毛利率进一步提升至52.79%，净利率达到24.66%，同比分别增长了1.4个百分点和1.34个百分点。

在细分行业中，白酒行业的盈利能力尤为突出。2022年至2023年第一季度，白酒行业的平均毛利率和净利率均呈现增长趋势，平均毛利率从80.1%增至80.8%，净利率从38.1%增至41.9%，分别同比增加了0.5个百分点和0.9个百分点。这表明白酒行业在盈利能力方面持续提升，产品结构优化和出厂价上调等举措推动了毛利率的进一步优化。

相比之下，卤制品行业的盈利能力表现较为疲软。虽然在2022年至2023

年第一季度，该行业的平均毛利率有所上升，但净利率仍未能实现明显增长。具体来说，卤制品行业的平均毛利率从23.1%上升至23.7%，净利率从4.0%上升至8.1%，但仍存在较大的改善空间（见表7-2）。这可能与原材料成本上涨、竞争激烈等因素有关，需要进一步采取措施提升其盈利能力。

表7-2　食品饮料细分行业平均毛利率变化情况

行业	毛利率				毛利率变动（pct）	
	2021A	2022A	2022Q1	2023Q1	22yoy	23Q1yoy
白酒	78.8%	80.1%	80.3%	80.8%	1.3	0.5
啤酒	40.4%	40%	39.3%	39.4%	-0.4	0.1
肉制品	11.0%	13%	14.5%	13.3%	2.0	-1.2
卤制品	29.3%	23.1%	27.4%	23.7%	-6.2	-3.7
调味品	34.9%	32.4%	34.3%	34.0%	-2.5	-0.5
乳制品	28.1%	29.1%	30.9%	30.5%	1.0	-0.4
烘焙	35.6%	31.4%	31.8%	29.7%	-4.3	-2.1
休闲食品	30.4%	30.2%	30.6%	31.1%	-0.2	0.5
预制速冻	23.1%	21.6%	23.8%	21.0%	-1.6	-2.8
软饮料	41.5%	39.9%	40.1%	41.9%	-1.6	1.7
其他商品	31.4%	29.7%	35.3%	35.6%	-1.6	0.3
行业	净利率				净利率变动（pct）	
	2021A	2022A	2022Q1	2023Q1	22yoy	23Q1yoy
白酒	36.9%	38.1%	41.0%	41.9%	1.2	0.9
啤酒	10.9%	11.4%	11.2%	12.4%	0.5	1.2
肉制品	3.6%	5.5%	5.8%	4.9%	1.8	-0.9
卤制品	12.1%	4.0%	5.4%	8.1%	-8.1	2.7
调味品	18.5%	14.7%	17.6%	18.5%	-3.8	0.8
乳制品	6.1%	5.4%	9.4%	9.1%	-0.7	-0.2
烘焙	12.2%	8.2%	6.5%	6.1%	-4.0	-0.4
休闲食品	5.6%	5.0%	5.6%	7.7%	-0.7	2.2
预制速冻	6.9%	6.2%	6.3%	6.5%	-0.7	0.2
软饮料	17.6%	15.4%	14.4%	20.3%	-2.2	6.0
其他商品	15.0%	12.1%	18.7%	16.3%	-2.8	-2.3

资料来源：Wind、国海证券研究所、国元证券研究所。

注：A代表已经正式公布的全年数据，yoy表示同比增长率，下同。

（三）创新能力：专利申请量翻倍，创新能力持续增强

2015—2022年，中国食品饮料产业的专利申请总量持续增长（见图7-17），从18941件增加到38849件，几乎翻了一番。具体来看，2015—2022年，专利申请数保持稳步增长，但增速逐年放缓，2019年仅增长1.81%。然而，从2020年开始，增速明显回升，2020年和2021年分别达到20.80%和17.48%。发明专利申请数变化趋势与专利申请数总体上一致。从2015年至2022年，中国食品饮料产业的专利和发明专利申请数总体呈上升趋势，尽管中间经历了2019年的波动，但整体创新能力不断增强。2020年后的强劲增长反映出行业对技术创新的高度重视和持续投入。可以预见，随着技术进步和市场需求的不断变化，中国食品饮料产业将在未来继续保持较高的创新活力和竞争力。

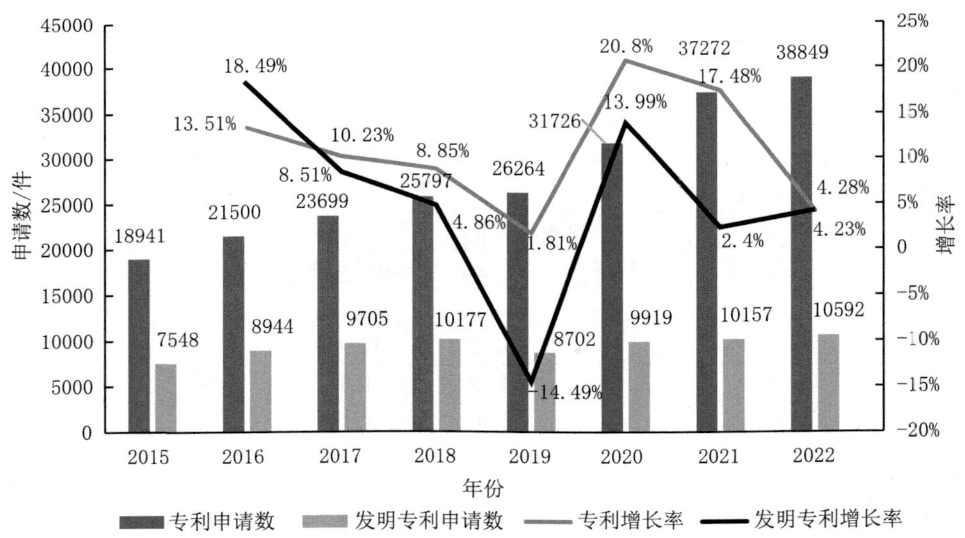

图7-17　2015—2022年中国食品饮料产业专利申请趋势

资料来源：历年中国统计年鉴。

第二节　食品饮料产业发展环境和趋势研判

一、宏观经济环境

（一）全球食品价格指数明显回落，粮食安全依然任重道远

近期，全球粮食市场展现出了新的动向。根据联合国粮农组织等机构发布的报告，2023年全球食品价格指数呈现出回落态势，这在一定程度上反映出市场供应状况有所改善。然而，值得注意的是，大米、食糖等农产品的供需状况仍然紧张，且受到地缘政治冲突以及极端天气等多重因素的影响。一方面，地缘政治冲突对全球粮食生产、运输以及供应链的稳定产生了深远的影响，导致部分地区正面临着严峻的粮食危机（见图7–18）。世界粮食计划署2023年12月发布的粮食安全阶段综合分类报告显示，加沙地带超过1/4的家庭面临极端饥饿的风险，意味着约220万人处于粮食危机或更严重的突发性粮食不安全状态。另一方面，气候变化所引发的极端天气事件也频繁影响着全球农业收成，给粮食安全带来了新的挑战，特别是厄尔尼诺现象对农业地区的扰动，加剧了粮食生产的不确定性。

在全球粮食供应紧张的背景下，有三大关键行动领域：首先，加大可持续粮食体系的投入力度，为有需要的国家提供长期资金支持；其次，促进食品市场的开放与透明，加强国际合作，共同应对粮食安全问题；最后，减少碳排放并实现绿色转型，以应对气候变化对粮食安全的挑战。

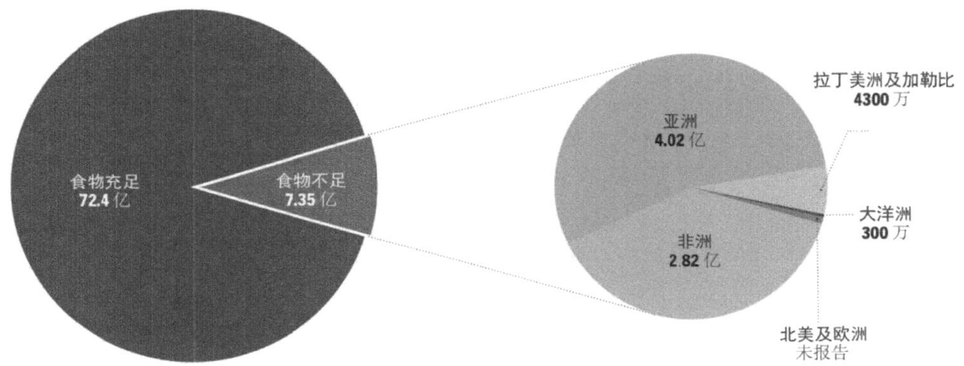

图7–18　2022年世界饥饿人口数量分布（单位：人）

资料来源：联合国粮食及农业组织。

（二）我国食品饮料企业创新升级，行业增长稳中有升

近年来，在国家产业政策的引导、项目扶持及资金支持下，我国规模以上食品企业取得了长足发展。企业的自主创新能力得到显著增强，关键技术取得重要突破，物流损耗和能耗有效降低，产业链质量安全检测与追溯技术实现创新突破，健康食品科技保障体系进一步完善，供给质量和效率得到稳步提升，为我国食品饮料产业的持续发展奠定了坚实基础。

《中国食品工业年鉴》数据显示，2019—2022年，我国规模以上食品饮料企业营业收入呈现出稳定增长态势，四年间平均增幅达到4.99%。2022年，该行业营业收入达到了97991.9亿元（见图7–19），占全国工业总资产的5.1%，实现了7.2%的营业收入增长和8.1%的利润贡献，展现出较高的经济效益。同时，该行业工业增加值比上年增长32.9%，继续保持了稳定增长的良好势头。

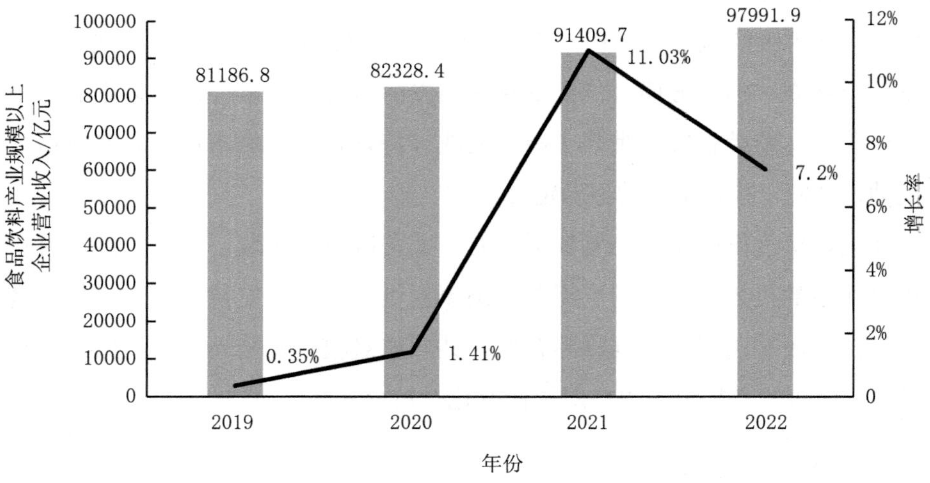

图7–19　2019—2022年食品饮料产业规模以上企业营业收入及变动情况

资料来源：据历年中国食品工业年鉴计算。

二、市场环境

（一）预制菜赛道发力，冷冻技术待提升

近年来，中国预制菜市场呈现出稳健增长的态势，市场规模持续扩大。统计数据显示（见图7-20），2022年预制菜市场规模已达到4196亿元，并预计在未来三到五年内，保持年均约20%的高速增长势头，展现出成为万亿级别产业的巨大潜力。

然而，当前预制菜市场的渗透率尚显不足，只有10%～15%，与发达国家相比存在显著差距，这揭示了预制菜市场仍拥有巨大的发展空间和发展潜力。当前，预制菜行业尚处于前期探索阶段，具有鲜明的区域特征，企业数量相对较少，产品同质化问题明显，市场集中度低，竞争格局尚未明朗。

预制菜行业的快速发展得益于加工技术的成熟与不断突破，特别是冷冻技术的持续进步，对于提升预制菜品质具有举足轻重的作用。因此，深入研究海外市场在冷冻技术方面的创新成果，将有助于为我国预制菜行业提供工艺改善和升级的思路，进一步推动产业进步和发展。

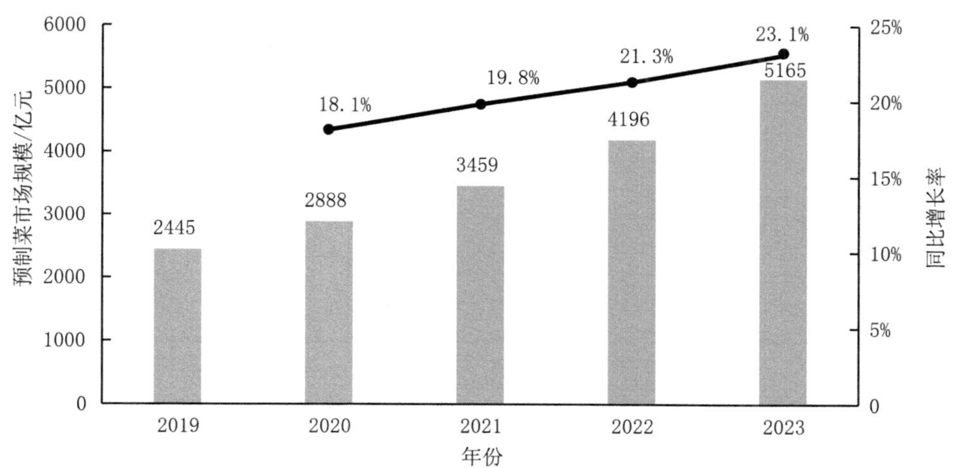

图7-20　2019—2023年中国预制菜行业市场规模

资料来源：艾媒数据中心。

（二）健康产品成为刚需，零糖饮食市场快速发展

糖、脂、油等的过量摄入是引发糖尿病、高胆固醇血症等相关疾病的重要原因之一，过量糖摄入带来的危害已经严重威胁居民的健康。在国家政策引导和国民健康意识提升的驱动下，食品饮料产业掀起低糖/无糖消费热潮。其中，无糖饮料占整体软饮料市场比重呈上升趋势。中国无糖饮料的市场规模在2022年已达到199.6亿元，同比增长15.1%，并在2017—2022年实现了高达36.7%的年复合增长率。无糖饮料的市场规模仍将持续增长，预计2025年将突破600亿元，较2022年翻2倍。统计数据显示（见图7–21），无糖饮料占整体软饮料市场比重逐年增长。当前“控糖”热潮席卷全球，而我国处于无糖碳酸饮料发展初期，相较于欧美国家至少还有10倍的提升空间；无糖茶饮处于爆发初期，销量占比仅有5.2%；其他饮料品类也具备潜力，尤其是市场占比较高的功能性饮料、果汁饮料、蛋白饮料等营养属性较高的饮料也是无糖饮料新的渗透方向。

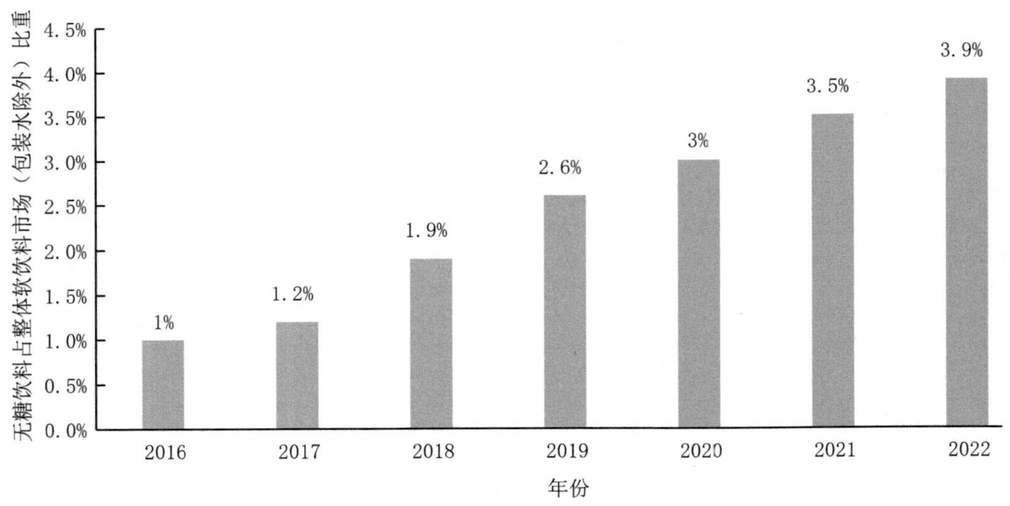

图7–21　2016—2022年无糖饮料占整体软饮料市场比重

资料来源：艾瑞研究院。

（三）线上线下业态洗牌重塑，直播带货等成为行业新宠

食品饮料产业中消费者对渠道、产品的选择偏好分化也在加剧。有数据显示，食品饮料销售正加速向线上转移，以抖音、小红书为代表的内容电

商正在成为重要的增长引擎。以零食品类为例，2023年其在全渠道的销售额同比2022年下跌1%，但抖音销售占比从2.5%上涨为3.7%，销售额同比大涨49.4%。同时，直播带货渠道正逐渐成为食品饮料行业的“新宠”。例如，2023年6月，四川省举行了“东方甄选四川行”专场直播。此次直播活动总销售额突破1.4亿元，带货超过200款巴蜀好物。这充分展示了直播带货在食品饮料行业的潜力，也为企业开拓销售渠道提供了新的思路和方向。

线下销售作为食品销售的重要渠道，在市场形势方面也发生了重大变化。传统商超渠道销售额下滑，门店扩张减缓；相反，新业态如仓储会员店、便利店销售额出现增长，成为市场增长主力。具体来说，近两年各大商超连锁系统闭店的新闻不断，家乐福中国、华润万家等均有大量门店关闭。而零食量贩店快速扩张，良品铺子、来伊份等休闲零食巨头门店规模不断壮大，下沉市场零食品牌也迅速扩张。无论是仓储式会员店、硬折扣渠道，还是线上内容电商的增长，这些渠道的变化本质上还是为了迎合当下消费者的需求内容和消费习惯的转变。

三、政策环境

（一）国际：食品安全与质量标准趋同，国际贸易规范化

在全球范围内，食品安全与质量标准的统一化趋势日益明显。由世界卫生组织和联合国粮农组织共同制定的《国际食品法典标准》已成为国际食品贸易的基准，有力推动了全球食品安全水平的提升和公平贸易的实现。同时，世界贸易组织的《实施卫生与植物检疫措施协定》等文件也为成员国提供了食品加工政策的框架与指引，进一步促进了食品安全与质量的统一化进程。

各国政府亦积极制定并完善食品安全法规制度，重点关注食品标签的细化规定、应对供应短缺的措施、对高风险及新兴食品的监管，以及食品追溯与召回机制的完善等方面。这些政策不但反映了食品饮料产业在产品质量、安全标准、进口管理等方面的政策环境，还为消费者权益的保护和食品安全的提升提供了坚实的法律支撑与制度保障，为全球食品工业的稳健发展奠定了坚实基础。

（二）中国：政策助推绿色高质量发展，撬动民生新消费

近年来，我国在食品安全领域已实施多项政策和法规，旨在加强政府责任，构建完善的全链条风险防范体系，并积极推广先进的质量安全控制技术及设备，以提高行业准入门槛。同时，我国还制定了科学的产业布局政策，鼓励加强优质原料的保障工作，并推动新业态、新模式的广泛应用，以提升行业的技术、装备和设计水平。此外，我国还积极引导产业集聚和集群化发展，进一步推动食品饮料产业的稳步发展。最后，我国也多次强调推动绿色食品产业发展，在“十四五”规划中提出发展无公害农产品、绿色食品、有机农产品和地理标志农产品，强化食品安全源头治理。

这些政策的实施，为食品饮料企业提供了更加宽松的发展环境和更多的市场机遇。商务部将2024年定为“消费促进年”，多省市已陆续发布促进消费的各项政策，食品饮料产业作为与民生紧密相关的刚需消费品产业，被视为恢复和扩大消费的重点领域。此外，国家正在推动“一刻钟便民生活圈”，鼓励线上流通平台利用大数据技术赋能企业和品牌方，吸引更多的食品饮料企业参与到各类社区电商平台的合作中。

（三）广东：多维度政策优化环境，培育扶持食饮企业

为响应国家号召，各省市积极推动食品饮料产业发展，出台政策措施促进产业进步。广东高度重视食品饮料产业提质升级，于2023年底出台《关于打造世界级食品制造贸易高地的实施意见》，提出八个方面发展的总体思路和七个方面的发力点。该文件是近年来广东第一个食品产业领域的省级政策文件，规划未来5年着力实施“食全食美 十百千万”工程，打造全域发展、质优物美的“食全食美”食品供给体系，形成“十百千万”食品产业发展格局。总的来说，广东一方面重视食品饮料产业发展环境优化，注重产业规划、质量安全监管、市场准入改革等，以加强监管、促进产业升级转型，打造世界级食品制造贸易高地，推动高质量发展。另一方面，广东从多个维度培育扶持食品饮料企业，包括优惠落户政策、租金补贴、研发创新奖励、设备购置补贴、人才引进培养补贴、市场推广品牌宣传支持等，旨在推动产业向规模化、品牌化、高端化发展，提升产业竞争力。最后，广东还强调科技

创新在食品饮料产业中的核心作用，鼓励企业加强核心技术攻关，提高自主创新能力，推动科技成果产业化应用，助力产业发展。

四、产业发展趋势研判

（一）全方位的健康需求使得未来食品产业成为发展趋势

全球气候变化、粮食安全、能源短缺、环境污染等挑战加剧了人们对食品安全与营养健康的担忧，未来食品成为行业热点。一方面，消费者饮食观念转变，追求健康养生，减少糖分摄入，增加食物种类选择，青睐低碳水产品，对低糖、低脂、高纤维等健康食品的需求增长。预计到2027年，全球低碳饮食市场将增长至420亿美元。另一方面，预计到2050年，食品蛋白需求将增长30%～50%，需大力发展替代蛋白如微生物、微藻、昆虫蛋白等。基于合成生物学、物联网、人工智能等技术的未来食品，将解决食物供给、质量、安全、营养等问题。纤维强化技术也备受关注，成为品牌实现差异化的亮点。

（二）环保和可持续发展要求饮食、包装与制造绿色化发展

除了在饮食上追求成分更营养、健康、天然、简单之外，消费者也开始深究所购买产品的来源、种植方式、交易方式等是否符合自身的价值观。一方面，健康与环保使可持续饮食逐渐“植入”日常生活。基于消费者在健康、环保及可持续发展方面的意识持续提升，越来越多的人开始主动选择素食，植物蛋白产品的商业化进程因此进一步加快，植物基食品市场迎来发展黄金期。另一方面，包装向绿色化发展，企业应打造环保责任与颜值兼具的可再生循环包装。调查显示，全球有超过五分之三的消费者表示，当品牌更诚恳地传达其在环境保护上面临的挑战和做出的努力时，他们对品牌的信任度会增加。并且在2022年，全球就有超过50%的消费者表示愿意为可持续包装支付溢价。随着消费者对可持续发展的强烈关注和重视，越来越多的品牌也开始在包装上发力。

（三）数字化与智能化浪潮下的科技创新塑造食品未来

科技的飞速发展推动了食品饮料产业的创新，并深刻改变了产品的生命

周期，提升了行业的竞争力。2022年，市场调研机构Innova发布的全球食品饮料产业十大趋势中，将“技术进入餐桌”列为行业重要趋势。预计至2027年，食品技术市场规模将超过3420亿美元，并随着消费者对实惠、健康、安全食品的需求的增长，科技在食品领域的影响力将持续扩大。从宏观角度看，食品饮料企业正积极将人工智能技术应用于产品研发、包装设计和市场营销等环节，以加快创新步伐。据统计，人工智能在食品饮料市场中的应用价值在2020年已达到30.7亿美元，预计至2026年将增长至299.4亿美元，期间年复合增长率将超过45.77%，显示出科技在食品饮料产业的巨大潜力和前景。

（四）跨界营销成为食界热潮

在食品饮料产业的市场竞争激烈之际，营销方案已成为企业夺取竞争优势的核心环节。回顾2023年的市场发展趋势，联名营销活动以其独特的创新理念和显著的市场效应，成为众多品牌竞相选择的营销策略。通过与知名IP的协同合作，品牌传播力度显著加强，跨界营销所展现出的巨大潜力引人注目。2023年的优秀案例中，“酱香拿铁”堪称典范之作。瑞幸咖啡与茅台酒跨界联手，共同推出了备受瞩目的“网红单品”，该产品一经上市便创造了销量新纪录，单日销量高达542万杯，销售额更是突破亿元大关。同时，社交媒体上的相关话题持续发酵，引发了广泛的社会关注与热烈讨论，为企业带来了显著的品牌曝光与市场份额增长。

第三节　食品饮料产业空间布局

一、我国食品饮料产业空间布局

（一）食品饮料企业集中分布于农业大省和南部沿海省份

根据《中国基本单位统计年鉴2023》可知，截至2022年12月，我国食品饮料产业共有347636家企业，主要集中在农业大省山东、河南以及南部沿海省份广东、福建。产业空间布局呈现出一定的分散特点，表现为多个省份都拥有数量可观的食品饮料企业。其中，山东以40867家企业数量居首，其他地区也有相当数量的食品饮料企业，如河南、福建、广东等省份都超过了2万家（见图7–22）。这种分散的布局显示了食品饮料产业在全国范围内具有较为广泛的地域分布，各个地区都在不同程度上参与了食品饮料产业的发展。这也表明了食品饮料产业的发展相对均衡，不同地区都有自己的特色和优势，显示了我国食品饮料产业的地域多样性和市场竞争活力。

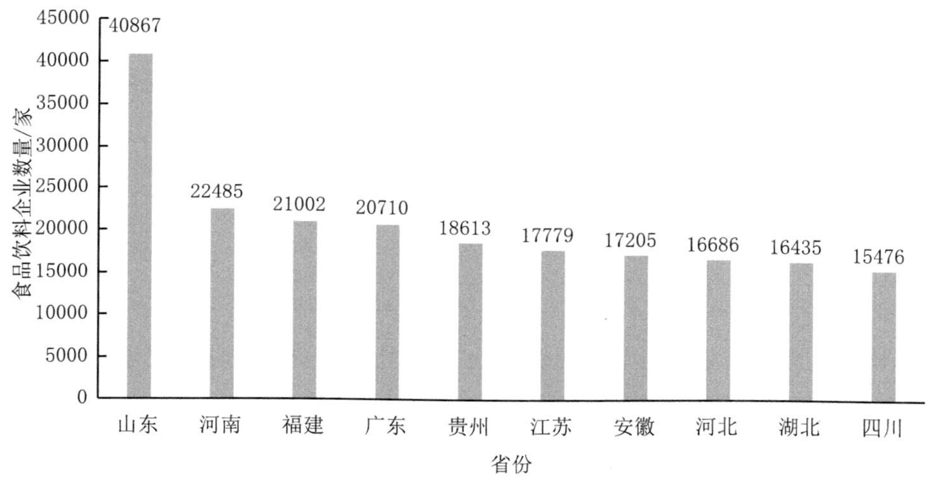

图7–22　我国食品饮料企业地域分布前十省份

资料来源：《中国基本单位统计年鉴2023》。

（二）食品饮料产业链呈现行业差异，广东在多数行业中占优势

1.调味品相关企业集中分布于华东地区和华北地区

截至2024年1月，据企查查数据，统计范围为企业名称、品牌产品、经营范围含调味品、调味料、调料的企业，从空间布局上看，中国调味品相关企业主要集中在华东地区和华北地区。从区域来看，山东现存调味品相关企业5.55万家，位居全国第一。河北、广东分别现存4.99万家、3.62万家调味品相关企业，位居第二、第三。此后是湖南、河南、吉林等地（见图7–23）。作为“中国调味品第一省”，山东比第二名河北多出5000多家调味品相关企业。

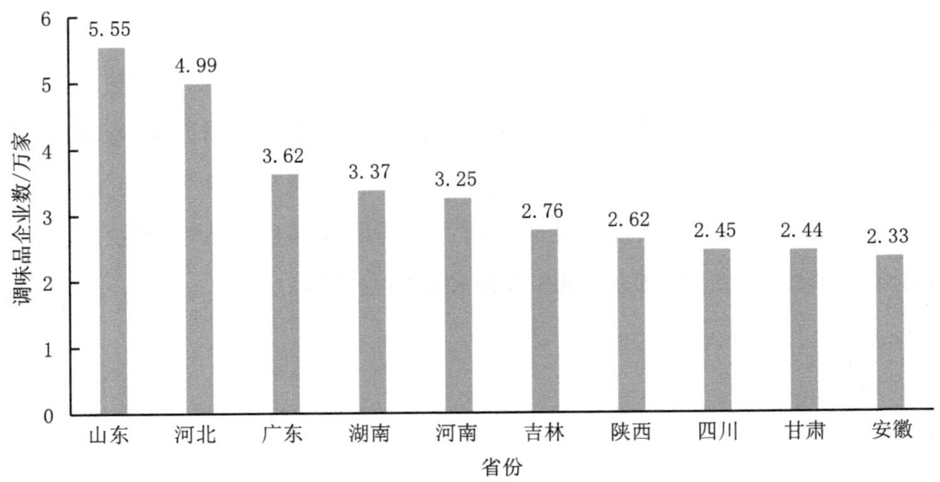

图7-23 我国调味品相关企业区域分布前十省份

资料来源：企查查。

2.乳制品企业区域梯次分化，广东乳企深陷中下游困局

根据《中国奶业统计资料2023》，中国乳制品企业按营收规模的区域分布呈现鲜明的梯队化格局（见表7-3）。内蒙古凭借伊利、蒙牛两大巨头构建了不可撼动的产业极核，两者合计营收2157.64亿元，占TOP15乳企总规模的六成以上，其通过草原奶源带资源、全国化渠道及品牌效应形成三重壁垒，主导常温奶与奶粉市场。与此同时，华东地区、华北地区、东北地区的企业构成中游梯队，聚焦100亿～300亿级市场。虽然上海依托光明乳业的长三角消费市场优势和妙可蓝多的奶酪创新，北京与黑龙江分别依靠三元的地方国企背景及飞鹤的婴配粉差异化定位，抢占了部分市场，但它们均面临全国化渗透不足与增长承压的挑战。而广东企业则集中在10亿～50亿元营收区间，雅士利和燕塘乳业合计营收仅56.13亿元，不及伊利/蒙牛的3%，且呈现“规模小、增长乏力”特征，两企业销售额均同比下滑，燕塘乳业净利大跌。这表明广东虽为消费大省，但本土乳企受限于区域品牌属性及全国化能力不足，在行业梯队中暂处中下游位置，与同属沿海经济强省的上海存在显著差距。这一落差源于两大结构性矛盾，其一是资源与市场割裂，北方奶源充足，而高端消费市场在南方，广东乳企既缺乏规模化本地奶源，又遭遇全国品牌渠

道下沉的挤压；其二是创新滞后，广东乳企仍以传统低温鲜奶为主，未能像上海妙可蓝多那样通过奶酪等高附加值品类突破区域天花板，反映其产业升级动能不足。

表7-3　2022年中国上市乳品企业销售额及净利润分布情况

企业	营收规模/元	注册地	销售额/亿元	增长率	净利润/亿元	增长率
伊利	500亿及以上	内蒙古	1231.71	11.37%	94.31	8.34%
蒙牛	500亿及以上	内蒙古	925.93	5.05%	53.03	5.52%
光明乳业	100亿以上	上海	282.15	-3.39%	3.61	-39.11%
飞鹤	100亿以上	黑龙江	213.11	-6.43%	49.42	-28.07%
新希望乳业	100亿以上	四川	100.06	11.59%	3.62	15.77%
三元食品	50亿～100亿	北京	80.03	-9.58%	0.37	-87.77%
澳优乳业	50亿～100亿	湖南	77.96	-9.09%	2.17	-71.65%
妙可蓝多	10亿～50亿	上海	48.30	7.84%	1.35	-12.32%
雅士利	10亿～50亿	广东	37.38	-15.71%	-2.31	183.54%
天润乳业	10亿～50亿	新疆	24.10	14.25%	1.97	31.33%
燕塘乳业	10亿～50亿	广东	18.75	-5.52%	0.99	-37.01%
庄园牧场	10亿～50亿	甘肃	10.50	2.78%	0.61	13.85%
熊猫乳品	10亿以下	浙江	8.92	4.05%	0.53	-30.95%
阳光乳业	10亿以下	江西	5.70	-9.68%	1.11	-18.29%

资料来源：《中国奶业统计资料2023》。

3.软饮料企业东部集聚、中西部稀疏，区域内部增长分化显著

根据中商情报网数据可知，中国软饮料行业呈现“东部沿海高度集中、中西部稀疏，区域内部增长分化显著”的显著特征。从区域分布看，企业高度集中于东部沿海省份，吉林、河北至广东的带状区域，其中广东、浙江、河北三省形成核心三角，而西部及部分中部地区企业数量显著偏少。从经营表现看，行业分化加剧——广东企业东鹏饮料以158.39亿元营收、40.63%增速领跑行业，生产毛利率达44.82%；但同省的欢乐家营收下滑3.53%；浙江企业增长乏力，香飘飘营收下滑9.32%，而山东安德利果汁逆势增长61.85%，凸显区域内部差异（表7-4）。

表7-4 2024年中国软饮料行业代表性上市公司经营情况

公司简称	注册地	2024年营业收入/亿元	增长率	2024年生产环节业务收入/亿元	2024年生产环节业务毛利率
东鹏饮料	广东	158.39	40.63%	158.20	44.82%
养元饮品	河北	60.58	-1.69%	60.23	46.52%
维维股份	江苏	36.56	-9.40%	23.41	38.31%
香飘飘	浙江	32.87	-9.32%	32.45	38.54%
承德露露	河北	32.87	11.26%	32.85	40.95%
国投中鲁	北京	19.87	33.65%	19.75	15.25%
欢乐家	广东	18.55	-3.53%	11.05	39.14%
均瑶健康	湖北	14.58	-10.77%	6.72	38.75%
安德利果汁	山东	14.18	61.85%	13.64	23.56%
李子园	浙江	14.15	0.22%	14.08	39.00%
泉阳泉	吉林	11.98	6.77%	8.28	44.44%

数据来源：中商情报网。

4.长三角与珠三角是我国休闲食品品牌聚集地

截至2023年12月，据企查查数据，统计范围为企业名称、品牌产品、经营范围含零食、休闲食品的企业，从区域来看，湖南现存1.4万家零食相关企业，位居全国第一，江苏、广东分别现存1.33万家、1.3万家零食相关企业，位居第二、第三。此后是山东、安徽、辽宁等地（见图7-24）。从各品牌分布来看，目前长三角与珠三角是我国休闲食品品牌聚集地。休闲食品企业依托长三角和珠三角的区位优势、相关技术的先进性，整体发展优于其他地区。长三角和珠三角的知名休闲食品品牌有徐福记、百草味、洽洽等。

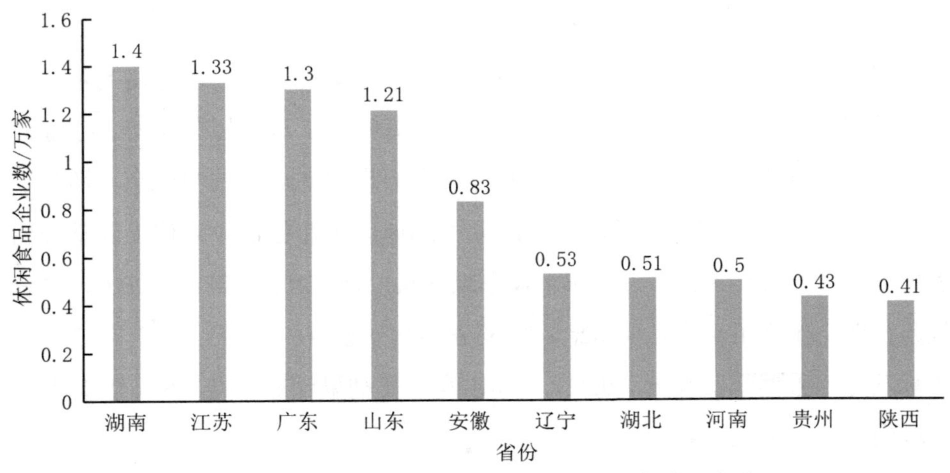

图7-24 我国休闲食品相关企业区域分布前十省份

资料来源：企查查。

5.预制菜企业集中分布于沿海地区及传统农业大省

从企业区域分布看，预制菜企业主要分布在山东、广东、江苏等具有渔业资源优势的沿海地区以及河南、安徽等传统农业大省。截至2024年1月，企查查数据显示，统计范围为企业名称、品牌产品、经营范围含预制菜、预制食品、半成品食品、速冻、即食、净菜的企业，我国现存预制菜相关企业6.27万家。从区域来看，"蔬菜大省"山东现存预制菜相关企业7985家，位居全国第一。河南、江苏分别现存5920家、5580家预制菜相关企业，位居第二、第三。此后是广东、河北、安徽等地（见图7–25）。

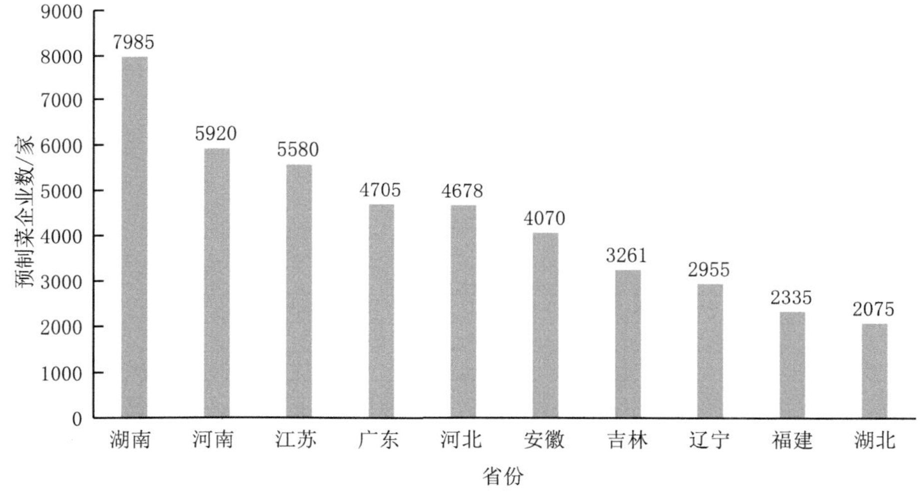

图7–25　我国预制菜相关企业区域分布前十省份

资料来源：企查查。

二、广东食品饮料产业发展现状和空间布局

（一）广东食品工业领先，品类产量与市场占有率高

广东是全国食品饮料工业生产大省和出口大省，"广东粮、珠江水"的区域品牌更是闻名遐迩。2022年，广东的食品工业规模以上企业营业收入8994.7亿元，占全国规模以上食品工业营收的8.1%，位列全国第二；工业增加值2190.34亿元，同比增长9.4%。截至2022年底，全省获证食品工业企业16681家，数量居全国第二位。从食品饮料产业细分品类来看，广东的精制食用植

物油、冷冻饮品、饮料产量居全国首位；酱油在国内市场的占有率超过60%；调味品出口世界160个国家和地区；凉茶占据了中国凉茶七成以上的市场份额。广东省拥有海天味业、温氏食品、东鹏饮料、李锦记、汤臣倍健、珠江啤酒等一批食品工业百强企业。

（二）广东食品饮料区域专业化与竞争性增长并存

据《广东统计年鉴2023》数据（见图7–26）可知，全省的食品饮料产业规模以上企业共2452家，其中广州、佛山、东莞位居前三，占全省规模以上企业的33.9%。同样地，三者的增加值及区位熵也位居全省前列。

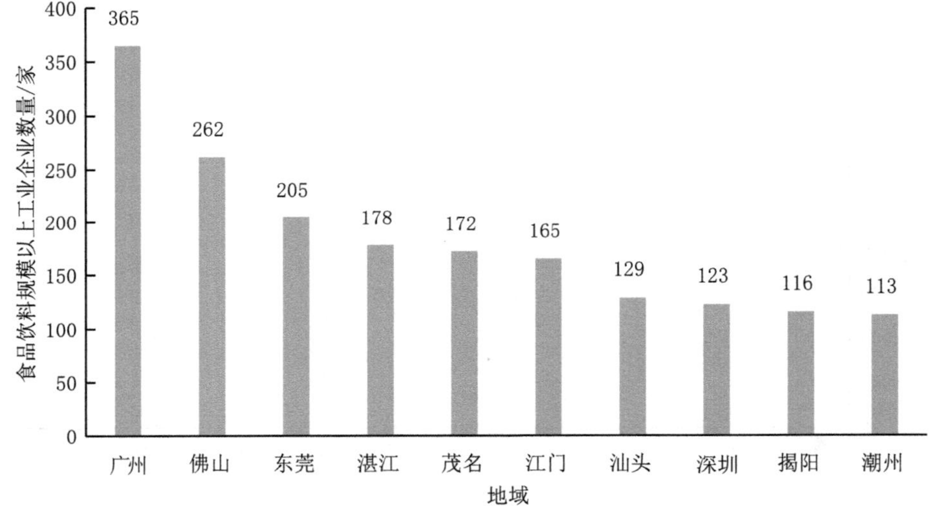

图7–26 广东食品饮料产业规模以上企业数TOP10地域分布

资料来源：《广东统计年鉴2023》。

根据各地级市食品饮料产业增加值占全省的比重数据（见表7–5）可知，2011—2022年，广州一直是食品饮料产业的主要城市之一，其增加值占比虽然略有下降，但仍然保持较高水平。其他城市如佛山、江门、东莞等在这一时期增加值比重有不同程度的增加，表明广东的食品饮料产业整体上呈现出向大城市集聚的态势。另外，广州的区位熵从2011年的1.57增加到2022年的1.94，江门、佛山、揭阳、汕头、潮州等城市的区位熵也有所增加，表明这些城市食品饮料产业的专业化水平都在提高。而一些城市如湛江、阳江和云浮等的区位熵明显下降，说明其食品饮料产业专业化程度有弱化趋势。

表7-5　广东主要城市食品饮料产业在全省地位变化

城市	增加值占全省比重			区位熵		
	2011年	2016年	2022年	2011年	2016年	2022年
广州	29.01%	22.09%	25.58%	1.57	1.58	1.94
佛山	10.17%	16.06%	17.19%	0.74	1.08	1.14
江门	7.85%	3.90%	10.08%	1.59	1.15	3.31
东莞	7.85%	5.91%	10.02%	1.04	0.62	0.75
深圳	6.14%	5.46%	6.75%	0.28	0.24	0.25
揭阳	3.83%	6.50%	3.43%	1.52	1.92	2.64
珠海	1.81%	2.00%	3.26%	0.58	0.61	0.84
中山	6.17%	8.33%	2.74%	1.08	1.98	0.75
湛江	11.30%	6.45%	2.56%	4.73	2.59	1.14
汕头	1.65%	2.08%	2.42%	0.86	0.83	1.25
肇庆	1.33%	2.27%	2.37%	0.50	0.77	1.21
惠州	1.23%	2.39%	2.30%	0.26	0.42	0.39
茂名	2.63%	6.36%	2.13%	1.34	2.32	2.06
阳江	2.73%	2.47%	2.01%	2.63	1.89	2.01
清远	1.60%	1.86%	1.96%	0.95	1.32	1.28
潮州	1.83%	2.06%	1.94%	1.83	1.71	3.02
河源	0.78%	1.51%	1.45%	0.64	1.34	1.58
梅州	0.29%	0.53%	0.70%	0.38	0.74	1.09
汕尾	0.61%	0.57%	0.46%	0.72	0.72	0.98
韶关	0.50%	0.50%	0.34%	0.44	0.47	0.40
云浮	0.71%	0.72%	0.29%	1.25	0.96	0.88

注：增加值为规模以上企业数据，区位熵按工业部门数值计算。
资料来源：历年广东统计年鉴。

因此，广东的食品饮料产业空间布局既具有区域专业化特征，又表现出多样性和竞争性。一方面，一些主要城市如广州、佛山、江门、东莞等在食品饮料产业上具有明显的规模优势和专业化优势；另一方面，随着城市间产业转移和协作的加强，越来越多的城市参与到食品饮料生产中，食品饮料产业的分布呈现出转移扩大趋势，各地区之间的产业竞争也在逐渐加剧。

（三）广东食品饮料产业集聚多元化发展，产业园区向特色化推进

根据广东2023年出台的《关于打造世界级食品制造贸易高地的实施意

见》，广东食品饮料产业将进一步推进产业集聚与产业园区布局多元化发展。广东将筑牢三大方阵（见表7-6），即千亿级第一方阵、百亿级第二方阵和特色园区第三方阵，推动千百亿集群提质增效。

表7-6　广东食品工业三大方阵布局

方阵	城市	发展方向
第一方阵	广州、佛山、东莞	巩固发展饲料、食用植物油、饮料3个破千亿元的子集群
第二方阵	深圳、江门、湛江	聚焦做大饮料、调味品、水产品加工等特色产业，推动其营收加快向千亿元迈进
第三方阵	江门蓬江、茂名高州等地的特色园区	重点突出补链稳链延链强链，提升园区特色产业集聚度和竞争力

广东省还着力打造“一市一园”，在佛山、江门、东莞、惠州等地设立了重点园区，支持园区引进食品产业链上下游企业，加强冷链物流等配套设施建设，致力于推动食品饮料产业的特色化发展（见表7-7）。

表7-7　广东省重点发展食品饮料产业园区

城市	园区	发展方向
广州	花都预制菜产业园	重点发展肉制品加工、水产品加工、烘焙、茶饮原料、生鲜食品、预制菜等
佛山	顺德预制菜产业园	重点发展以水产、肉类预制菜深加工、冷链仓储功能为主的顺德特色预制菜
佛山	水都饮料食品产业园	重点发展功能饮料、运动饮料、乳酸菌饮料、啤酒、保健食品、营养机能食品、特医食品、休闲食品等食品饮料、大健康、预制菜产业
东莞	麻涌粮油加工园区	重点发展食用油、大米加工、面粉加工等
惠州	博罗预制菜产业园	重点发展农产品加工、生鲜出口、预制菜等
江门	蓬江食品特色园区	重点发展方便食品、糖果、焙烤、饮料、预制菜等
肇庆	高要预制菜产业园	重点发展以肉类和水产深加工为主的预制菜
汕头	濠江区水产产业园	重点发展水产品加工、达濠鱼丸、牛肉丸等预制菜
河源	高新区水饮料及食品产业园	重点发展饮用水、果茶饮料、功能饮料等
阳江	阳西调味品产业园	重点发展调味品、香精香料等
湛江	遂溪水产品加工园区	重点发展对虾、小龙虾、金鲳鱼、巴沙鱼、鲈鱼、面包虾、罗非鱼、黄花鱼、南美白虾等水产加工
茂名	高州饲料园区	重点发展畜禽饲料、水产饲料、特种饲料等

续表

城市	园区	发展方向
潮州	潮州港粮油和水产品加工园区	重点发展食用油、大米、面粉、糖等加工，以及鮸鱼、鮸鱼预制菜、对虾、烤鳗、贝类、花鲈鱼、沙丁鱼、鲭鱼、巴浪鱼、刀鲳鱼、鲣鱼等水产品加工，打造粤东天然绿色食品集散中心
韶关	曲江预制菜产业园	重点发展食用菌类深加工、肉类深加工、烘烤食品等预制菜
梅州	广梅产业园	重点发展酒水饮料、农副产品深加工、预制菜及各类食品等
梅州	东莞石碣（兴宁）产业园	重点发展肉鸽生产供应

（四）广东食品饮料产业形成“一区一带全域支撑”的发展格局

广东已形成以广州、佛山、东莞三个食品工业营收超千亿元的城市为核心，以深圳、江门、湛江等城市为产业带，以全域特色产业为支撑的“一区一带全域支撑”的发展格局（见表7-8）。广东通过完善创新生态、引进转移项目等方式，积极打造国际食品谷、建设食品安全创新中心，以及发展特色食品细分领域。

表7-8　广东“一区一带全域支撑”食品产业的发展格局

布局	城市	发展方向
食品产业核心区	广州、佛山、东莞	聚力打造千亿级核心食品产业名城
沿海食品产业带	深圳	完善创新生态，高质量推进国际食品谷建设
	珠海	推进建设国家食品安全（横琴）创新中心
	汕头、潮州、汕尾、揭阳、惠州	发展潮汕橄榄菜、达濠鱼丸、潮汕牛肉丸、狮头鹅、汕头方便粉（粿条）、速冻食品、卤味食品、粮油糖加工、水产品加工、海洋食品、凤凰单丛茶、广式凉果、隆江猪脚饭、惠来鲍鱼、绿豆饼、潮式月饼、糖果、饮料、惠州梅菜、龙门丝苗米等特色食品领域
	中山、江门、阳江	发展调味品、水产品加工、焙烤食品、方便食品、陈皮制品、腊味、保健食品、豆豉制品、坚果制品等细分领域
	湛江、茂名	发展水产品加工、水产预制菜、广式月饼和糕点、粮油加工、食盐、食糖、罐头制品、荔枝、龙眼、香蕉、菠萝等特色果蔬加工等细分领域

续表

布局	城市	发展方向
全省各域特色食品产业	肇庆、云浮、清远、韶关、河源、梅州	发展裹蒸粽、巴戟酒、客家娘酒、温氏鸡、清远鸡、麻竹笋、英德红茶、西岩山茶、柚子、万绿湖水资源等传统优势和地方特色产品
	粤东粤西粤北地区	依托现代农业产业园建设，积极引进珠三角食品制造业转移项目等

三、广东重点城市食品饮料产业发展概况

（一）广州：上市公司和龙头企业集聚

广州凭借其作为国家中心城市的战略地位、作为农产品集散中心的枢纽角色，以及作为特大城市所具备的人口基数带来的庞大消费市场优势，构建了涵盖食品加工、粮油加工、畜禽屠宰加工配送、果蔬加工配送、奶业加工、水产品和饲料加工等多个领域的农产品加工产业集群，积极培育并扶持了一批具备行业引领作用的上市公司和龙头企业。据统计，2022年广州食品饮料产业的总产值已高达1369.29亿元。其中，食品制造业占比尤为突出，达到了42%（见图7–27）。

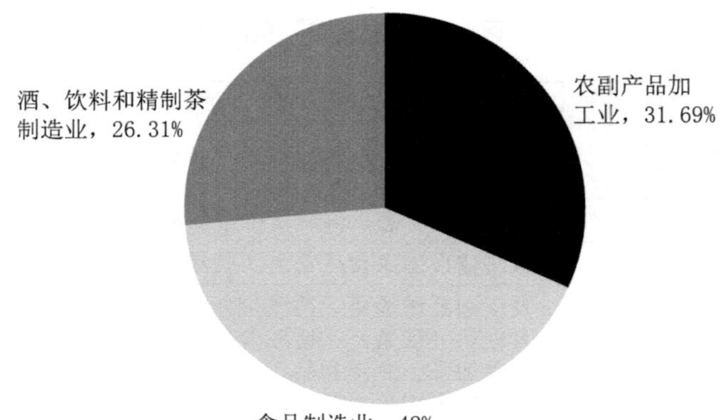

图7–27　广州2022年食品饮料产业结构（按产值）

资料来源：《广东统计年鉴2023》。

当前，广州的食品饮料产业正呈现出数字化与智能化的发展态势。为适应市场需求，广州的食品企业正积极拓展线上运营渠道，特别是预制菜产业

发展势头迅猛。2022年，广州的预制菜企业数量已超过200家，年收入近百亿元，同比增长约11%，从业人员超过2万人，同比增长约3%。预制菜企业在发展过程中，高度重视自主品牌的建设与创新研发工作。据统计，六成预制菜企业已拥有自主品牌，近七成企业有研发投入；超市及便利店、餐厅酒店成为预制菜企业首要供给对象，对企业销售贡献度最高。

（二）佛山：食品工业体系丰富，食饮产业集群崛起

佛山的食品工业体系丰富，涵盖调味品、酒饮料、肉制品、农副食品、乳制品、保健特医食品及老字号特色食品等领域，吸引了知名企业如海天味业、百威啤酒、皇永顺土猪、澳纯乳业、东鹏特饮等入驻。2022年，佛山的食品饮料产业实现产值1305.6亿元。其中，农副产品加工业产值占比为51.1%（见图7-28），超过总产值的一半。规模以上食品饮料企业达236家，实现增加值280.28亿元，同比增长0.5%，其中10家营收规模超10亿元。

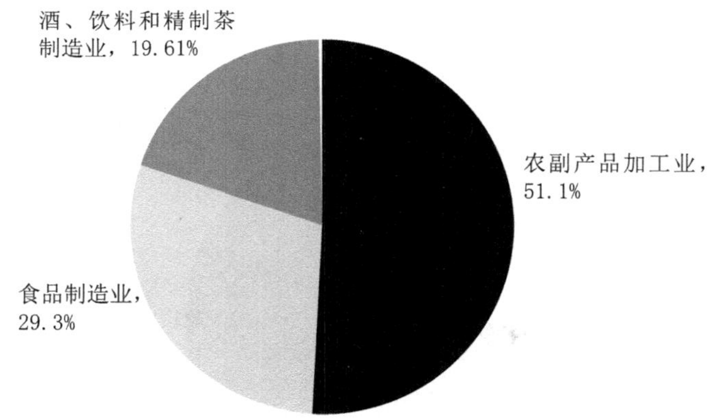

图7-28 佛山市2022年食品饮料产业结构（按产值）

资料来源：《广东省统计年鉴2023》。

经过长达十五年的精心建设，佛山水都饮料食品产业园已取得了显著的成效，其产值已突破770亿元大关，成为佛山食品饮料产业集群的重要支柱。该园区功能完备，集生产、销售、检测、包装、物流等环节于一体，形成了完整的产业链。园区内汇聚了173家优质企业，包括百威、红牛等国内外知名品牌，这些企业的集聚形成了独特的效应，为园区的持续发展注入了强劲动

力。在园区内，产值超过千万元的企业已达46家，三分之一的企业产值更是突破了亿元大关，显示出园区强大的经济实力和广阔的发展前景。

（三）东莞：食品饮料加工制造业是支柱产业

作为制造业大市，食品饮料加工制造业是东莞的支柱产业。2023年，东莞的食品饮料产业产值超1200亿元。其中农副产品加工业产值占比高达74.34%，酒、饮料和精制茶制造业产值占比仅7.85%（见图7–29）。东莞规模以上食品工业企业213家，规模以上总产值1201.74亿元，同比增长3.8%；规模以上工业增加值163.04亿元，同比增长10%。从发展趋势看，近年来规模以上企业数量和规模以上总产值占地区生产总值比重均实现稳步增长。具体而言，东莞的食品饮料产业在麻涌、茶山、道滘、寮步、东城等镇街集聚，拥有麻涌、茶山、道滘三大市级食品产业集群核心区，汇集了益海嘉里、中粮、徐福记、风球唛、华美、真功夫、稻香、海底捞等一批食品及预制菜头部企业，形成了食品饮料及预制菜全产业链集聚、融合发展的态势。

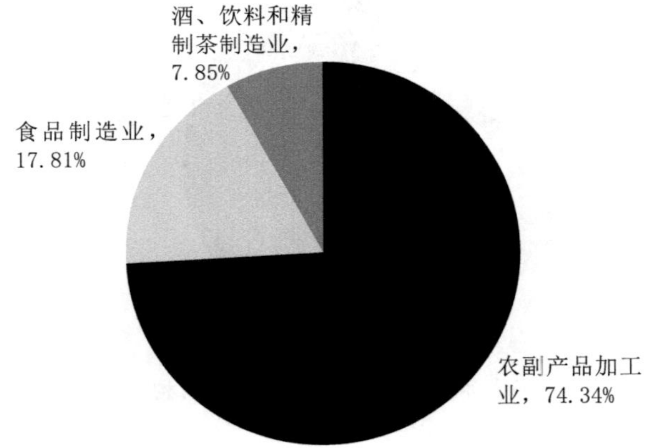

图7–29　东莞2023年食品饮料产业结构（按产值）

资料来源：《广东统计年鉴2024》。

第四节　广东食品饮料产业转型升级的主要问题和对策建议

一、主要问题

（一）研发投入强度有待加强，农副食品加工业突出

从2020—2022年广东食品饮料产业分行业的研发经费投入情况（见表7-9）来看，广东在酒、饮料和精制茶制造业的科技经费投入力度和投入强度显著提升，而在农副食品加工业和食品制造业的经费投入金额相对稳定，但投入强度都有所下降，并且食品饮料产业研发强度远低于制造业平均水平，可见广东食品饮料产业的研发创新水平有待提升。

表7-9　2020—2022年广东食品饮料产业分行业规模以上工业企业R&D经费情况

行业	2020年		2021年		2022年	
	R&D经费/亿元	R&D经费投入强度	R&D经费/亿元	R&D经费投入强度	R&D经费/亿元	R&D经费投入强度
制造业	2461.82	1.76%	2862.10	1.77%	3163.55	1.87%
农副食品加工业	23.70	0.65%	22.69	0.52%	24.54	0.51%
食品制造业	20.40	0.91%	21.44	0.90%	20.90	0.87%
酒、饮料和精制茶制造业	4.47	0.46%	4.75	0.39%	6.70	0.54%

资料来源：广东省科技经费投入公报。

再对比广东与全国平均水平、食品饮料大省河南的研发经费投入强度（见表7-10），广东在酒、饮料和精制茶制造业的科技经费投入强度高于全国及河南的投入强度，在食品制造业上与河南持平且高于全国的投入强度，在农副食品加工业上明显低于全国平均水平且落后于河南的科研投入强度。

表7-10　2022年食品饮料产业分行业规模以上工业企业R&D经费对比

行业	全国		河南		广东	
	R&D经费/亿元	R&D经费投入强度	R&D经费/亿元	R&D经费投入强度	R&D经费/亿元	R&D经费投入强度
制造业	18619.6	1.55%	796.01	1.47%	3163.55	1.87%
农副食品加工业	346.0	0.58%	31.47	0.75%	24.54	0.51%
食品制造业	164.8	0.72%	14.96	0.87%	20.90	0.87%
酒、饮料和精制茶制造业	67.7	0.40%	3.06	0.37%	6.7	0.54%

资料来源：全国、河南省、广东省科技经费投入公报。

可见，广东的酒、饮料和精制茶制造业的研发投入强度相对较高，且逐年增加，该行业的研发活动较为活跃；食品制造业的投入经费总额保持稳定，但投入强度有所下降，需要进一步考虑提升投入强度以促进行业创新发展；相比较而言，农副食品加工业投入经费强度较低，且呈现下降趋势，需要加强研发投入以提升行业创新能力。

（二）食品饮料产业集聚度偏低，特色食品产业突出

据统计，全国各省的食品饮料产业园数量呈现出不均衡的态势。其中，山东以175个食品饮料产业园高居榜首，广东和天津则各有80个，并列第六（见图7-30）。据2023年《南方都市报》报道，目前广东的食品工业中小企业比例超95%，产业集聚程度偏低，农业生产规模化、产业化、组织化发展水平不高。这些数据直观地反映了广东在食品饮料产业方面的集聚度相对不高。

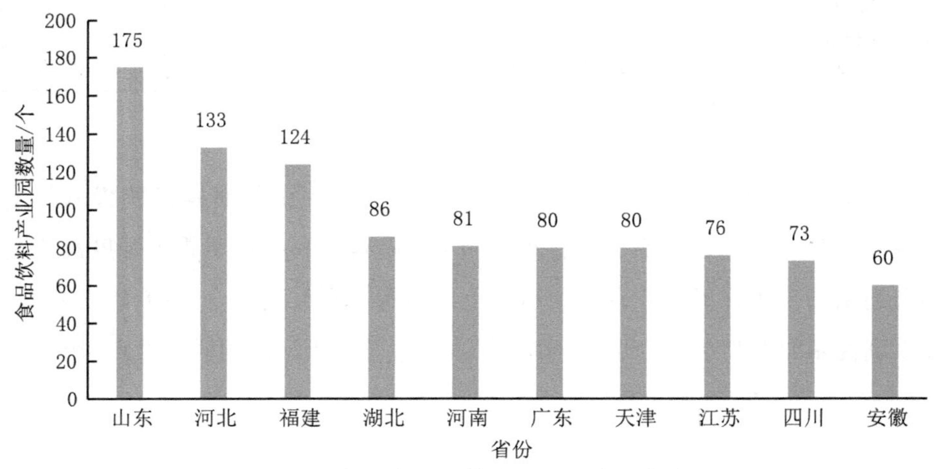

图7-30　全国各省食品饮料产业园数量分布前十省份

资料来源：招商网络平台。

此外，广东在特色食品产业园建设方面存在不足。尽管全国范围内都在积极推进特色食品产业发展，但广东的特色食品产业园数量仅为4个，低于河北（8个）（见图7-31）。这反映了广东有待进一步推进特色食品产业集聚发展。

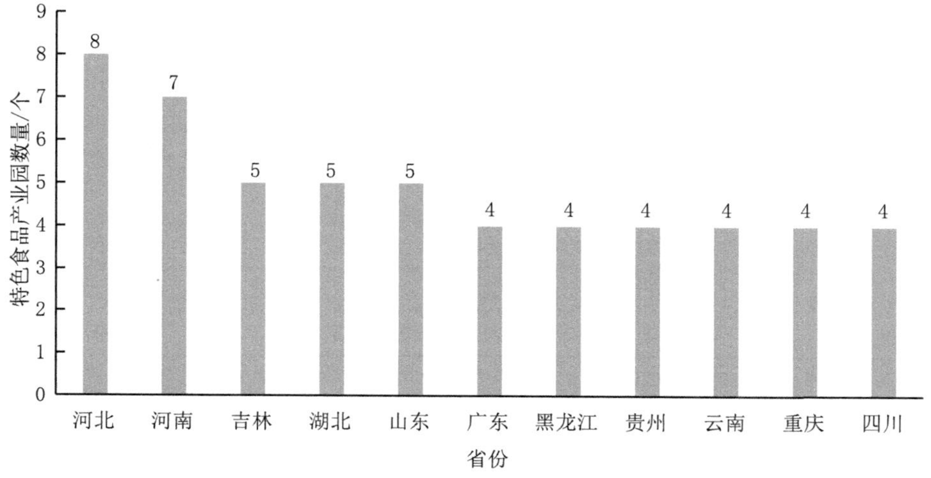

图7-31　全国各省特色食品产业园分布

数据来源：食业园区研究院。

（三）企业知名度有待提升，国际知名品牌稀少

虽然广东的食品生产总量位居全国前列，但消费者信赖的自主知名品牌不多，特别是国际知名品牌稀少。食品饮料创新论坛（Food & Beverage Innovation Forum，简称FBIF）《2023中国食品饮料百强榜》的数据清晰地展示了这一点，尽管广东有13家企业荣登榜单，但在百强榜的前十强（见表7-11）中，却难觅广东企业的身影，前二十强中也仅有两家来自广东。另外在《2022水肌因·胡润中国食品行业百强榜》中，情况亦是如此，广东有11家上榜企业，但前十中只有一家企业，前二十仅有两家，可见广东食品饮料企业的品牌知名度有待提高。

表7-11 FBIF2023中国食品饮料百强榜前十强

2023排名	2022排名	公司名	地区	食品业务类型	2022年业绩/亿元
1	2	贵州茅台	贵州	酒	1237.72
2	1	伊利	内蒙古	乳品	1211.49
3	4	万洲国际	河南	肉制品	1013.98
4	3	蒙牛	内蒙古	乳品	925.93
5	5	康师傅	天津	综合	779.69
6	6	五粮液	四川	酒	675.63
7	7	娃哈哈	浙江	饮料	512.02
8	8	鲁花	山东	粮油	468.46
9	9	华润啤酒	香港	酒	352.63
10	10	农夫山泉	浙江	饮料	332.39

资料来源：《重磅丨2023中国食品饮料百强榜发布，茅台七年来首登第一，伊利、万洲均破千亿！》，https://www.foodtalks.cn/news/48190，2023年9月18日。

（四）创新型和技术型人才不足

从地域分布情况来看，国内31省市现代农业与食品产业有专利申请活动的创新人才主要集中在东部地区。其中，创新人才数量排名前五位的省市依次为山东、江苏、广东、河南、浙江（见图7-32），说明广东在食品饮料产业的创新型和技术型人才方面，与食品饮料产业大省的地位不太匹配。

这一现象或与广东经济发展和产业布局有关。广东是我国经济发达区域，产业类型以制造业和外贸为主，食品饮料产业占比相对较小。因此，虽然广东在创新人才培养和引进上表现优秀，但食品饮料产业的创新型和技术型人才难以得到足够重视。此外，广东食品饮料产业还存在人才结构不合理问题，一些企业更侧重生产和加工，对产品研发和技术创新的投入较少，导致高素质和技术型人才不足。

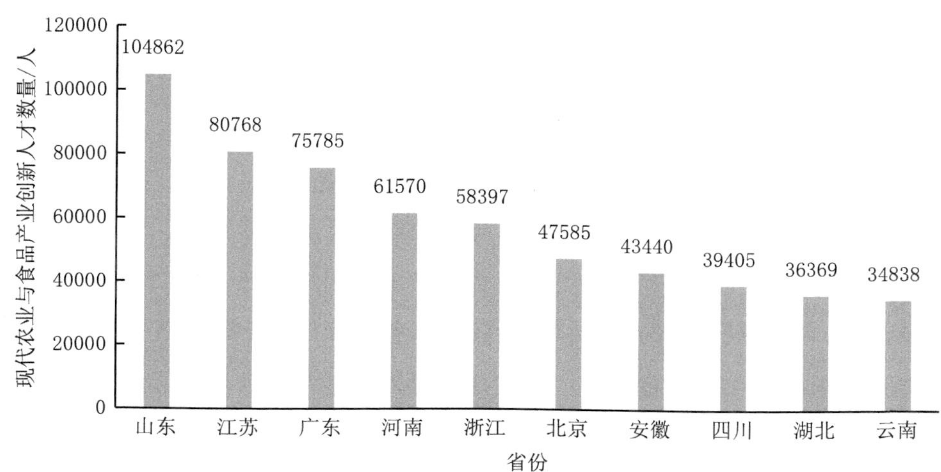

图7-32　国内31省市现代农业与食品产业创新人才数量TOP10

资料来源：广东省知识产权保护中心。

二、对策建议

步入新发展阶段，广东提出打造世界级食品制造贸易高地的发展目标。结合国内外产业发展环境和发展趋势，针对广东食品饮料产业发展现状和主要问题，本部分提出以下对策建议。

（一）优化产业结构，加强农副产品加工业研发投入

广东食品饮料产业细分行业中，饮料、调味品及乳制品产业发展领先，农副食品加工业、食品加工业研发创新水平待提升，广东需优化产业结构，加大对弱势行业的关注与投入。第一，强化食品科技创新基础建设，尤其在农副食品加工业发展上，应引进先进技术和设备，推动传统制造向智能化、数字化转型。第二，加强关键技术和产品创新研究，在主要领域提升共性技术、信息化、智能化创新，加快产业化进程，提高产品质量。同时，要鼓励企业加大科技投入，探索新产品开发，推出具有竞争优势的产品。

（二）梯度培育食品企业，提升产业集聚度和竞争力

第一，加快培育龙头企业引领的梯度企业群，支持地市依托龙头企业强链补链，提升产业集群竞争力。第二，培育传统优势食品产区和地方特色食

品产业，加强优质原料基地建设，壮大特色食品产业集群。第三，深入挖掘食品文化内涵，促进非遗和历史元素融入地方特色食品品牌，传承传统制作技艺并加以创新。

（三）鼓励企业加强品牌建设，提升企业知名度

第一，企业要明确市场定位和差异化策略，了解目标受众，通过创新和品牌定位与竞品区分，并针对不同消费者推出不同的产品。第二，优化品牌形象设计，打造吸引人的形象，包括标志、包装和广告，确保其与目标受众相契合。第三，注重内容营销，通过社交媒体等平台提供有价值的内容，增强品牌影响力。第四，参与行业展会和活动，积极参展并进行交流，提升知名度。第五，积极承担社会责任，参与公益活动，关注环保和健康议题，树立良好的企业形象。

（四）引进食品饮料创新人才，促进产学研合作

第一，重视食品饮料产业创新人才的引进。通过发放奖学金、培训补贴等方式吸引创新型和技术型人才，建立完善的人才培养体系，为产业发展提供人才支持。第二，促进产学研合作，建立创新平台，推动食品饮料产业创新发展。支持企业与高校、科研机构合作开展技术研发、成果转化等项目，建立产业技术创新联盟、示范基地等平台，以促进产业链各环节协同创新和资源共享。

（五）全力保障食品安全，推动绿色智能制造

第一，加强全过程食品安全监管，建立从农产品原料种植养殖、生产加工到流通消费的全程监管制度，利用新一代技术提高检验检测技术的效率。第二，探索资源节约、环境友好的食品工业可持续发展模式，支持食品工业园区循环化改造，引导企业建设绿色、数字、智能工厂，利用高效技术减少粮食浪费。第三，鼓励企业采用可降解、可回收包装材料，减少包装对环境的影响，优化包装设计，降低资源浪费。第四，鼓励企业加强副产物循环利用，推广尾水利用和加工脚料综合利用技术，加快信息技术在食品工业各领域的应用，推广个性化定制和柔性化制造模式。

（六）培育产业新业态、新模式，实现全渠道发展

第一，培育食品饮料产业新业态、新模式。鼓励其与教育、文化、健康等产业融合发展，发展产业旅游、制造工艺体验等新业态，规范电商行业并推广线上交易、电子支付等的应用。推动社会力量发展多层次生产性服务，保障新业态、新模式及新兴产业发展。第二，整合线上线下资源，构建融合的销售渠道和服务体系。鼓励企业开展电商销售、线下门店体验等模式，满足消费者需求，并提供电商培训、数字化转型补贴等支持，以提升企业销售效率和服务水平。

第八章

广东建材产业转型升级研究①

第一节　建材产业链SCP范式分析

建筑材料作为工程建设的物质基础，对我国民生和国防具有重要意义。近几十年来，我国建材产业发展迅速，门类较为齐全，产品基本配套，有着面向国内国际市场的完整工业体系。其中，水泥、平板玻璃、陶瓷等主要建材产品产量居世界领先地位。建材产业是广东的传统优势产业，广东在水泥、陶瓷等主要细分行业具有领先优势，并具备较完整的产业链。但随着近年来房地产市场的下行和基础设施建设的日益完善，国内对建材产品的需求有所减少，同时公众对绿色环保愈加重视，传统建材产业发展遇到挑战，亟须推动建材产业转型升级。本章前三节对建材产业链发展概况、建材产业发展环境和趋势研判以及建材产业发展现状、空间布局进行分析，在第四节提出产业的主要问题和转型升级的对策建议。

一、建材产业链概况

（一）建材行业定义及分类

建筑材料是建筑行业的工程中所使用的各种类型材料的概括性称呼，是工程建设的物质基础。建筑材料按基本成分可以分为无机材料、有机材料和复合材料（见图8-1）。

---

① 本章执笔人为暨南大学经济学院贾双、杨亚平。

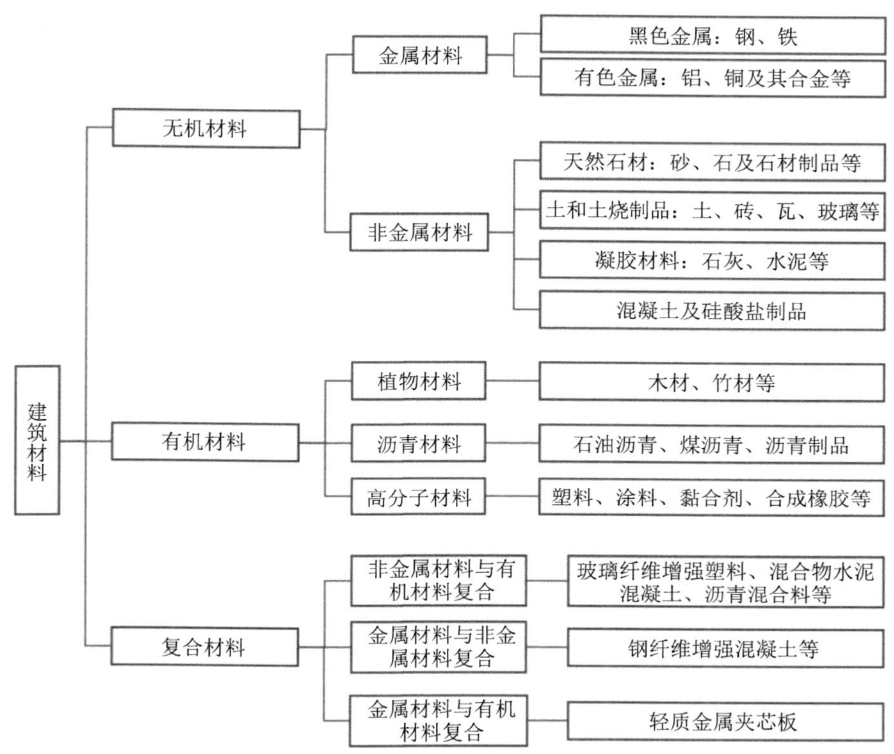

图8-1　建筑材料按成分分类

（二）建材行业的特点

1.高度关联性

建材行业与房地产、基础设施建设等行业高度关联，这些行业的发展情况会直接影响建材行业的需求。

2.多样性

建材种类繁多，包括水泥、陶瓷、玻璃等，涵盖了众多细分领域。

3.地域性

不同地区的建材需求可能因当地的地理条件、文化和经济发展水平的差异有所不同。

4.周期性

受宏观经济、政策等因素影响，建材行业存在一定的周期性。在经济繁荣期，市场对建材的需求增长；而在经济低迷期，市场对其需求会有所下降。

5.技术更新迅速

随着科技不断进步，新型建筑材料不断涌现，为行业发展注入了新的活力。

6.环保要求愈加严格

随着大众环保意识的提高和相关政策的推进，建材行业面临着越来越严格的环保要求。

7.品牌化趋势明显

建材企业面临激烈的市场竞争，将会更加注重品牌建设，这不仅有利于提升品牌形象，还可以增加产品的附加值。

8.供应链整合趋势

为了降低成本、提高效率，建材企业正逐步整合上下游资源，构建更加紧密的供应链合作关系。

基于上述特点，建材企业在发展过程中需要依据市场需求和环保要求进行相关技术创新，并制定合理规划以应对复杂多变的市场环境。

（三）建材行业发展历程

自新中国成立以来，我国建材行业历经不断的演进和变革（见图8–2），为国家的基础设施建设和人居环境改善发挥了重要的支撑作用。近年来，随着大众环保意识的提升和相关政策的实施，绿色环保建材的应用成为行业发展新趋势。企业逐渐重视建材产品的环保性和可持续性，并进行绿色技术研发和产品创新，进一步推动行业朝着高端化、智能化、绿色化发展，使其同国际接轨，在全球竞争中占据优势。

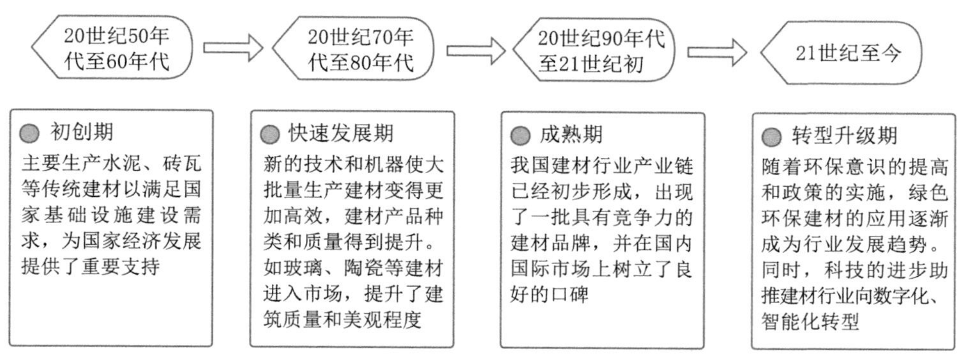

图8-2　建材行业发展历程

资料来源：公开资料、智研咨询。

（四）建材产业链发展概况

建材产业链上游是基础原材料和能源，中游为建筑材料生产，下游主要包括基础设施建设和房地产领域（见图8-3）。

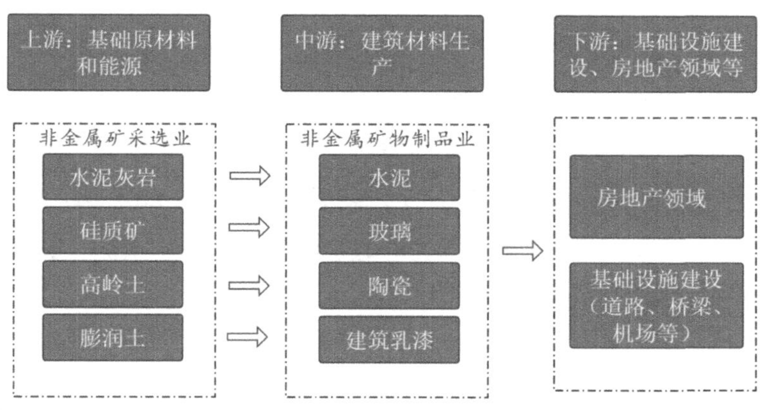

图8-3　建材产业链结构

二、产业链结构

（一）水泥行业

水泥是一种粉状水硬性无机胶凝材料，广泛应用于建筑、水利和国防等工程。水泥制造业目前集中于广东省、江苏省、安徽省和山东省。

1.产业链特征：下游应用广泛

水泥行业上游原材料主要是石灰石原料和黏土质，下游需求为房地产、基础设施和农村建设。水泥制造环节是将原材料从生料加工为熟料再到水泥的过程（见图8–4）。

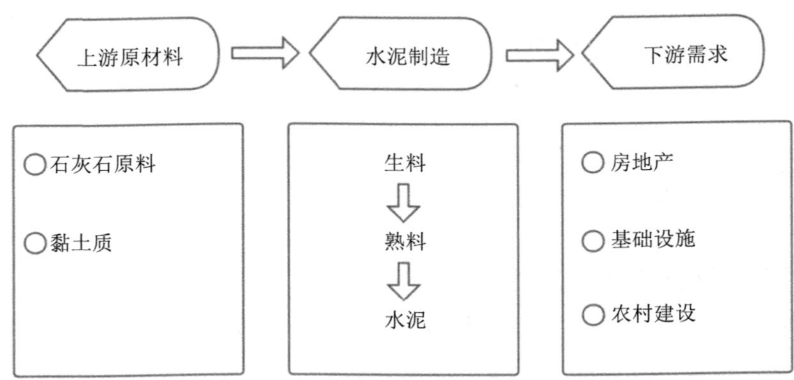

图8–4　水泥产业链构成

资料来源：前瞻产业研究院。

2.水泥市场竞争格局：头部企业产能遥遥领先

目前，我国水泥制造行业整体参与企业较多，但行业龙头地位显著。按产能排名（见图8–5）来看，2023年，新天山水泥以33861.3万吨/年的产能位列全国第一，排名第二、第三的为海螺水泥和金隅冀东水泥，其余企业年产能不足7000万吨。

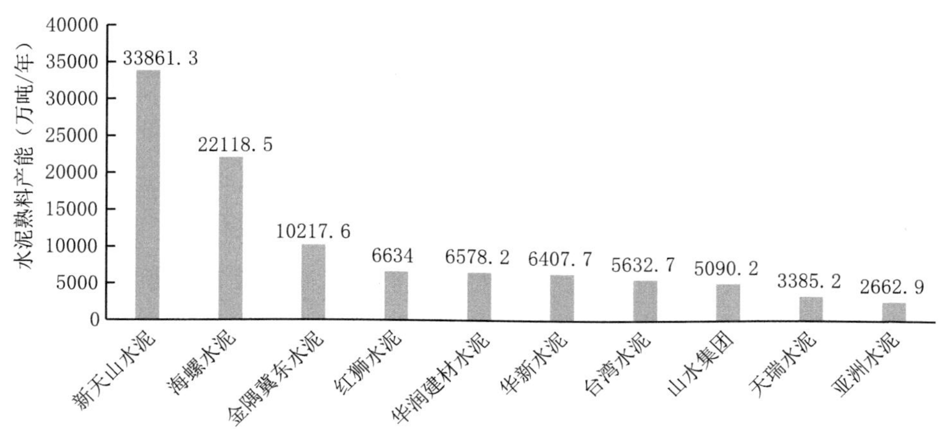

图8-5　2023年全国水泥熟料产能TOP10

资料来源：《2023年中国水泥熟料产能百强榜》，https://www.ccement.com/project/paihang2023/，2024年1月1日。

3.水泥制造行业发展趋势：产能置换、智能化、绿色化

在新发展阶段，产能置换、智能化、绿色化将成为中国水泥行业发展趋势。

为了化解水泥产能过剩的矛盾，实现产业升级，《水泥玻璃行业产能置换实施办法》指出要从水泥产能减量置换和常态化错峰生产两方面入手，对水泥业进行供给侧结构性改革。

数字技术与制造业的深度融合正在引发深刻的产业变革。由于资源环境的约束和劳动力成本的上升，原来粗放的发展模式难以为继，水泥行业需要提升研发、生产、管理的智能化水平，同时需推进行业绿色改造升级，提高资源利用效率并降低污染物和二氧化碳排放水平，构建高效、清洁、低碳、节能的生产制造体系。

为提升矿产资源开发利用保护水平，实现矿业绿色可持续发展，推进美丽中国建设，自然资源部等部门联合印发《关于进一步加强绿色矿山建设的通知》，要求各地因地制宜，分类施策，有序推进绿色矿山建设，鼓励矿山企业对工艺设备实施升级改造，加快矿业绿色转型进程。

（二）玻璃行业

玻璃行业上游原材料主要是硅砂、纯碱、石灰石等，下游需求涵盖建筑、汽车、电子、日用消费品等多个领域（见图8–6）。玻璃制造环节是将原材料按一定比例混合后，经过粉碎、混合、熔化、成型、退火等一系列复杂工艺，最终制成玻璃成品的过程。玻璃的主要成分是二氧化硅，属于硅酸盐类非金属材料，具有无固定熔点的特性，人们可以通过调节玻璃的成分使其性能满足多种使用要求。

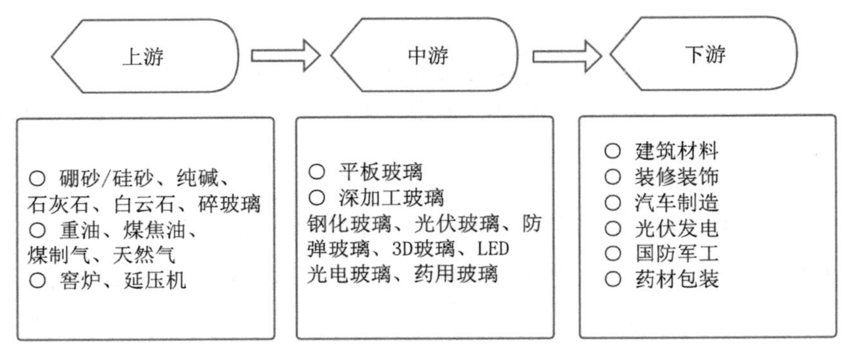

图8–6　玻璃产业链构成

资料来源：资产信息网、千际投行。

玻璃的主要原料有硅砂、纯碱和石灰石等，重油、天然气和煤焦油等是其生产过程中的主要燃料，其中以天然气为燃料的产能占比约为40%。

玻璃行业属于高污染、高耗能行业，因此需要对玻璃过剩产能进行压减并有效推广绿色环保的生产技术。

玻璃按照生产工艺可分为浮法玻璃、压延法玻璃和溢流下拉法玻璃等。浮法玻璃约占平板玻璃总量的90%，是目前平板玻璃生产的主流，浮法玻璃表面光滑，光学性能较强，可实现规模化生产；压延法玻璃具有透光不透明的特点，主要应用于光伏领域；溢流下拉法玻璃主要为电子玻璃。

1.光伏玻璃：双寡头竞争格局，技术、规模和原材料资源构筑核心竞争力

光伏玻璃可以将太阳能光伏组件压入，使用太阳能发电，并具备相关电流引出装置。光伏玻璃对透光性和机械性能具有较高要求，因此具有先进生产工艺的企业将获得显著优势；光伏玻璃行业资金壁垒显著，产线从建设到投放周期较长，初始投资金额高，产能扩张慢；原材料资源是企业的另一重要优势，例如，我国石英砂资源较为稀缺，自有石英砂资源的企业单位生产成本更低。因此，技术、规模和原材料资源构成了光伏玻璃企业的核心竞争力。

我国光伏行业目前呈现双寡头的竞争格局（见图8-7），信义光能、福莱特为一线企业，二线企业有彩虹、南玻和迁西金信。

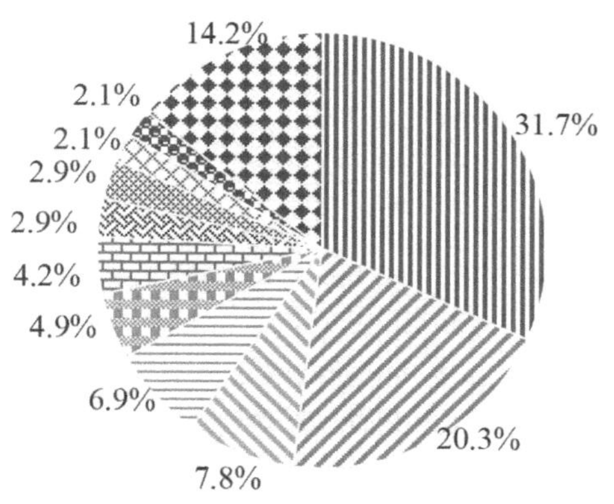

图8-7 2020年中国光伏玻璃企业市场产能占比

资料来源：《2020年我国光伏玻璃行业发展现状与市场前景分析，硅片大型化趋势推动产能更新换代［图］》，https://www.huaon.com/channel/trend/728782.html，2021年7月2日。

2.电子玻璃：市场集中度较高，龙头企业具备显著优势

电子玻璃应用于电子、微电子、光电子领域。电子玻璃行业具有明显的技术、规模、客户资源壁垒。目前主要的生产技术被少数龙头企业掌握，新

进入的企业学习曲线较长，具备规模化生产能力的企业议价能力较强。

我国电子玻璃市场集中度较高，其中外资企业日本旭硝子（AGC）、电气硝子（ENG）和美国康宁三家占据了超过80%的市场份额（见图8-8）。随着我国近年来在电子玻璃技术领域取得较大突破，国内企业成功切入部分市场，东旭光电成功挤入前五。

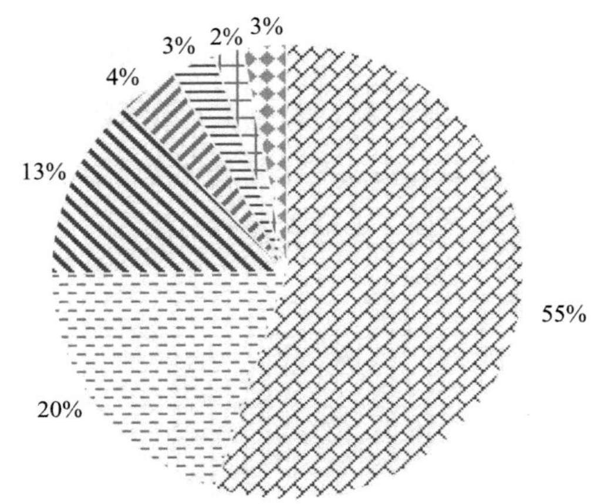

图8-8　2020年电子玻璃企业市场份额占比

资料来源：《2020年中国电子玻璃行业前景展望，未来高端电子玻璃在国内发展壮大指日可待［图］》，https://www.huaon.com/channel/trend/728782.html，2021年7月2日。

3.药用玻璃：产品多依赖进口，生产技术与国外尚存在差距

药用玻璃专门用于药品包装，需要具备较高的化学稳定性和强度。其中，中硼硅玻璃具有优异的抗热冲击性能和耐水性，被广泛应用于各种针剂、血液制品、疫苗等药品的包装。中硼硅玻璃管生产对资金、生产设备、生产工艺有较高的要求，目前该技术被国外厂商垄断，我国尚不具备中硼硅玻璃管量产能力。全球中硼硅药用玻璃管的供应商主要有德国肖特、美国康宁和日本电气硝子等国外企业（见图8-9）。国内仅有凯盛君恒有限公司、沧州四星玻璃股份有限公司等少数厂商生产中硼硅药用玻璃管，并且生产规模较小，产品质量与进口产品存在一定的差距。

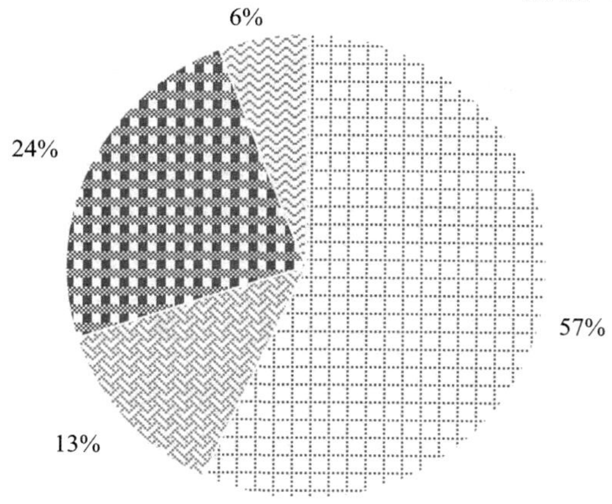

图8-9　2020年全球药用玻璃企业产能占比

资料来源：千际投行、资产信息网。

4.汽车玻璃：市场高度集中，大型企业具备规模优势

汽车玻璃主要使用夹层玻璃和钢化玻璃。由于汽车玻璃属于非标准化产品，需要根据下游客户需求设计配套玻璃，因此下游厂商对于汽车玻璃供应商的设计、开发、配套、生产能力要求极高。汽车玻璃行业为资本密集型企业，机器设备、厂房投入高，且需要持续的研发成本投入保证产品迭代，大型企业具备客户资源、资金优势和规模优势，抗周期性风险能力更强。汽车玻璃行业目前呈现高度集中的竞争格局，中国福耀玻璃、信义玻璃、日本旭硝子、板硝子和法国圣戈班占据了全球汽车玻璃市场的主要份额（见图8-10）。

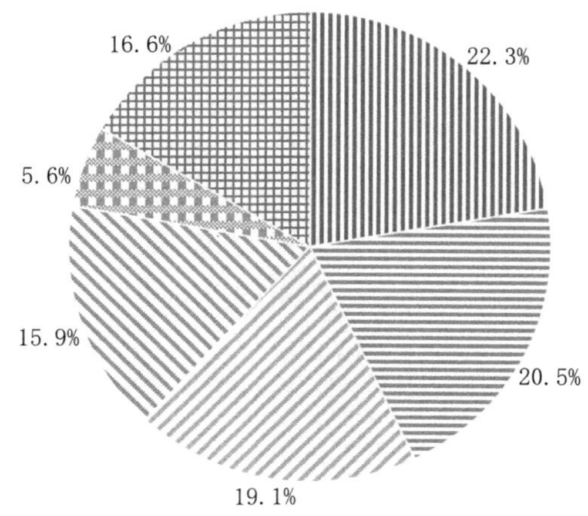

图8-10　2020年全球汽车玻璃市场竞争格局

资料来源：《2020年全球和中国汽车玻璃行业现状分析，这家国产企业占据全球第二市场份额［图］》，https://www.huaon.com/channel/trend/739246.html，2021年8月13日。

5.建筑玻璃：节能玻璃有望成为下一个增长点

建筑玻璃在玻璃市场中的需求最高，主要用于幕墙工程和门窗工程。近年来，棚户区和老旧小区改造中大规模使用节能门窗，显著提升了建筑节能玻璃需求量。

2021年，在“三道红线”“房贷两集中”和“集中供地”等政策调控下，房企拿地开工意愿较弱，房地产行业逐渐回归理性，新增建筑玻璃需求承压。而节能建筑玻璃或将成为建筑玻璃领域的下一个增长点。未来节能建筑玻璃在建筑领域的渗透率有望不断提升，除公共建筑、民用住宅新建项目之外，庞大的存量建筑节能改造、二次装修都对节能玻璃有着大量的需求。

6.中国玻璃制造行业发展趋势

“双碳”背景叠加新增产能管控趋严，光伏玻璃以及节能建筑玻璃将成为行业未来的增长点；电子玻璃国产化是行业未来发展的重要驱动力；药用玻璃具有较大的发展空间。玻璃行业龙头企业成本优势、技术优势、资源优势、规模优势明显，抗周期性风险能力更强。

（三）陶瓷行业

陶瓷是陶器与瓷器的统称。陶瓷产业链上游为氧化铝等原材料及加工机械设备等产业，中游为各类陶瓷产品，主要包括日用陶瓷、艺术陶瓷、建筑陶瓷、卫生陶瓷和电子陶瓷。陶瓷下游应用领域为房地产、轨道交通、光通信、工业激光、消费电子、汽车电子等（见图8–11）。

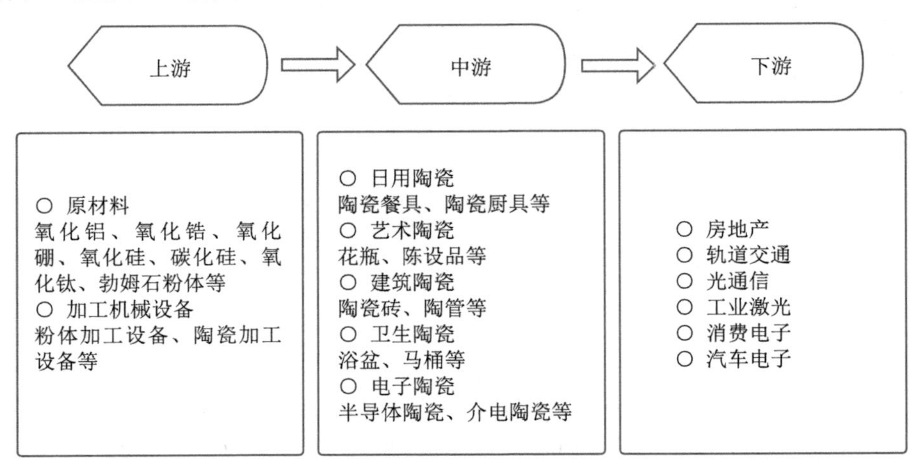

图8–11　陶瓷产业链构成

资料来源：中商产业研究院。

1.建筑陶瓷：不同地区产量呈现差异化趋势，出口量有所下降

全国建筑陶瓷产量在2021年超过81亿平方米。其中，广东、江西、福建、四川和广西等主要产区的产量都有不同程度的增长，而其他产区产量普遍下滑。我国建筑陶瓷出口量自2015年以来一直呈下跌趋势，2020年受到全球疫情和中美贸易摩擦的影响跌幅尤为明显，2021年出口量跌速放缓。

2.卫生陶瓷：主要产区产量有所增加，出口量上升

2021年，全国规模以上卫生陶瓷产量达到2.22亿件，同比增长2.5%。在卫生陶瓷的主要产区中，广东、河北、福建等省份产量出现增长。当年，我国卫生陶瓷的出口量和出口额均创历史新高，出口量首次突破1亿件，比2020年增长16.8%，出口额接近百亿美元，增长12.12%。

3.电子陶瓷：市场需求巨大，市场规模高速增长

目前，我国电子陶瓷产业已进入优化升级的发展阶段，得益于下游电子工业、光纤通讯、国防军工等众多行业的巨大市场需求，电子陶瓷行业市场规模不断扩大。从2016年至2020年，我国电子陶瓷行业市场规模从449.8亿元增长至763.2亿元，电子陶瓷行业市场规模保持高速增长态势。

4.陶瓷行业发展趋势：向节能、环保和品牌化发展，市场集中度将会提高

为了解决陶瓷行业高能耗、重污染的问题，我国政府制定了一系列的政策，对建筑陶瓷企业的节能、环保水平提出了更严格的要求，努力推动建筑陶瓷产业向节能化、清洁化方向发展。

欧洲、中东、北美和亚洲作为陶瓷的主要市场，需求呈现出多元化和个性化的特点。目前，陶瓷市场集中度整体仍处于较低水平，但出现了市场加速洗牌的趋势。业内大部分是中小型企业，陶瓷行业市场集中度较低。但随着产业集中化和资本的渗透以及环保压力的增加，业内领先企业的市场份额将继续扩大，给中小企业留下的生存空间和利润空间将越来越小，品牌淘汰现象会加速出现。

三、产业链市场行为

当前我国经济正处于新旧动能转型阶段，房地产和建筑业占GDP比重逐年下降，建筑材料产业需求端疲乏，其中大多细分行业产能过剩，因此需要循序渐进地实施产能置换，淘汰污染落后产能。与此同时，我国数字经济快速发展，建材产业数字化转型应加速推进。行业重点企业将数字技术融入并运用在研发设计、生产制造、物流运输、经营管理、市场服务和绿色环保等各个环节，推进企业向高端化、智能化、绿色化、安全化、高效化转型。

（一）“数智”助力传统建材数字化转型

在当前建材行业产能过剩、绿色环保问题亟待解决的背景下，建材各细分行业头部企业迅速进入数字化转型阶段（见表8–1），通过向数字化、智能化转型，提高企业在行业中的竞争力，实现高质量发展。

表8–1　建材龙头企业数字化转型方向

建材企业	数字化转型方向
海螺水泥	打造水泥行业智能工厂标杆转型 海螺水泥利用自身长期生产经营过程中积累的生产制造、设备运维和经营管理知识，基于移动通信网络、数据传感检测、信息交互集成及自适应控制等关键技术，创新应用了涵盖水泥生产全过程的智能化控制管理系统，实现了工厂运行自动化、管理可视化、故障预控化、全要素协同化和决策智慧化
中国巨石	打造“未来工厂”，引领玻纤工业数字化变革 中国巨石的“未来工厂”应用数字化技术和全流程物流系统，实现对生产各工序4万点位数据的实时采集、高效处理、精准预判、深度分析，进而实现企业的制造智能化、管控精准化和产销全球化
东方雨虹	“数智”赋能企业提质增效 东方雨虹围绕“智能制造、绿色低碳、前沿技术”等重点研发领域深耕开拓，提高生产制造、品质管控、物流运输和绿色环保等环节的数字化、智能化程度，实现降本提效、高效协同、节能减排

资料来源：各公司官网、银河证券研究院。

（二）绿色技术推动建材可持续发展

在环保政策的引领下，建材行业的部分领先企业积极实施技术创新、工艺优化和绿色产品的研发，以降低能耗和减少污染物的排放。而这些绿色化行为不仅可以改善环境质量，还可以提升企业产品竞争力，树立良好的品牌形象，推动整个行业向绿色可持续方向发展（见表8–2）。

表8–2　建材龙头企业绿色化行为

建材企业	绿色化行为
中国建材集团	建立多个国家级绿色矿山和绿色工厂，并在生产过程中综合利用工业废弃物，利用余热发电实现绿色生产
华润水泥	对废弃物进行“无害化、减量化、资源化”处理，并大规模利用清洁能源。在生产过程中积极引入先进排放技术和设备，对水泥窑实施改造以降低氮氧化物排放，通过高效风机技术来降低能耗
北新建材	实施全生命周期绿色化生产，在生产、应用和回收过程中采用先进的工艺设备。提供绿色建材产品如“净醛石膏板”，构建绿色安全的人居环境

资料来源：各公司官网。

（三）建材出海有望提速

当前国内建材企业仍面临有效需求不足、部分行业产能过剩的问题，而另一方面，以美日韩为代表的海外市场将迎来补库存拐点，东南亚发展中国家需求仍有增长潜力，海外扩张或将成为企业实现利润增长的有效路径（见表8–3）。

表8–3　建材龙头企业海外扩张路径

行业	企业	出海路径
水泥	海螺水泥、华新水泥、天山股份和西部水泥等	重点布局东南亚、中亚等“一带一路”国家，大多数企业以自建生产线为主，少数企业如华新水泥通过外延收购方式进行海外扩张
玻璃	旗滨集团、南玻、凯盛科技、信义光能、福莱特、金晶科技等	扩张海外市场主要以国内出口为主，产业链配套是出海重要因素，新型玻璃品种海外收入占比较高
玻纤	中国巨石、重庆国际复材等	玻纤以国内出口为主，需求集中于发达国家，中国巨石海外布局一家独大
消费建材	公元股份、惠达卫浴、科达制造等	消费建材行业整体出海节奏相对较慢，除石膏板行业外，其他消费建材子行业市场格局仍然较为分散

资料来源：各公司官网、天风证券研究所。

四、产业链市场绩效

（一）数字化和绿色化加速传统建材升级

1.海螺水泥智能工厂：生产效率大幅提升，能耗下降

智能工厂投入使用后，海螺水泥生产线设备完全实现自动化，生产效率提升21%，资源综合利用率提升5%，能耗下降1.2%，质量稳定性提升3.7%。工厂主要经济技术指标得到持续优化（见表8-4）。

表8-4　海螺水泥智能工厂建设情况

重点突破	详细情况
数字化矿山管理系统	实现了自动化配矿和车辆智能调度，每月可多搭配低品位矿石2万吨，轮胎消耗同比下降36%，柴油消耗同比下降7%
专家自动操作系统	通过自动优化控制代替人工操作，降低了标准煤耗和人工劳动强度，提升了产品的合格率和稳定性
智能质量控制系统	大幅降低了取样、质检人员的劳动强度和安全风险
设备管理及辅助巡检系统	水泥烧成系统机电设备故障率下降70%，现场巡检工作量下降40%，设备运行周期延长37%，专业用工优化20%以上

资料来源：海螺水泥官网、天风证券研究所。

2.中国巨石“未来工厂”：生产效率和能源利用率显著提高，生产成本下降

截至2022年，中国巨石“未来工厂”模式已在成都、九江、埃及、美国各生产基地复制推广，生产效率提高24%，生产成本降低12%，能源利用率提高21%。经济效益、社会效益和环境效益显著（见表8-5）。

表8-5　中国巨石“未来工厂”建设情况

重点突破	详细情况
应用数字化孪生技术	对全流程工艺和关键装备进行3D仿真建模，在虚拟环境中重现制造工艺全过程，实现生产运营的数字化和智能化
提升智能化生产水平	引入全流程物流系统、低延时5G网络等157项创新应用与技术，成功打造CPS系统，实现智能装备、智能系统与人的互联，联网率达98.6%
探索智慧化管理模式	建立“未来工厂”工业大数据中心，应用人工智能预判发展趋势，为管理决策和专家诊断提供数据支撑

续表

重点突破	详细情况
打造协同化制造体系	解决“自动化孤岛”现象，实现决策层、管理层、执行层、设备层、控制层等纵向层面贯通
突出绿色化制造理念	研发“天然气+纯氧燃烧”绿色节能技术，建造智能控制高熔化率窑，能耗水平大幅下降
实现安全化管控目标	网络建设采用商用、工业、物联“三网架构”，建立边界安全防护、接入检测、单向传输等多重防护机制
加快全公司推广进程	随着新工厂的建设，项目已在我国桐乡和成都，以及美国等基地复制推广

资料来源：中国巨石官网、天风证券研究所。

3.东方雨虹工业物联网：合理布局生产管理，助力供应链上下游高效协同

东方雨虹通过建立工业物联网，实现了工业化和信息化的融合，产品从下单到客户签收全程可追溯；同时加强上下游联系，实施柔性生产，助力产品质量管控，降低企业成本；还建立了立体化的EHS会议机制、污水/烟气在线监测系统、沥青延期环保设备消防及预警系统，实现了企业安全环保信息化管理。完善的精益管理系统在各生产基地日常管理中实现了全覆盖，有助于生产管理合理布局，提高协同效率。

（二）海外扩张促进建材企业增长

1.水泥行业：整体海外收入占比增加

2022年，我国水泥板块整体海外收入98.9亿元，占比达2.6%，从上市公司收入情况及占比来看，华新水泥的海外业务收入体量最大，2022年达到42.2亿元，占比13.9%。其次为海螺水泥，海外业务收入接近40亿元。西部水泥增长最为明显，海外收入由2020年的0.3亿元迅速增长至2022年的11.3亿元，海外业务占比也由2020年的0.4%扩大至2022年的13.3%（见表8-6）。

表8-6 水泥公司海外业务收入占比

公司	海外业务收入/亿元			海外业务占比		
	2020年	2021年	2022年	2020年	2021年	2022年
华新水泥	18.9	25.8	42.2	6.4%	8.0%	13.9%
海螺水泥	27.1	32.7	39.7	1.5%	1.9%	3.0%
西部水泥	0.3	4.8	11.3	0.4%	6.0%	13.3%

资料来源：Wind、天风证券研究所。

2.玻璃行业：不同企业海外收入呈现差异化趋势

2022年，我国玻璃板块整体海外收入114.9亿元，占比达15.4%。2020—2022年，海外业务收入明显增加的有信义玻璃、信义光能、福莱特、中国玻璃、金晶科技、旗滨集团和耀皮玻璃（见表8-7）。其中，信义玻璃在北美、欧洲、日本等地出售汽车玻璃、建筑玻璃等，且在马来西亚设有生产基地；中国玻璃于尼日利亚、哈萨克斯坦设有浮法玻璃生产基地，于意大利拥有一家中性药玻的工程装备及技术服务公司；金晶科技在马来西亚拥有两座玻璃窑炉，为美国第一太阳能公司供应薄膜电池的背板玻璃，海外收入占比提升较快。

表8-7 玻璃公司海外业务收入占比

公司	海外业务收入/亿元			海外业务占比		
	2020年	2021年	2022年	2020年	2021年	2022年
信义玻璃	41.9	55.3	73.1	26.7%	22.2%	31.8%
信义光能	20.5	27.6	37.9	19.8%	21.0%	20.7%
福莱特	18.1	23.3	33.8	28.9%	26.7%	21.8%
凯盛科技	29.4	31.2	15.5	58.1%	49.3%	33.6%
中国玻璃	6.0	11.0	13.9	18.9%	21.7%	32.0%
金晶科技	5.5	6.0	13.5	11.3%	8.7%	18.1%
旗滨集团	7.0	8.9	13.2	7.3%	6.1%	9.9%
南玻A	11.3	12.7	11.7	10.6%	9.3%	7.7%
山东药玻	10.3	9.6	10.8	30.0%	24.8%	25.7%
耀皮玻璃	3.1	4.3	4.7	7.5%	9.2%	9.8%
亚玛顿	7.3	6.5	4.0	40.7%	31.8%	12.7%

资料来源：Wind、天风证券研究所。

3.玻纤行业：海外收入实现稳步增长

2022年玻纤板块整体实现海外收入63.2亿元，占比达23.3%。从上市公司收入情况来看，2020—2022年主要玻纤企业海外收入均实现稳步增长，其中中国巨石和中材科技2022年的海外收入相比2020年实现翻倍，海外出口提升较大（见表8-8）。

表8-8　玻纤公司海外业务收入占比

公司	海外业务收入/亿元			海外业务占比		
	2020年	2021年	2022年	2020年	2021年	2022年
中国巨石	37.3	61.7	75.3	32%	31%	37%
国际复材	21.1	29.3	30.9	30%	35%	39%
中材科技	14.7	22.4	29.7	8%	11%	13%
长海股份	4.1	5.6	7.2	20%	22%	24%
正威新材	3.5	4.3	4.0	21%	29%	28%
山东药玻	1.7	3.5	4.0	8%	13%	14%

资料来源：Wind、天风证券研究所。

4.消费建材行业：出海节奏相对较慢，存在较大提升空间

《2024建材行业出海进展深度分析报告》显示，2022年消费建材板块整体实现海外收入48亿元，占比仅3.5%。当前消费建材行业整体出海节奏相对较慢，和海外龙头相比，头部企业国内市场占有率存在较大提升空间。从上市公司收入情况来看，海外收入相对较高的主要是科达制造、公元股份和惠达卫浴（见表8-9）。

表8-9　消费建材公司海外业务收入占比

公司	海外业务收入/亿元			海外业务占比		
	2020年	2021年	2022年	2020年	2021年	2022年
科达制造	34.5	46.2	62.0	46.7%	47.1%	55.6%
公元股份	8.5	13.3	16.3	12.0%	15.0%	20.5%
惠达卫浴	7.7	9.7	9.0	24.0%	24.9%	26.4%
坚朗五金	7.1	6.3	7.7	10.6%	7.2%	10.1%
东方雨虹	2.5	3.6	4.7	1.1%	1.1%	1.5%

续表

公司	海外业务收入/亿元			海外业务占比		
	2020年	2021年	2022年	2020年	2021年	2022年
伟星建材	1.3	1.6	2.8	2.5%	2.5%	4.0%
兔宝宝	1.9	2.4	2.6	2.9%	2.5%	2.9%
北新建材	0.7	1.1	1.5	0.4%	0.5%	0.8%
科顺股份	0.4	0.7	1.0	0.7%	1.0%	1.3%
华立股份	1.0	1.2	0.9	11.8%	10.1%	11.8%
凯伦股份	0.3	0.7	0.6	1.5%	2.6%	2.7%
蒙娜丽莎	0.3	0.2	0.3	0.6%	0.4%	0.5%
雄塑科技	0.1	0.1	0.2	0.4%	0.5%	1.0%

资料来源：Wind、天风证券研究所。

第二节　建材产业发展环境和趋势研判

一、市场环境

（一）房地产进入调整周期，基建投资持续发力

2021年以来，我国房地产行业进入调整周期，高负债经营模式结束。房地产开发投资额和新开工房屋面积在2022年呈显著下降趋势（见图8-12）。

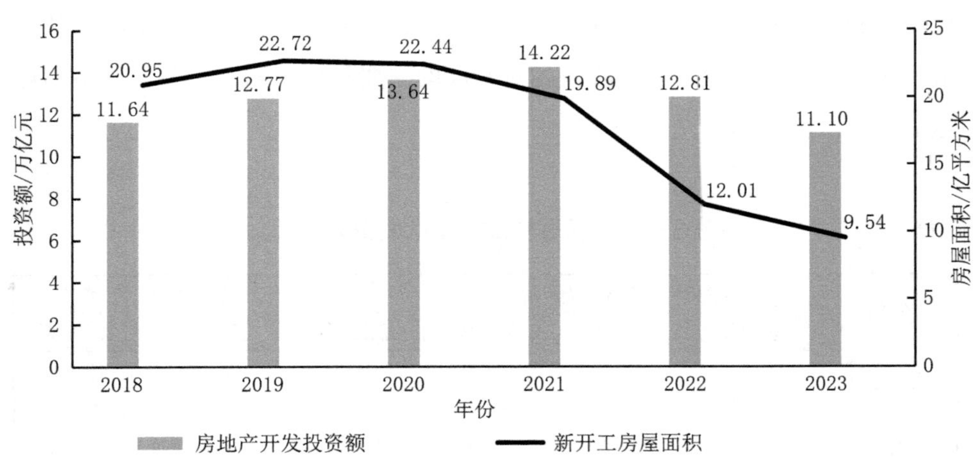

图8-12　中国房地产开发投资额及新开工房屋面积

数据来源：国家统计局。

2018年起，全国房地产开发景气指数逐渐下降至95以下（见图8-13），为较低水平，房地产行业的企业家对目前及未来的生产经营情况并不乐观。

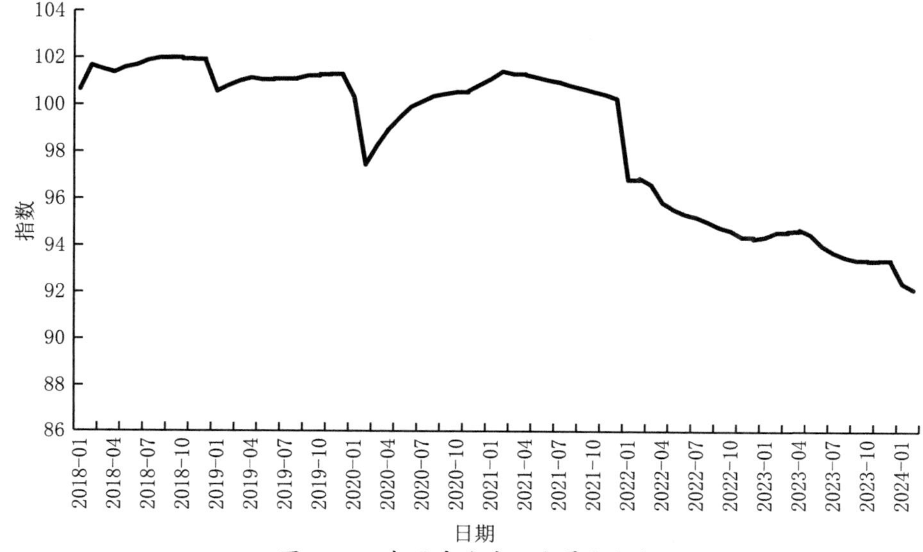

图8-13　中国房地产开发景气指数

数据来源：国家统计局。

自2022年起，我国基础设施建设投资显著增加（见图8-14），这在一定程度上填补了建材行业因房地产下行所导致的需求缺口，改善了建材产业的营商环境。

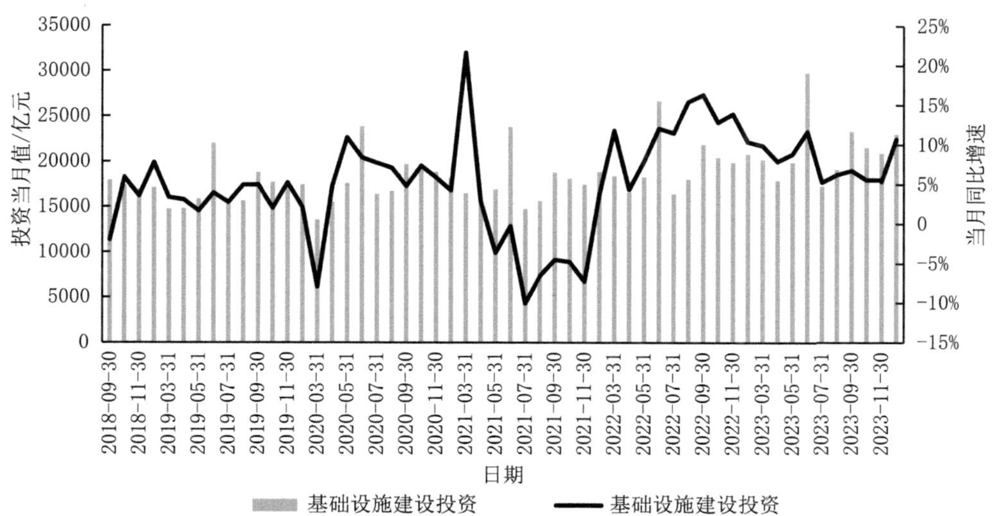

图8-14　中国基础建设投资额及当月同比增速

数据来源：国家统计局。

近两年来，建材行业受市场需求持续偏弱的影响，面临的生存压力依然较大，需求动力显现不足。

（二）建材行业受需求端影响，主要产品产量呈下降趋势

水泥和平板玻璃的产量在2018年至2021年期间保持稳定增长，但在2022年有下降趋势，尤其是水泥的产量降低了约10.43%（见图8–15），这与房地产行业的变化趋势一致，即建材产量下降主要源于下游行业需求不足。

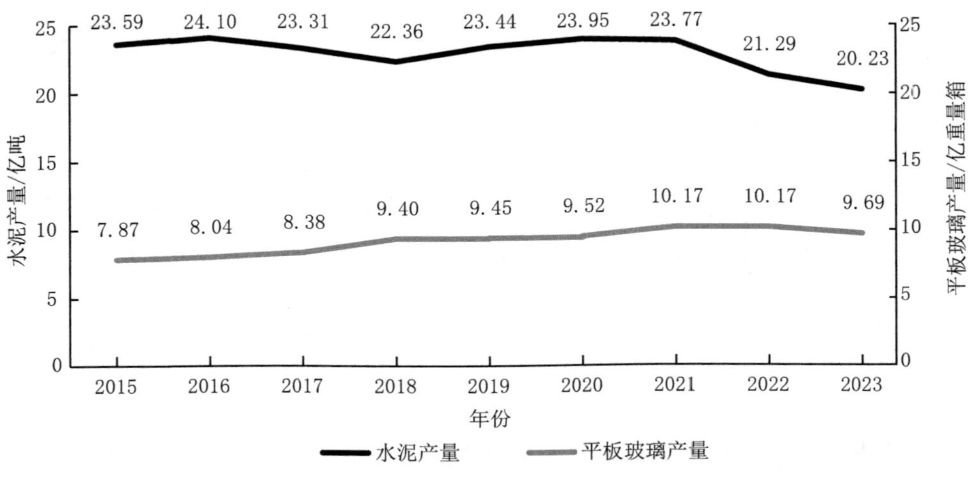

图8–15 中国水泥、平板玻璃产量

数据来源：历年中国统计年鉴。

受房地产行业不景气等因素的影响，非金属矿物制品业工业增加值在2022年有所下降（见图8–16）。

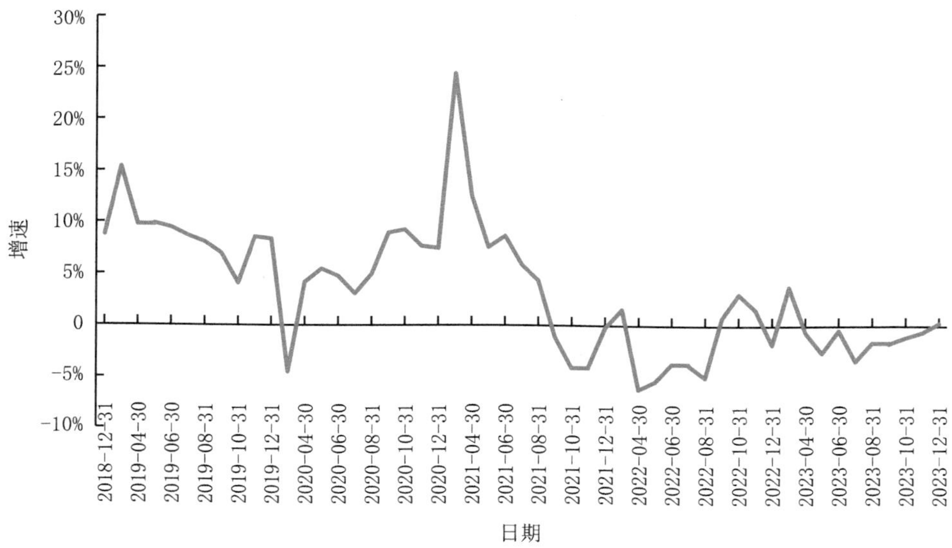

图8-16　中国非金属矿物制品业工业增加值当月同比增速

数据来源：国家统计局。

二、政策环境

由于建材行业与房地产和基础设施建设行业高度关联，这些行业的发展将会影响到建材行业的需求和增长。改革开放以来，随着城市化进程的加快，房地产市场的火爆推动了建材行业的发展。同时，政府对基础设施建设的投资也大力助推了建材行业的进一步扩张。然而，随着我国城镇化率的提升和基础设施的不断完善，市场对建材产业部分细分行业的需求将有所减少。除此之外，原材料在建材行业的成本构成中占比较大，其价格波动对建材行业的盈利也具有重要影响。近年来，随着国际原油价格的波动和国内环保政策的收紧，部分建材原材料价格出现上涨趋势，这极大地影响了建材行业的盈利水平。

（一）基建和房地产行业相关政策：助力保交楼，持续推动基建投资

房地产和基建作为建材的下游产业，其政策的变动对建材行业的发展具有重要影响（见表8-10）。在地产销售偏弱的背景下，房企保交楼资金依赖于融资政策的支持。同时，为了稳定经济增长，基建投资持续发力，成为推动经济发展的重要抓手，为建材产品在基建领域的应用起到强力支撑作用。

表8-10　基建和房地产行业相关政策

时间	发布单位	政策名称/会议	主要内容
2022年5月	中共中央、国务院	《乡村建设行动实施方案》	加快构建便捷高效的农村公路网络
2023年11月	国务院	《空气质量持续改善行动计划》	对重点区域城市铁路场站进行适货化改造
2023年11月	中国人民银行等八部门	《关于强化金融支持举措助力民营经济发展壮大的通知》	稳定信贷、债券等重点融资渠道，合理满足民营房地产企业的金融需求
2023年11月	各主要银行	民营企业座谈会	支持房地产企业合理融资需求，助力房产穿越周期，做好“保交楼、保民生、保稳定”
2023年12月	—	中央经济工作会议	加快推进保障性住房建设、“平急两用”公共基础设施建设、城中村改造等“三大工程”

对此，广东因城施策，着力推动房地产平稳健康发展，优化房地产调控政策，同时支持改善性住房需求，加速推进“百千万工程”城镇建设，完善保障性住房体系，从需求端提振建材产业的信心。

（二）建材行业相关政策：向节能降碳、绿色环保、智能化发展（见表8-11）

在新发展格局下，建材行业面临来自绿色、低碳和可持续发展要求的机遇和挑战，只有顺应时代潮流，积极拥抱变革才能获得良好、持续的发展。

表8-11　建材行业相关政策

时间	发布单位	政策名称	主要内容
2022年2月	国家发展改革委等部门	《高耗能行业重点领域节能降碳改造升级实施指南（2022年版）》	针对建材行业的重点领域，分别提出节能降碳改造升级方案
2023年3月	财政部办公厅等部门	《政府采购支持绿色建材促进建筑品质提升政策项目实施指南》	政府采购支持绿色建材发展，促进建筑品质提升
2023年8月	工业和信息化部等八部门	《建材行业稳增长工作方案》	加快建材行业高端化、智能化、绿色化、融合化发展

续表

时间	发布单位	政策名称	主要内容
2023年12月	工业和信息化部等十部门	《绿色建材产业高质量发展实施方案》	促进建材工业绿色化转型，推动绿色建材增品种、提品质、创品牌
2024年3月	国家发展改革委等部门	《加快推动建筑领域节能降碳工作方案》	加快推动建筑领域节能降碳

广东在2023年3月聚焦建材等重点领域开展了反垄断执法专项行动，强化对行业协会组织和垄断行为的监管。2023年8月，广东开展绿色建材下乡活动，以减少环境污染，改善人居环境，进一步推动绿色建材高质量发展。

三、产业发展趋势研判

（一）行业向数字化、智能化转型

建材行业是传统制造业，对房地产、基础设施建设等领域起到重要支撑作用。我国现已成为全球建材生产大国，水泥、玻璃等多种建材产品产量位居世界第一位。目前，我国建材行业整体发展仍主要依赖投资、资源要素投入等因素。在大数据、人工智能等数字化产业快速崛起的背景下，建材行业传统的生产管理模式难以适应当下快速变化的市场需求和环境要求，建材企业数字化转型、智能制造转型迫在眉睫。

工业和信息化部等九部门印发的《原材料工业数字化转型工作方案（2024—2026年）》中明确建材行业数字化转型实施指南，要求建材行业生产制造智能化程度和经营管理数字化水平到2026年得到明显提升，关键工序数控化率超过70%，关键业务环节全面数字化比例提升至55%以上，数字化研发设计工具普及率达到75%，实现产业链协同的建材企业比例达到25%。建材产业各细分行业应分类施策，依据研发设计、生产制造和经营管理的需求深化数字技术应用、优化数字化发展基础并推动数字化生态建设，实现建材行业提质升级、降本增效、绿色安全的目的。

（二）行业向绿色低碳、可持续生产转型

建筑材料产业属于高耗能、高污染行业，我国建材产业部分细分行业存在产能过剩的情况。为推进美丽中国建设，统筹产业结构调整，实现高质量发展，《高耗能行业重点领域节能降碳改造升级实施指南（2022年版）》针对建材工业提出了节能降碳改造升级方案，对重点领域能效水平、碳排放强度提出了进一步的要求。与此同时，随着消费者对环保问题的日益重视，绿色建筑材料的市场需求将会不断增加。因此，绿色环保、可持续性是建筑材料产业的重要发展趋势，也是建材企业技术研发应用、产品创新的重要目标。

（三）建材企业海外扩张有望提速

2023年中央经济工作会议指出，当前我国经济仍面临有效需求不足、部分行业产能过剩、社会预期偏弱等问题。由于当前居民杠杆率偏高，房地产景气度下滑等不利因素，内需修复仍需时日。而另一方面，以美国、日本、韩国为代表的海外市场将迎来补库存拐点，东南亚等发展中国家和地区仍具有广阔市场，企业可选择扩张海外市场来实现利润增长。当前建材板块海外收入占比仅为6.1%，未来增长潜力较大。建材龙头企业可依据自身优势规划海外布局，提升企业核心竞争力，构筑国际竞争新优势。

第三节　建材产业空间布局

一、我国建材产业空间布局

我国生产水泥的主要省份有广东、江苏、安徽、山东和四川。2022年，广东、江苏、安徽三个省份的水泥产量排前3位。生产平板玻璃的主要省份有河北、湖北、广东、山东和四川。2022年，河北、湖北、广东三个省份的平板玻璃产量排前3位。对于水泥和平板玻璃这两类主要建材产品，山东和广东的产量均排在前五，具有一定的可比性。

《中国统计年鉴2023》显示，广东省在2022年的水泥产量为15226.4万吨，位居全国第一（见图8-17）。

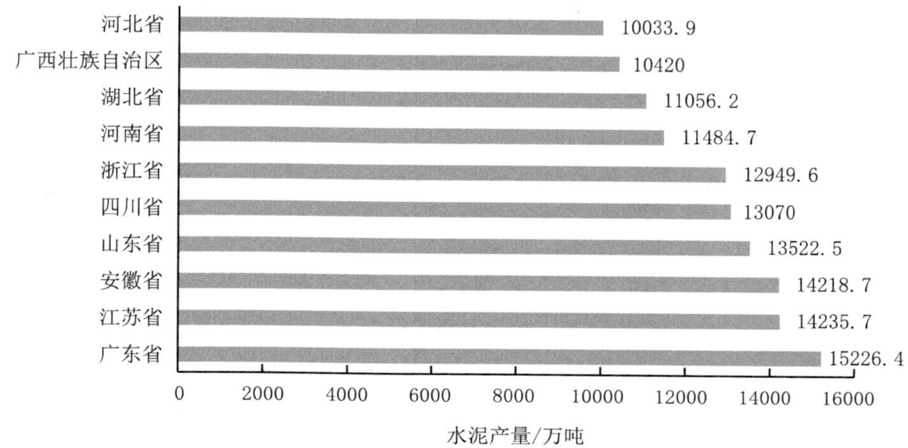

图8-17　2022年中国水泥产量前十省份

数据来源：国家统计局。

《中国统计年鉴2023》显示，广东省在2022年的平板玻璃产量为10474.6万重量箱，在全国排名第三（见图8-18）。

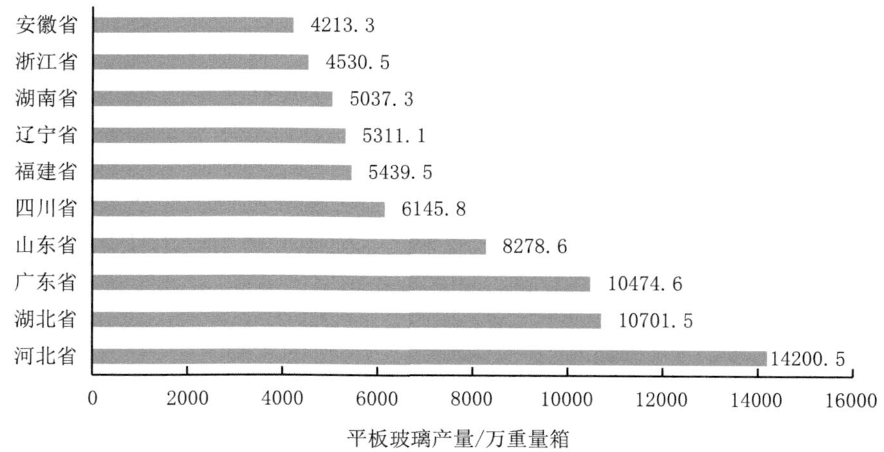

图8-18　2022年中国平板玻璃产量前十省份

数据来源：国家统计局。

在2013年至2017年期间，广东的非金属矿物制品业增加值增速高于山东，在2019年之后两省非金属矿物制品业发展速度均有剧烈波动，并且在2022年增长速度都是负值，两省的非金属矿物制品业的增加值都相对上一年有所减少（见图8-19）。

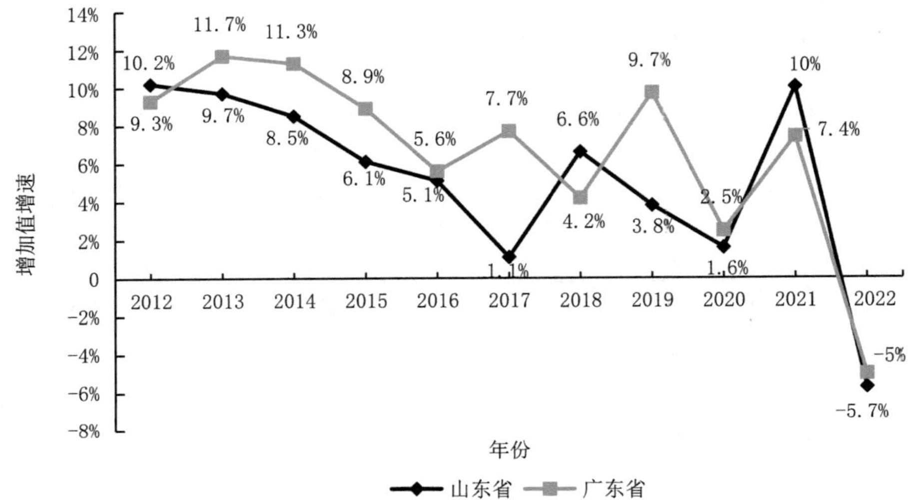

图8-19　广东和山东的非金属矿物制品业工业增加值增速

数据来源：历年广东统计年鉴和历年山东统计年鉴。

综合来看，山东的非金属矿物制品业的研发经费高于广东（见图8-20）。山东在2017年之后的增加值增速虽然波动较大，但和广东的非金属矿物制品业的发展速度相差不大。山东在2022年对非金属矿物制品业的研发投入较2021年有所增加，广东则是略微降低。这说明建材行业的发展主要受宏观经济的影响，房地产行业需求收缩，且能源价格相对2021年之前处于较高水平，同时市场对绿色环保的要求有所提高，这均会对建材产业造成影响。

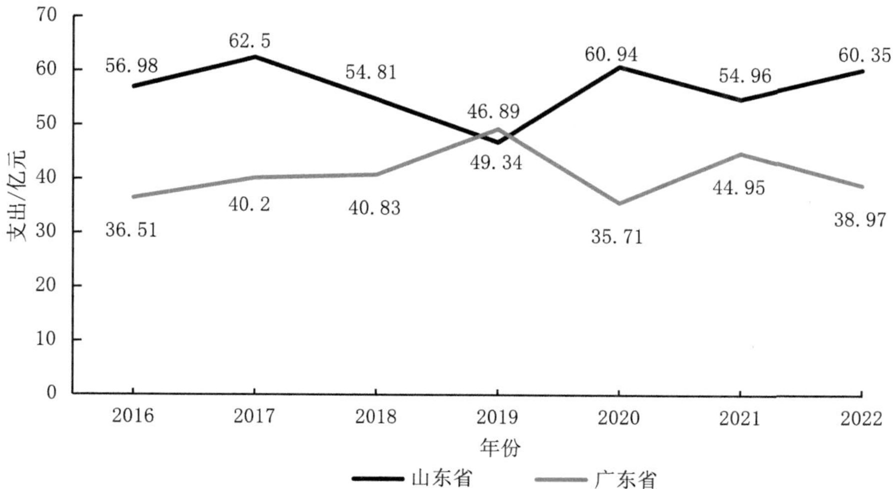

图8-20　广东和山东的非金属矿物制品业研究与发展经费支出

数据来源：历年广东统计年鉴和历年山东统计年鉴。

二、广东建材产业发展现状和空间布局

（一）广东建材产业发展概况

“十三五”期间，广东累计新建装配式建筑面积超过1亿平方米，建筑业产值也达到了7万亿元，并在环保节能方面取得显著成效。在建筑材料产业方面，广东在水泥、陶瓷和平板玻璃等主要细分行业具有领先优势，并具备较完整的产业链体系，在全省大部分地区均有布局建筑材料产业。

作为我国经济大省，广东建材行业的发展位于全国前列。2022年，广东建材行业规模以上企业（未含安全与建筑用五金，下同）完成工业增加值1603亿元，工业销售产值6770亿元，全省建材行业实现利润244.43亿元，比上年下降52.2%。全省建材规模以上企业实现出口交货值397.9亿元，比上年下降10.1%，非金属矿物制品业固定资产投资比上年下降8.1%。

建材行业最主要的产品是水泥、玻璃、陶瓷，这三大子行业对建材产业销售收入和利润贡献较大。《广东年鉴2023》显示，2022年广东的水泥产量为15226.4万吨，位居全国第一，比上年下降11.4%；平板玻璃产量10474.6万重量箱，位居全国第三，比上年下降6.8%；陶瓷砖产量18.3亿平方米，位居全

国第二，比上年下降17.2%；卫生陶瓷产量5206.4万件，位居全国第一，比上年下降12.9%。

（二）广东建材工业主要产品产量

1.水泥和水泥制品：在2022年产品产量大幅减少

历年广东年鉴显示，广东水泥和水泥熟料的产量在2018—2020年保持稳定，并有小幅增加，在2020年达到近几年产量的最大值，水泥产量超过1.7亿吨，但在2022年发生大幅减少，水泥产量降低幅度超过10%（见图8-21）。

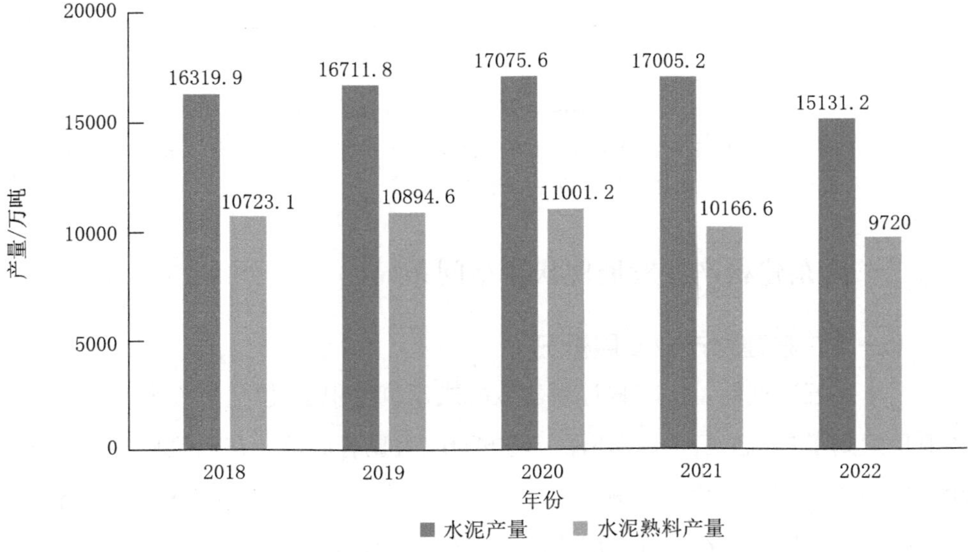

图8-21　广东水泥和水泥熟料产量

数据来源：历年广东年鉴。

广东水泥排水管和水泥压力管的产量在2018年至2020年基本稳定，并于2021年大幅增加，水泥排水管产量约是2020年产量的2.5倍，水泥压力管的产量也增加了约60%。但在2022年，两者产量均显著降低，且低于2018年的水平（见图8-22）。

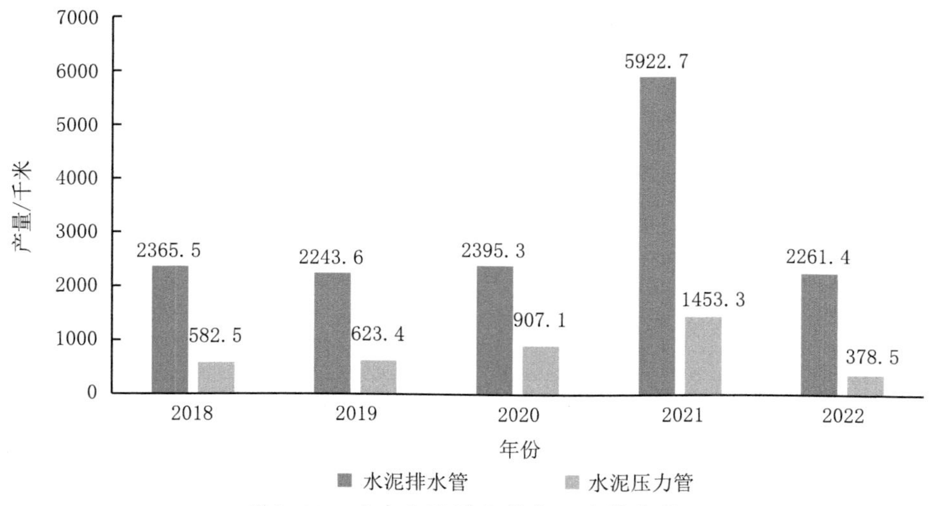

图8-22　广东水泥排水管和压力管产量

数据来源：历年广东年鉴。

广东水泥电杆产量在2018年至2020年持续减少，但在2021年又大幅反弹，相比2020年增加了约30%，紧接着在2022年显著减少，约为2021年的一半（见图8-23）。

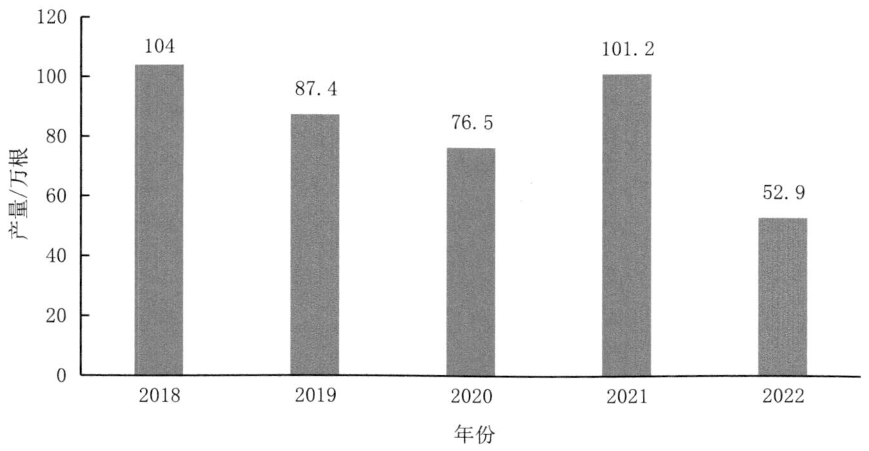

图8-23　广东水泥电杆产量

数据来源：历年广东年鉴。

广东水泥混凝土桩的产量在2018—2021年稳步提升，于2021年达到最大值，但同样在2022年显著降低（见图8-24）。

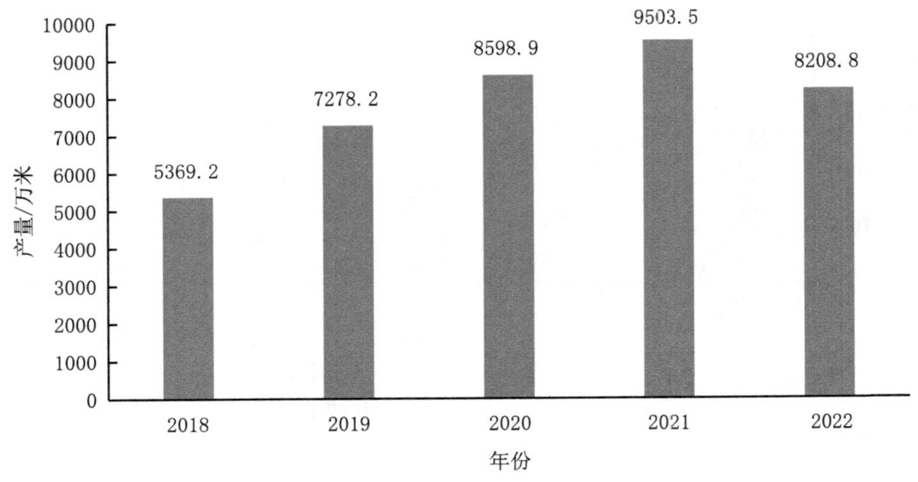

图8-24　广东水泥混凝土桩产量

数据来源：历年广东年鉴。

广东水泥和水泥熟料的产量在2020年达到最大值，这可能是由于广东在疫情初期防护到位，工厂可以正常运行，因此能满足国外因疫情停工产生的水泥产品需求。广东水泥和水泥熟料产量在2021年开始下降，并在2022年下降幅度明显，同时水泥排水管、水泥压力管、水泥电杆和水泥混凝土桩均在2022年产量显著减少。这或许是由于宏观经济放缓和房地产市场不景气，导致需求端较为疲软。同时，环保要求的增加，以及原材料和能源价格波动使得企业的生产成本提升，企业的经营利润降低，产量下降。

2.玻璃：平板玻璃产量在2022年显著减少，其他玻璃品种产量维持稳定

历年广东年鉴显示，广东平板玻璃的产量在2018—2020年保持相对稳定，在2021年产量大约增加了11.2%，但在2022年产量发生大幅下降（见图8-25）。

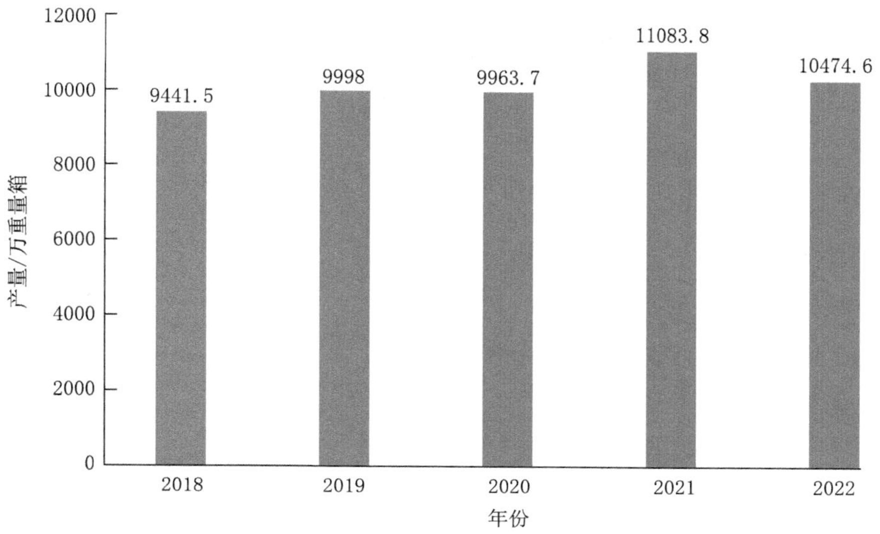

图8-25　广东平板玻璃产量

数据来源：历年广东年鉴。

广东夹层玻璃的产量近5年来稳步增加，在2022年已接近3000万平方米（见图8-26）。

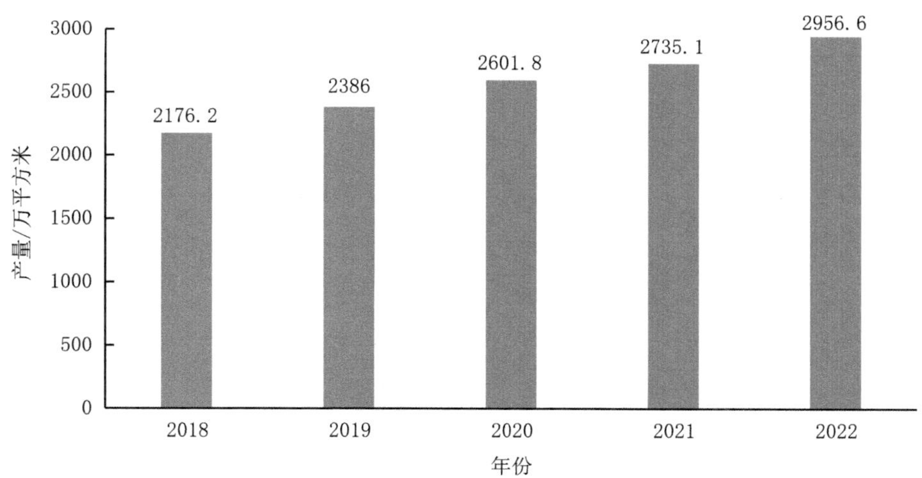

图8-26　广东夹层玻璃产量

数据来源：历年广东年鉴。

广东中空玻璃的产量在2018—2020年大幅增加，2020年的产量已经是2018年的两倍左右，并在接下来的两年中保持稳定（见图8–27）。

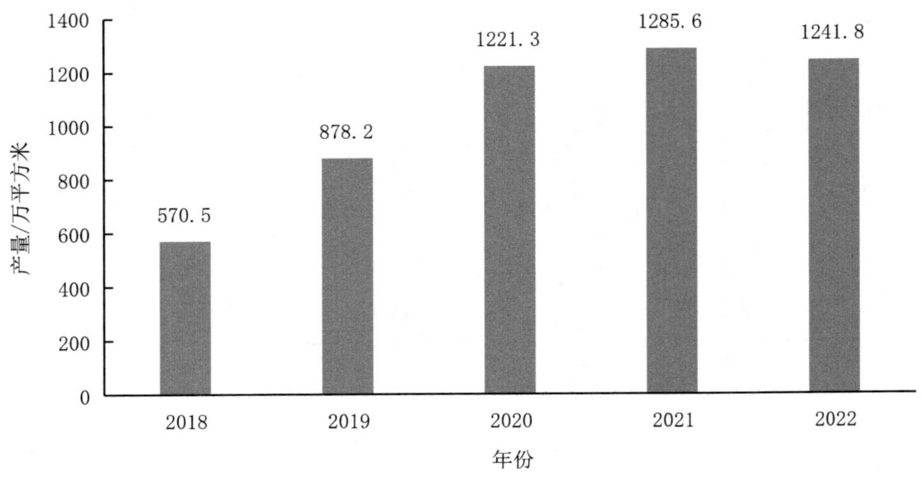

图8–27　广东中空玻璃产量

数据来源：历年广东年鉴。

广东钢化玻璃的产量在2018—2022年稳步增加，2022年的产量是2018年产量的两倍多（见图8–28）。

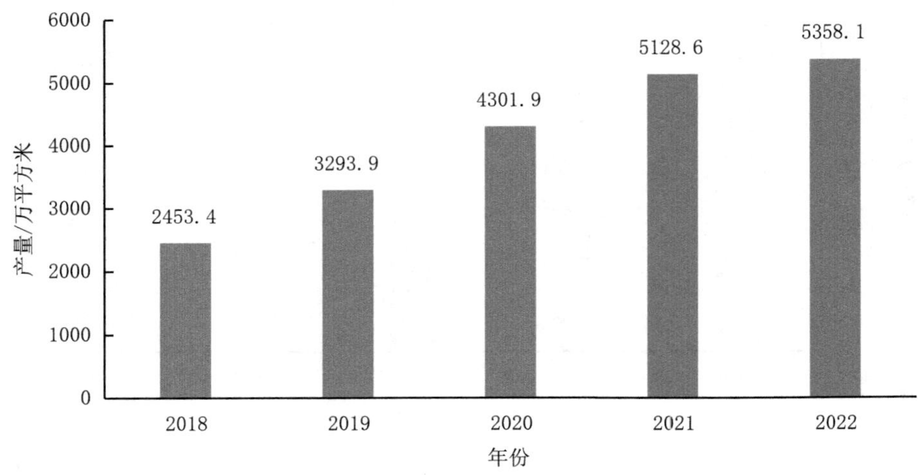

图8–28　广东钢化玻璃产量

数据来源：历年广东年鉴。

2022年，广东平板玻璃产量骤降，而夹层、中空和钢化玻璃产量变化幅度较小。前者深度捆绑房地产，随楼市骤冷而大幅收缩；后者因下游需求多元——新能源汽车、绿色建筑等领域的支撑，加上政策红利，在省内形成了“此消彼长”的缓冲格局。

3.玻璃纤维纱：产量受出口影响呈下降趋势

广东玻璃纤维纱的产量在2019年显著降低，由2018年的18.1万吨降低至2019年的16.1万吨，并在2020年和2021年维持在16万吨的水平，2022年的产量减少了0.5万吨（见图8-29）。由于玻纤制品大多出口到欧美、日韩等发达国家，因此该产量变化趋势可能与近年来的全球疫情和中美贸易摩擦有关。

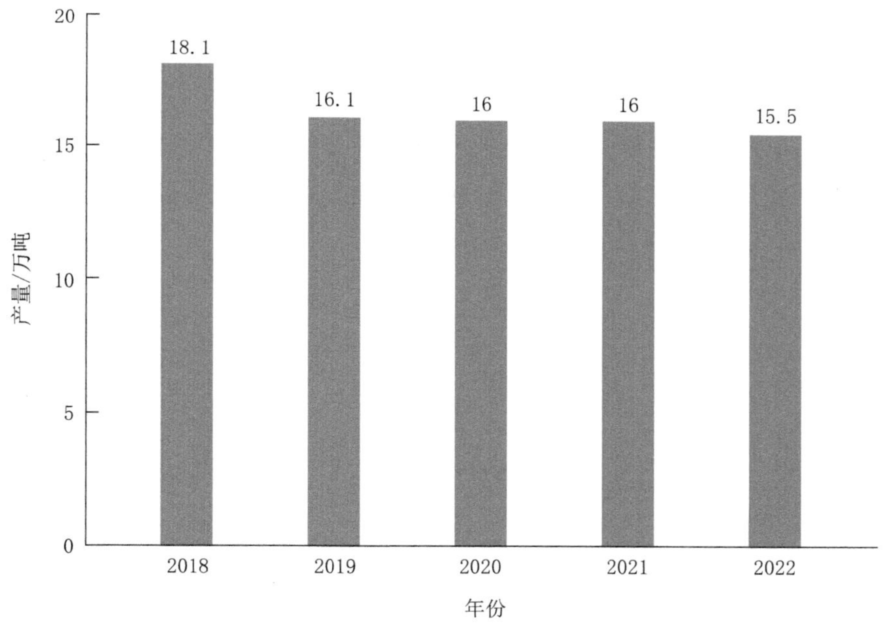

图8-29　广东玻璃纤维纱产量

数据来源：历年广东年鉴。

4.陶瓷：陶瓷砖产量整体呈下降趋势；卫生陶瓷产量小幅波动

广东陶瓷砖的产量在2019—2020年连续下降，2022年陶瓷砖的产量降低至18.3亿平方米，这大概率是受到了房地产市场的影响（见图8-30）。

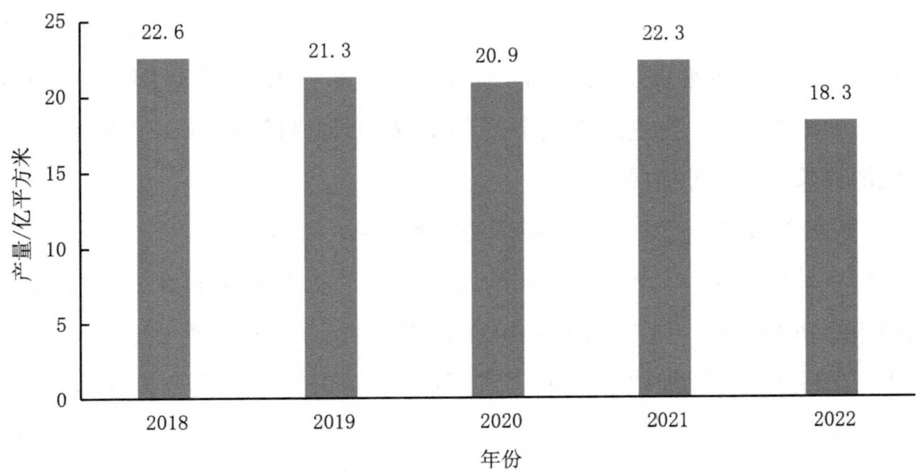

图8-30　广东陶瓷砖产量

数据来源：历年广东年鉴。

广东卫生陶瓷的产量在2019年和2020年稳定在5000万件左右，随后在2021年产量大幅度上涨，涨幅超过16%，在2022年产量又降低到5206.4万件，但仍然高于2021年之前的产量（见图8-31）。

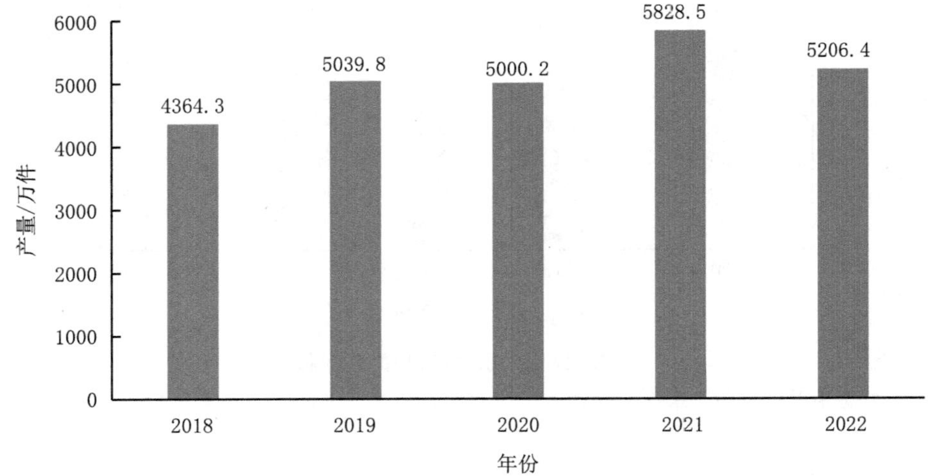

图8-31　广东卫生陶瓷产量

数据来源：历年广东年鉴。

5.其他建材工业产品：不同产品产量变化趋势存在差异

广东大理石板材的产量在2019年和2020年显著降低，在之后产量波动幅度较小。花岗石板材的产量在2020年和2021年显著降低，在之后产量波动幅度较小。而石膏板产量在2019年显著提升，并在之后的两年内稳定增长。砖的产量近几年波动较大。瓦产量在2019年实现翻倍，在接下来的3年产量又持续降低，尤其在2022年大幅降低至672.7万片。石灰石的产量在2022年之前不超过5000万吨，但在2022年产量增加到6000万吨以上。沥青和改性沥青防水卷材在2019年产量跃升，之后稳定在20000万平方米左右，但在2022年产量降低到14266.5万平方米（见表8-12）。

表8-12　广东其他建材工业品产量

年份	其他建材工业品产量						
	大理石板材/万平方米	花岗石板材/万平方米	石膏板/万平方米	砖/亿块	瓦/万片	石灰石/万吨	沥青和改性沥青防水卷材/万平方米
2018年	1257.9	799.2	4918.5	87.1	1517.9	2881.6	8803.9
2019年	798.9	891.1	9187.5	106	3625.3	4281.4	19550.1
2020年	716.3	542	9703.2	76.7	3415.2	3409.4	20022.9
2021年	868.7	381.9	11492.8	80.6	2684.2	4684.4	23541.5
2022年	742.2	448.3	10921.1	112.3	672.7	6086.3	14266.5

数据来源：历年广东年鉴。

（三）广东建材产业链价值链

（1）上游原材料和能源发展概况：非金属矿采选业工业增加值在2022年显著下降；能源价格高于2021年之前水平。

我国非金属矿业在“十三五”期间取得了长足的发展，绿色、低碳、创新和可持续发展能力都有所增强。非金属矿作为建材产业的原材料，是我国建材产业保持稳定安全生产的重要支撑。广东的非金属矿产资源丰富，分布广泛，矿种集中。广东省高岭土资源丰富，储量居全国首位，主要集中于粤西（茂名—湛江—阳江）和粤东（梅州—潮州）两条成矿带。高岭土主要应用于陶瓷、造纸、橡胶、搪瓷等，陶瓷业是广东省内高岭土用量最大的行业，佛山被誉为“陶瓷之都”。广东石英砂资源呈现“沿海天然砂体量大、内陆石英岩品质优”的双重格局，为全省乃至华南的玻璃、光伏、电子产业提供了长期、稳定的原料保障。广东水泥用灰岩资源“量大、质优、区位佳”，集中分布在云浮、肇庆、韶关等地，具有良好的开发利用基础。

广东规模以上非金属矿采选业工业增加值在2021年显著提升，又在2022年大幅降低，这同前文中水泥制品和平板玻璃以及陶瓷等主要建材产品产量的变化趋势大体一致（见图8-32）。

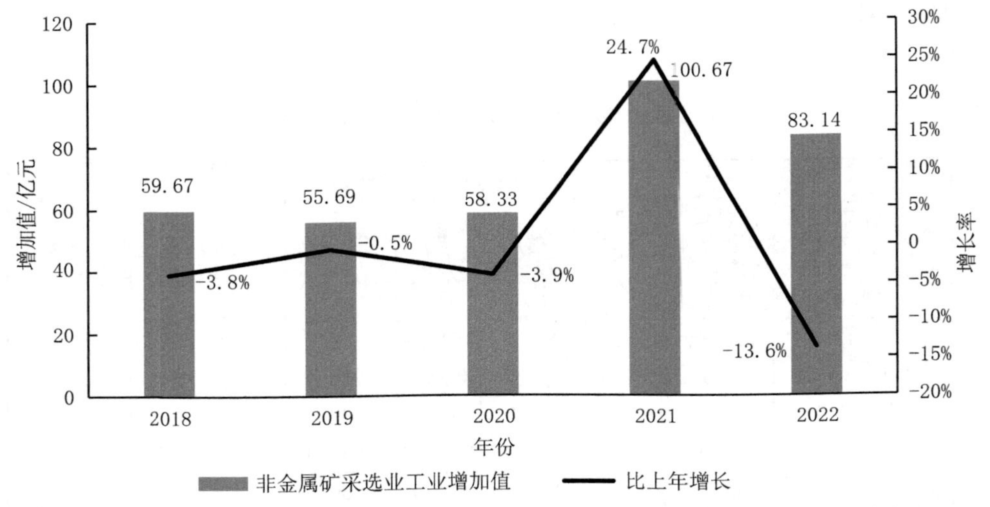

图8-32 广东规模以上非金属矿采选业工业增加值和增长速度

数据来源：历年广东统计年鉴。

《广东省国民经济和社会发展第十四个五年规划和2035年远景目标纲要》中提出要科学部署矿产资源勘察、谋划开发利用与保护战略，保障矿产资源安全稳定供应。因此，广东在矿产资源的开发中要突出自身禀赋优势，将资源优势转化为产业优势，并根据产业布局及基础设施建设的需求进行统筹规划。同时坚持绿色可持续发展理念，要合理控制矿山数量和开发强度。

建材产业能源消耗量约占全国的8.5%，消耗能源种类依次为煤和煤制品、电力、天然气、余热余压、石油制品和易燃的可再生能源。其中，水泥、建筑陶瓷、平板玻璃生产的能源消耗超过建材产业的四分之三。因此，能源的价格又会影响建材产业的生产经营。

建材产品生产过程中使用的煤炭大多为动力煤，其价格在2021年10月显著增加，之后呈小幅波动（见图8-33）。

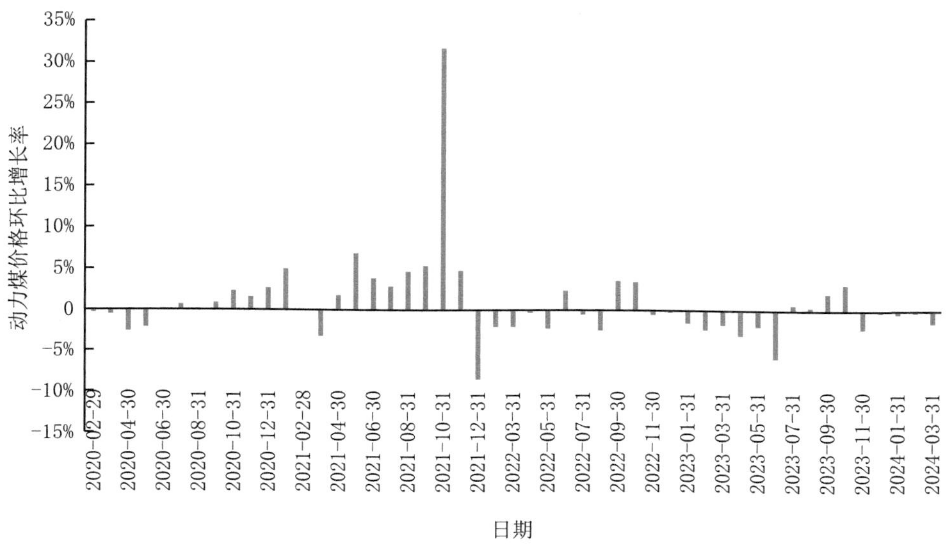

图8-33　国内油品和化工产品市场动力煤平均价格环比增长率

数据来源：中经数据。

原油价格从2021年12月持续攀升至2022年4月，价格已超过120美元/桶，之后虽有降低但仍高于2021年之前的水平（见图8-34）。

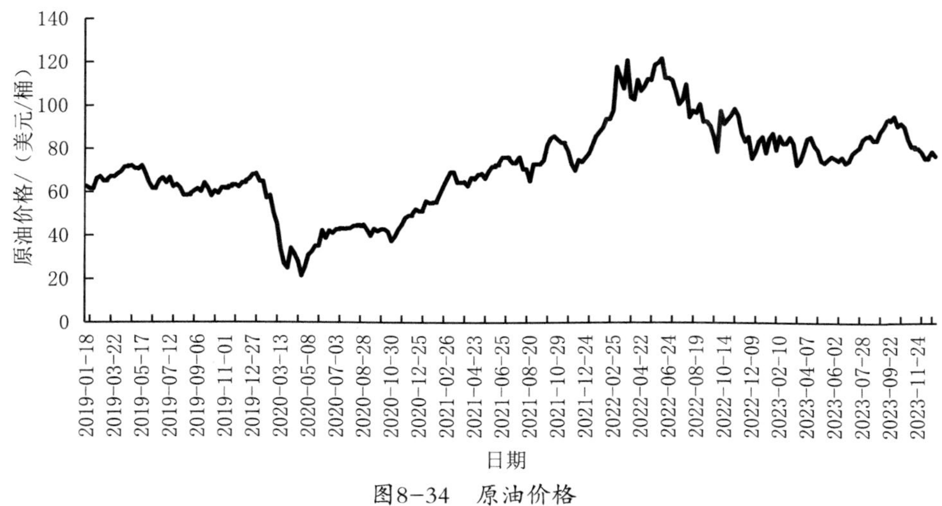

图8-34　原油价格

数据来源：钢联资讯。

天然气价格在2021年及之后的时间段内波动幅度较大，且基本高于2021年之前的价格，这会增加建材产品的生产成本，削减其营业利润（见图8-35）。

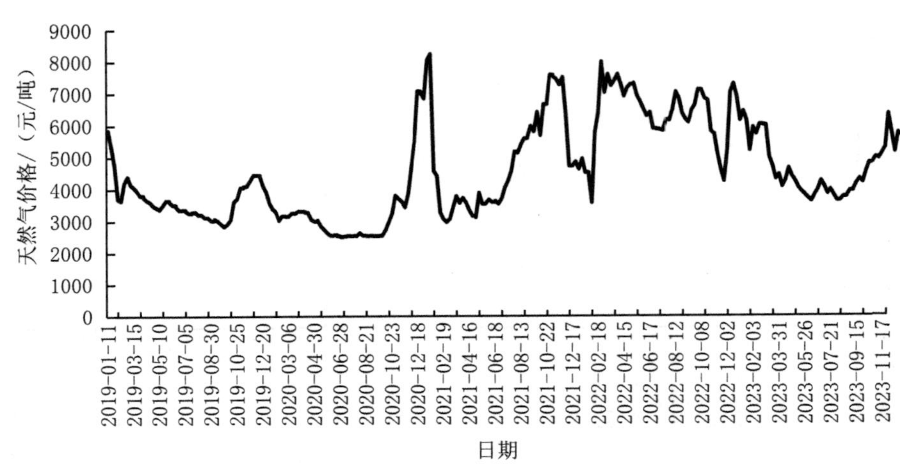

图8-35　天然气价格

数据来源：钢联资讯。

（2）中游建筑材料发展概况：非金属矿物制品业工业增加值在2022年显著降低；水泥和平板玻璃价格在2022年下降。

广东规模以上非金属矿物制品业工业增加值在2021年前稳步提升，在2022年迅速降低（见图8-36）。随着宏观经济放缓，房地产市场经历了前所未有的挑战，商品房销售规模大幅下降，房企频现债务危机，需求端信心不足，这一趋势通过产业链影响到建材工业，同时能源价格又大幅上涨，使得非金属矿物制品业工业增加值显著减少。

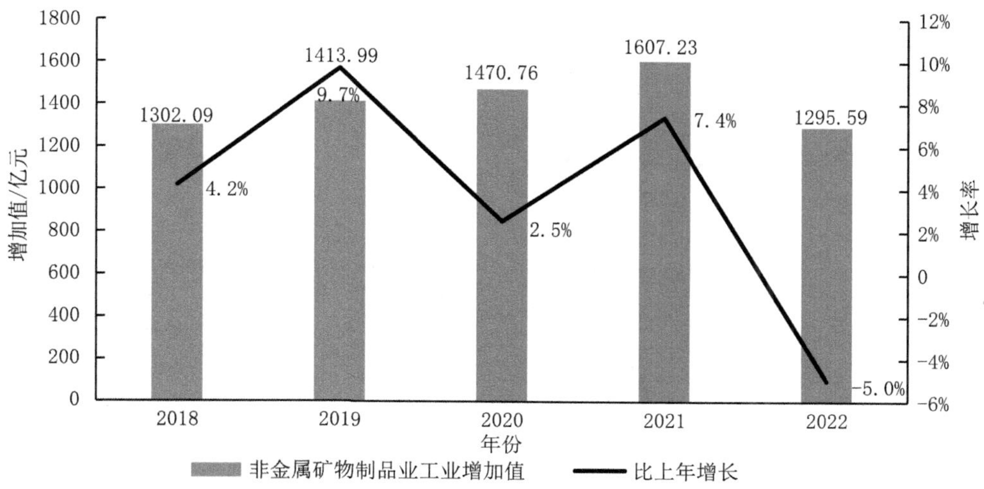

图8-36 广东规模以上非金属矿物制品业工业增加值和增长速度

数据来源：历年广东统计年鉴。

水泥价格从2021年8月的每吨400多元迅速上涨到10月的每吨接近700元，之后有所回落，在2022年的6月大幅降低至每吨400元左右（见图8-37）。

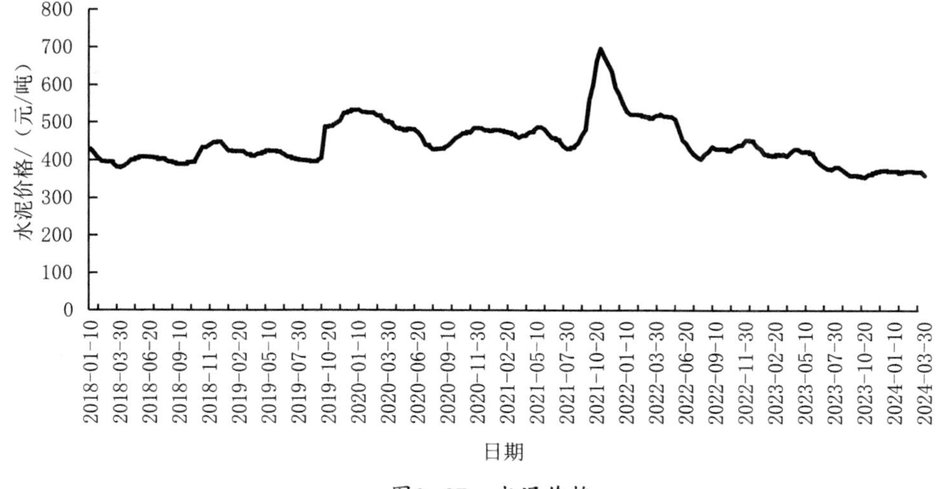

图8-37 水泥价格

数据来源：国家统计局。

浮法平板玻璃价格在2020年5月为近几年最低，紧接着价格在2021年1月迎来第一个高峰，每吨达到2273.5元，之后稍有波动，但总体保持大幅上涨趋势，并于9月到达最高价。但在2022年价格逐渐回落至2020年之前的水平（见图8-38）。

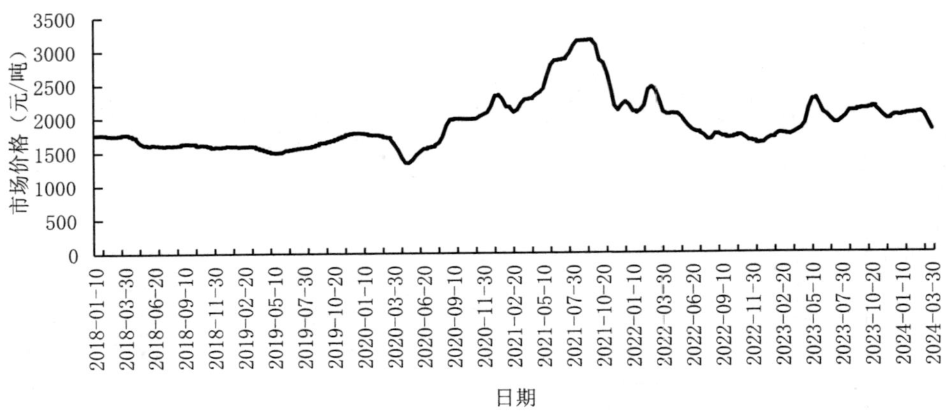

图8-38 浮法平板玻璃（4.8/5mm）价格

数据来源：国家统计局。

水泥和平板玻璃价格的波动部分源于能源价格在2021年的下半年期间上涨，导致建材产品的生产成本上涨。但随着2022年房地产产业的不景气导致需求端的收缩，水泥和平板玻璃价格又降低到之前水平。这也意味着建材产业在2022年的利润率会有所降低，同时会减少生产避免库存过高。从图8-39中也可以发现，广东规模以上非金属矿物制品业的营业收入和利润总额在2019—2021年均有所增加，2021年的营业收入增长了17.01%，利润总额也增长了4.28%。但在2022年，其营业收入下降6.53%，利润总额大幅减少了46.2%（见图8-39）。

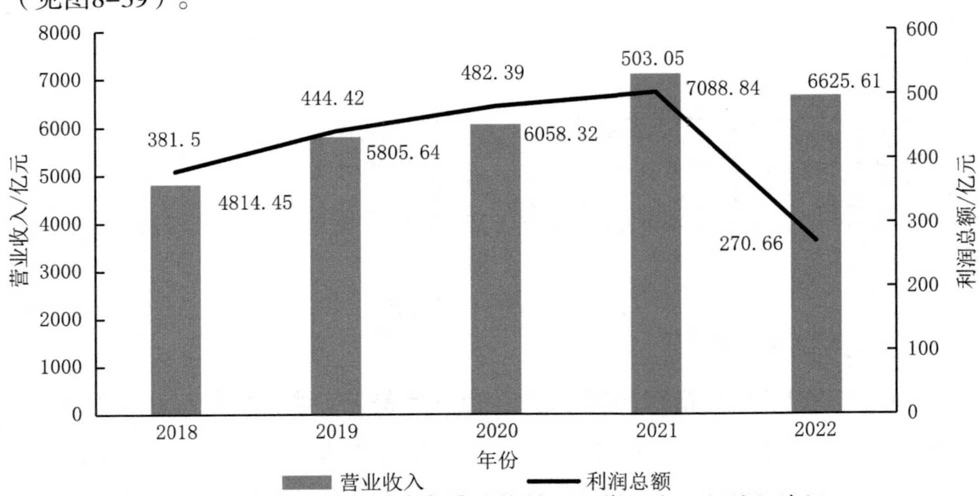

图8-39 广东规模以上非金属矿物制品业营业收入和利润总额

数据来源：历年广东统计年鉴。

广东非金属矿物制品业工业增加值率自2018年呈现下降趋势，特别是在2022年增加值率大幅降低，即非金属矿物制品业工业增加值占当年非金属矿物制品业工业总产值的比重下降，说明非金属矿物制品业投入产出效益欠佳，转型升级效果仍有待提升（见图8-40）。

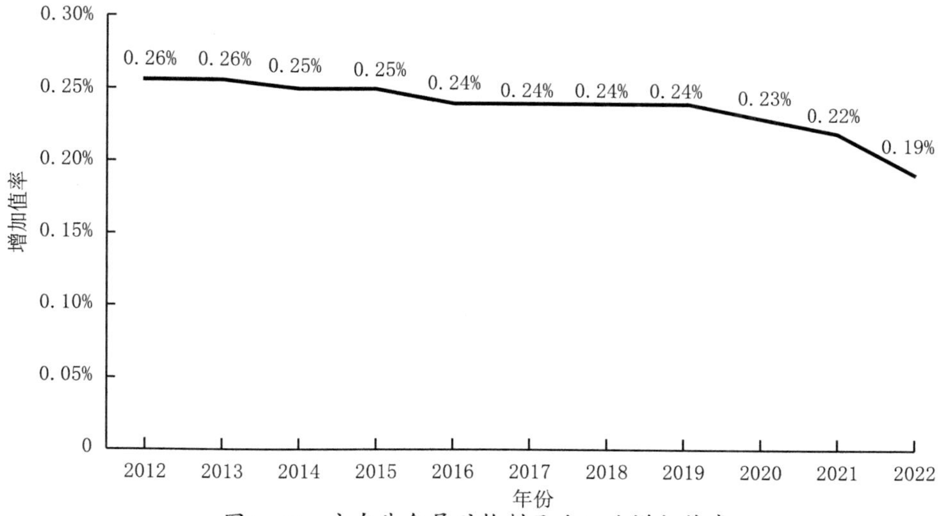

图8-40　广东非金属矿物制品业工业增加值率

数据来源：历年广东统计年鉴。

在2017年之前，非金属矿物制品业的劳动生产率和全省全员劳动生产率基本持平，在2019超过了全省全员劳动生产率。但在2022年非金属矿物制品业的劳动生产率大幅降低，低于全省全员劳动生产率（见图8-41）。

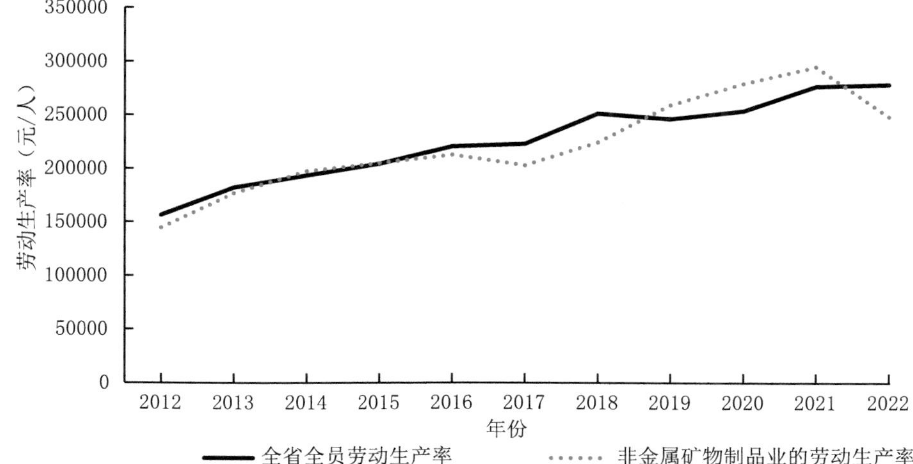

图8-41　广东省非金属矿物制品业的劳动生产率和全省全员劳动生产率

数据来源：历年广东统计年鉴。

广东非金属矿物制品业的单位工业增加值能耗在2017—2021年持续降低，说明建材产业在节能环保领域有长足进步，但在2022年有所反弹，证明其节能环保成果仍需进一步巩固。单位工业增加值电耗在2016—2022年波动幅度较大，但总体上是降低的。与此同时，能源消耗中原煤占比在2019年之后持续降低，2022年稳定在0.54%，清洁能源占比增加，这进一步降低了污染气体的排放量（见表8-13）。近年来，广东非金属矿物制品业的发展符合高耗能行业重点领域节能降碳改造升级的要求，在一定程度上提升了建材产业的能效水平，推动了建材产业实现绿色低碳高质量发展，但这一改造升级成果仍需进一步巩固。

表8-13　广东非金属矿物制品业能源使用概况

年份	工业增加值/亿元	单位工业增加值能耗/（吨标准煤/万元）	单位工业增加值电耗/（千瓦时/元）	能源消耗中原煤占比
2016	1287.34	2.57	9.28	0.79%
2017	1194.91	2.60	7.95	0.71%
2018	1302.09	2.30	7.65	0.72%
2019	1413.99	2.25	8.04	0.83%
2020	1470.76	2.13	7.90	0.77%
2021	1607.23	1.91	7.51	0.54%
2022	1295.59	2.14	7.62	0.54%

数据来源：历年广东统计年鉴。

广东、山东、福建等沿海省份是我国建材产品出口大省。其中，广东的非金属矿物制品业出口值排在全国首位。由于近年来的疫情冲击和全球宏观经济增速下降，全球商业房地产业面临不确定性，市场对建材产品的需求不高，同时原材料和能源价格上升引起产品成本增加。以2016年为节点，广东非金属矿物制品业的出口值从2017年起一直处于较低水平（见图8-42）。

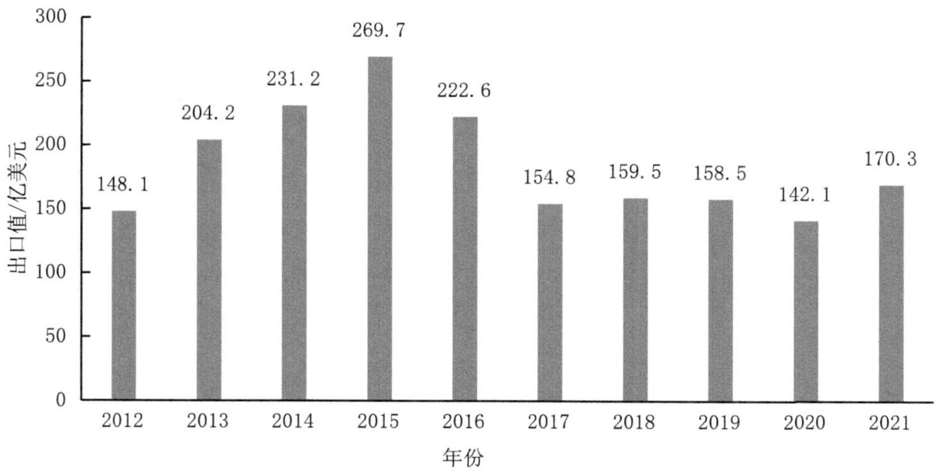

图8-42　广东非金属矿物制品业出口值

数据来源：国研网。

（3）下游房地产和基础设施建设发展概况：房地产行业处于调整期，基建投资拉动内需。

由于近几年房地产行业的不景气，广东房地产开发投资自2019年有所放缓，在2022年更是降低了14.3%（见图8-43）。目前，房地产行业依然处于负向循环势能和政策对冲的软着陆过程中，基建投资发挥着拉动内需的作用。

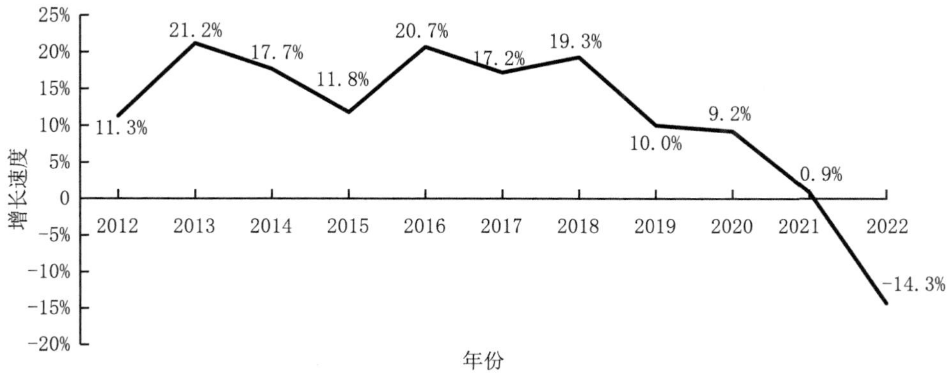

图8-43　广东省房地产开发投资增长速度

数据来源：历年广东统计年鉴。

广东基础设施投资额在2022年相比上一年增长了2%，对建材产业的恢复起到了促进作用（见图8-44）。目前面对全球经济增速放缓和国内房地产行业收缩等宏观形势，化解债务危机、稳定国内资产价格，保障地产行业软着陆并构建新的平衡体系是接下来要解决的重点问题。建材行业面临着需求收缩的趋势，亟须构建新的供需平衡机制。行业环境将会对龙头企业的发展较为友好，龙头企业将进一步提升其规模成本优势，加大市场占有率并提升自身议价能力。

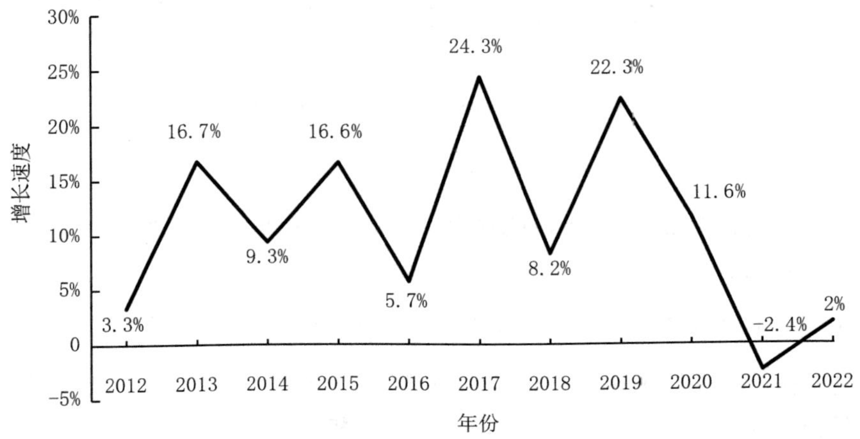

图8-44　广东基础设施投资增长情况

数据来源：历年广东统计年鉴。

（四）广东建材产业空间布局

1.广东非金属矿采选业集中于资源型城市

广东从事非金属矿采选业的企业大多分布于汕尾、云浮、江门和清远等地，与矿产资源的分布相一致。其中，汕尾的建筑用花岗岩、陶瓷土和高岭土是开采价值较大的非金属矿产资源，尤其是建筑用花岗岩分布广、资源丰富。水泥用灰岩、建筑用花岗岩是云浮的优势矿产，水泥用灰岩远景储量超过70亿吨，建筑用花岗岩、饰面用花岗岩累计查明的资源储量分别占全省的34.62%和26.12%，因此云浮有“石乡”之称。江门探明的非金属矿点达171处，主要有花岗岩、水泥用灰岩和高岭土等。清远的非金属矿产规模较大，中型以上的矿产地有89处，其中水泥用灰岩、化工用大理岩和硅灰石为该市的优势矿产。

在2022年广东省非金属矿采选业工业增加值统计中，汕尾、江门和云浮三地表现突出，分列全省前三名，其工业增加值总和占到全省该行业增加值的一半以上，汕尾一地独占三成，彰显出其资源禀赋的显著优势（见表8-14）。

表8-14 2022年广东省各城市非金属矿采选业工业增加值

城市	非金属矿采选业工业增加值/亿元
广州	-4.21
深圳	0
珠海	0
中山	0
东莞	0.12
佛山	0.18
汕头	0.39
潮州	0.49
揭阳	0.52
梅州	1.33
韶关	1.42
河源	2.17
湛江	2.46
阳江	2.71
清远	5.2
惠州	5.81
茂名	6.07
肇庆	7.85
云浮	10.31
江门	13.85
汕尾	26.47

数据来源：《广东统计年鉴2023》。

2.广东非金属矿物制品业从广州、佛山外溢到肇庆、清远等城市

以下为2022年广东省各城市非金属矿物制品业工业增加值。其中，佛山的非金属矿物制品业的工业增加值为全省之最，对全省建材产业发展贡献较大，其次是肇庆、东莞、清远和广州等（见表8-15）。广东建材产业分布较为密集，部分城市如肇庆和清远本身的非金属矿产资源就较为丰富，另一部分城市如佛山和广州与矿产资源丰富的城市相邻，整体上呈现分布广泛但又重点突出的特征。

表8-15　2022年广东省各城市非金属矿物制品业工业增加值

城市	非金属矿物制品业工业增加值/亿元
汕尾	8.89
茂名	13.81
阳江	15.67
韶关	17.65
湛江	18.31
汕头	18.48
云浮	20.98
河源	21.81
梅州	25.45
珠海	28.16
揭阳	36.13
中山	35.46
江门	56.44
惠州	67.22
潮州	68.5
深圳	81.07
广州	94.92
清远	104.38
东莞	105.34
肇庆	120.12
佛山	336.79

数据来源：《广东统计年鉴2023》。

下面以广东省内每个城市非金属矿物制品业工业增加值占广东省的比重来衡量该城市建材产业对全省建材产业发展速度的贡献。佛山、肇庆、东莞、清远和广州是广东省建材产业发展较好的城市。城市建材产业区位熵则用城市非金属矿物制品业工业总产值的比重占广东省该比重的比值来计算，以衡量该城市建材产业在广东省的集聚水平，若该城市区位熵大于1，则说明相较于广东整体而言，该市的建材产业更具有规模优势，区位熵也在一定程度上反映了建材产业的专业化程度。根据下表可知，潮州、云浮、清远、肇庆和梅州的建材产业集聚程度更高一些（见表8-16）。

广东省建材产业具有规模优势、集聚优势和产业配套化优势，已经形成了佛山高端建筑陶瓷和卫生陶瓷集群、肇庆和清远的绿色水泥和高端建筑陶瓷集群、云浮的高端石材集群和梅州的全产业链绿色建材集群。

表8-16　广东省各城市建材产业在全省地位的变化

主要城市	增加值占全省比重			区位熵		
	2011年	2016年	2022年	2011年	2016年	2022年
佛山	29.28%	27.86%	26.00%	2.05	1.67	1.61
肇庆	8.24%	8.4%	9.27%	3.14	2.85	3.23
东莞	4.07%	4.09%	8.13%	0.44	0.33	0.59
清远	8.47%	7.34%	8.06%	4.32	4.91	3.54
广州	4.58%	3.00%	7.33%	0.27	0.25	0.68
深圳	7.67%	5.78%	6.26%	0.33	0.24	0.35
潮州	8.33%	9.49%	5.29%	8.50	8.06	6.13
惠州	2.93%	4.24%	5.19%	0.53	0.65	0.92
江门	6.50%	3.99%	4.36%	1.35	1.38	1.43
揭阳	2.17%	2.44%	2.79%	0.95	1.21	2.25
中山	3.59%	2.13%	2.74%	0.68	0.44	0.87
珠海	0.67%	0.57%	2.17%	0.25	0.23	0.78
梅州	2.43%	1.55%	1.96%	3.77	2.84	3.22
河源	1.15%	1.24%	1.68%	1.23	1.50	1.61
云浮	3.61%	6.32%	1.62%	6.86	8.41	4.86
汕头	0.69%	0.45%	1.43%	0.44	0.27	0.77

续表

主要城市	增加值占全省比重			区位熵		
	2011年	2016年	2022年	2011年	2016年	2022年
湛江	1.77%	2.36%	1.41%	0.87	1.14	0.85
韶关	0.84%	0.90%	1.36%	0.90	1.26	1.30
阳江	1.46%	2.00%	1.21%	1.18	1.47	0.91
茂名	1.03%	5.41%	1.07%	0.49	2.03	0.68
汕尾	0.52%	0.46%	0.69%	0.96	1.11	1.50
合计	100%	100%	100%	–	–	–

注：增加值为规模以上企业数据，区位熵按工业部门数值计算。
数据来源：历年广东省和各市统计年鉴。

3.广东建材产业主要城市经济指标呈现上升趋势，但在2022年有所下降

佛山的非金属矿物制品业的工业增加值处于全省领先地位。佛山和肇庆的变化趋势基本一致，均在2017年间有所下降，在2018—2020年相对平稳，在2021年有所增长但又在2022年有所下滑；清远、东莞和广州非金属矿物制品业工业增加值的变化趋势相似，均在2021年前稳步增加，东莞和清远在2022年大幅降低，广州降幅较小（见图8–45）。

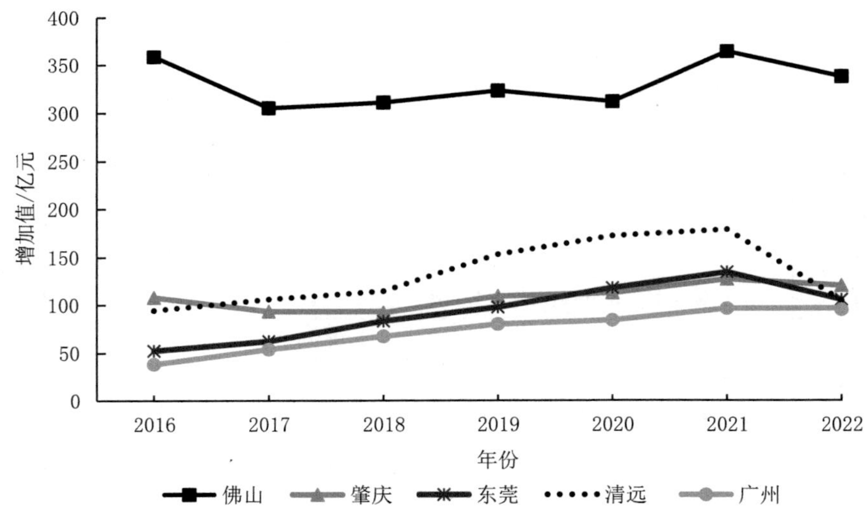

图8–45　广东省部分城市非金属矿物制品业工业增加值
数据来源：历年广东统计年鉴。

相较于其他四个城市，清远非金属矿物制品业的工业增加值率较高，说明非金属矿物制品业工业增加值占其工业总产值的比重较大，一定程度上代表了清远建材产业企业的附加值和盈利水平较高，投入产出的效果更佳。而广州非金属矿物制品业的工业增加值率处于较低水平，其建材产业的投入产出水平有较大的提升空间。此外，佛山、肇庆、东莞和清远这四个城市的非金属矿物制品业的工业增加值率在2020年之后均有不同程度的降低，说明受宏观环境影响，相关企业的盈利水平和投入产出效益有所下降（见图8–46）。

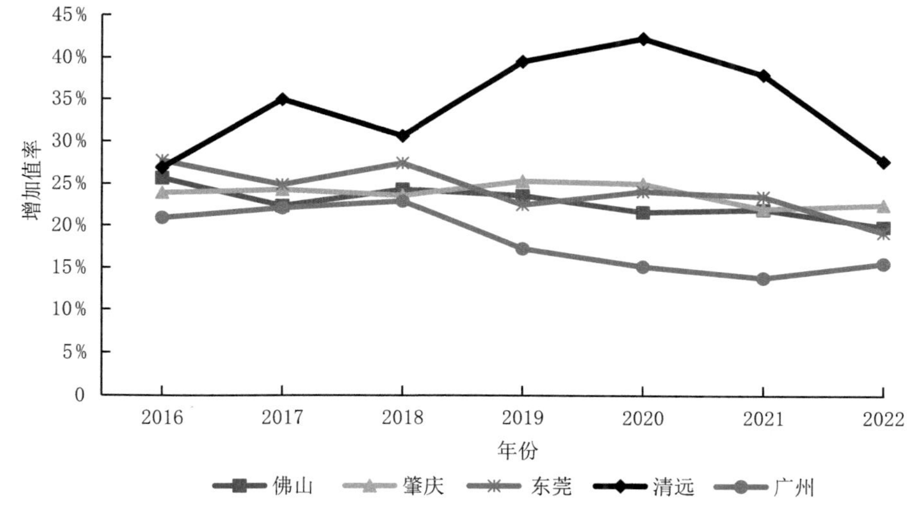

图8–46　广东部分城市非金属矿物制品业工业增加值率

数据来源：各市历年统计年鉴。

2017—2021年，清远的非金属矿物制品业的全员生产率较高，其次是肇庆、广州和佛山，三者较为接近，东莞的非金属矿物制品业的全员生产率最低（见图8–47）。这表明清远建材产业的生产效率和劳动投入的经济效益占据领先地位，而东莞建材产业需要进一步提升其生产效率，提高劳动投入的经济效益。总体上五个城市的非金属建材产业的全员劳动生产率的变化趋势相一致，在2017年到2021年呈增加态势，而在2022年有不同程度的下降，其中东莞和清远的下降幅度较大，这或许是由于不同城市主要生产的建材产品不同，因此受外部环境的影响也有所不同。

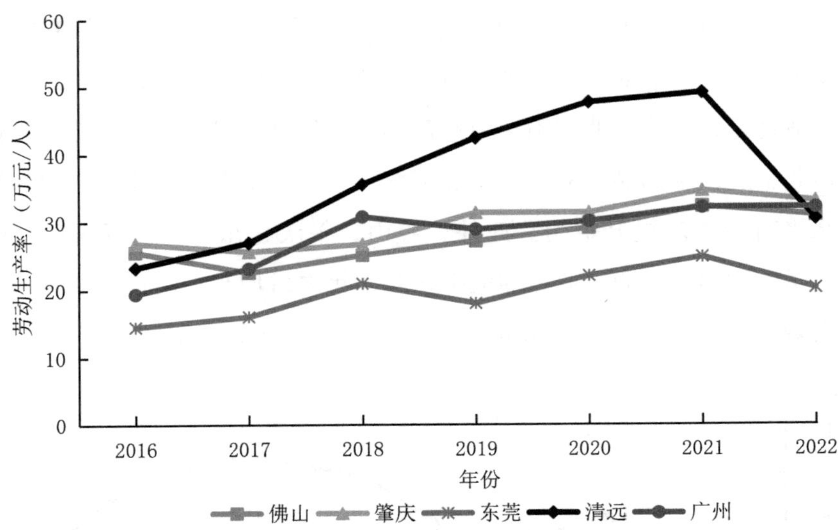

图8-47　广东部分城市非金属矿物制品业全员劳动生产率

数据来源：各市历年统计年鉴。

第四节　广东建材产业转型升级的主要问题和对策建议

一、主要问题

（一）不同规模企业的数字化、智能化水平参差不齐

龙头建材企业对大数据、物联网和人工智能等数字化技术掌握较为深入，并能根据产品特点和自身需求开展应用，在智能化生产、供应链管理和质量监控等方面占据领先地位。而部分中小企业由于自身资源有限，对新技术的使用持保守态度，在生产效率和对市场的响应速度方面与龙头企业存在差距。

（二）环保要求严格，环境压力较大

建材行业属于资源密集型产业，生产过程中依赖大量的原材料和能源，并会产生温室气体以及粉尘、废气等污染物。而随着排放标准和环境保护税等环保法规的收紧，建材企业需要改进工艺以降低能耗和减少污染物排放

量。同时，大众对绿色环保产品愈加重视，企业也需要顺应市场趋势，着力研发和推广绿色建材产品。

（三）房地产行业对建材产品需求减少，产能过剩矛盾突出

建材行业的发展与经济周期密切相关，当经济增长放缓时，房地产行业和基础设施建设对建材产品的需求均会减少。而部分企业由于缺少对市场需求的理性预期和风险管理，容易在经济繁荣时扩大产能，在经济增速下降时不能及时与市场需求同步，造成产能过剩，使得能源、原材料和人力资源等被无效占用，造成大量浪费。同时，企业的盈利能力下降，也会面临巨大的财务压力，部分中小企业可能面临破产倒闭的风险。

二、对策建议

（一）依据不同业务场景进行数字化改造，引导建材企业数字化、智能化转型升级

依据建材产业不同业务场景规划数字化改造方向，应从研发设计、生产控制、质量管理、物流仓储、综合能源利用与管理等关键业务环节，对建材行业全面开展数字化改造，赋能价值创造和业务增长，实现建材行业全产业链的数字化转型升级。建造建材行业制造业创新中心，推动建材智能制造示范工厂的建立，对“数字领航”企业给予一定的政策支持。

（二）加强高效节能生产技术攻关，实现建材产业绿色发展

充分利用科研院所和行业协会的创新资源，推动建材企业在节能、减污、降碳等方面协同增效。对于能效在基准水平以下的企业，要积极引进推广先进生产设备和绿色生产工艺；推动能效处于领先水平的骨干企业研发先进工艺，以高质量的产业发展引领示范项目的策划和建设。

（三）依法淘汰落后生产工艺和生产装置，清退落后产能

各地要严格遵守节能环保、质量、安全等相关法律法规，按照《产业结构调整指导目录（2024年本）》，将不符合绿色低碳转型发展要求的落后生产工艺和生产装置依法予以淘汰。以市场化和法治化手段，促使在规定时间内难以通过改造升级达到基准线的落后产能尽快退出市场。

（四）通过择优汰劣、建设规模化生产基地、提高工艺设备水平，促进建材产业集聚发展

龙头企业可利用资金、人才和技术等优势，通过择优汰劣和产能置换等方式，集中规划建设一体化、规模化生产基地，提高工艺装备水平，建立结构合理、规范有序的竞争格局，自主自愿开展本领域的兼并重组。但企业要对市场需求做出科学预判，不盲目扩大产能，不进行低水平重复建设。

（五）加强企业品牌渠道建设，提升企业海外竞争力，加快全球建材产业布局

我国建材企业出海竞争力主要体现在生产制造工艺及品牌、渠道建设等方面，前者在水泥等重资产行业体现得更为明显，后者多体现在消费建材等轻资产行业。当前头部企业应在产品性能、设计等方面力争与国际接轨，并通过加强与国外品牌的战略合作等方式逐渐强化其海外影响力，为后续“出海”奠定基础。但由于“出海”建厂面临的掣肘因素包括地缘政治不稳定、人力资源管理风险、配套建设条件风险、融资和汇率风险等，政府需要给企业提供详细的海外相关信息并做出合理指导以及政策支持。

参 考 文 献

[1]梁泳梅．中国式产能过剩：历史考察及对新发展阶段治理的启示[J]．江汉大学学报（社会科学版），2024，41（1）：102–116．

[2]袁航，朱承亮．国家高新区推动了中国产业结构转型升级吗[J]．中国工业经济，2018（8）：60–77．

[3]张晴，于津平．制造业投入数字化与全球价值链中高端跃升：基于投入来源差异的再检验[J]．财经研究，2021，47（9）：93–107．

[4]孙智君．产业经济学[M]．武汉：武汉大学出版社，2010．

[5]杨亚平．优势传统产业知识干部读本[M]．广州：广东经济出版社，2010．

[6]约瑟夫·熊彼特．经济发展理论[M]．何畏，易家详等译．北京：商务印书馆，2020．

[7]李娜．传统产业升级技术与制度的路径依赖及其作用机理研究[D]．长春：吉林大学，2018．

[8]金碚．工业的使命和价值：中国产业转型升级的理论逻辑[J]．中国工业经济，2014，36（9）：51–64．

[9]陈强．吉林市产业转型升级研究[D]．长春：吉林大学，2018．

[10]刘洋，董久钰，魏江．数字创新管理：理论框架与未来研究[J]．管理世界，2020，36（7）：198–217，219．

[11]杜飞进．科学把握发展新兴产业和改造传统产业的辩证关系[N]．经济日报，2024–06–12（1）．

[12]亚当·斯密著．国富论：上卷[M]．郭大力，王亚南，译．北京：商务印书馆，2014．

[13]陈晓红，李杨扬，宋丽洁，等．数字经济理论体系与研究展望[J]．管

理世界，2022，38（2）：208–224，13–16.

[14]黄寰．自主创新与区域产业结构优化升级[M]．北京：中国经济出版社，2006.

[15]张培刚，张建华，罗勇，等．新型工业化道路的工业结构优化升级研究[J]．华中科技大学学报（社会科学版），2007（2）：82–88.

[16]朱卫平，陈林．产业升级的内涵与模式研究：以广东产业升级为例[J]．经济学家，2011（2）：60–66.

[17]刘振中，严慧珍．四次国际产业大转移的主要特征及启示[J]．宏观经济管理，2022（8）：72–81.

[18]干春晖，郑若谷，余典范．中国产业结构变迁对经济增长和波动的影响[J]．经济研究，2011，46（5）：4–16，31.

[19]吴友群，卢怀鑫，王立勇．制造业数字化投入对全球价值链分工的影响：基于制造业行业的实证分析[J]．中国科技论坛，2022（9）：85–94，117.

[20]许和连，成丽红，孙天阳．制造业投入服务化对企业出口国内增加值的提升效应：基于中国制造业微观企业的经验研究[J]．中国工业经济，2017（10）：62–80.

[21]广东省人民政府．广东省制造业高质量发展“十四五”规划[EB/OL]．（2021–08–09）[2024–10–29]．http://www.gd.gov.cn/attachment/0/438/438152/3508613.pdf.

[22]前瞻产业研究院．城市产业画像系列：2022年广东省产业全景分析报告[R/OL]．（2022–08–17）[2024–10–29]．https://bg.qianzhan.com/report/detail/2208171441562410.html.

[23]刘勇．新时代传统产业转型升级：动力、路径与政策[J]．学习与探索，2018（11）：102–109.

[24]中国家用电器研究所，全国家用电器工业信息中心．2023家电行业全年度报告[J]．家用电器，2024（4）：24–43.

[25]亿邦智库，天猫家电．2023中国家电产业带白皮书[R]．北京：亿邦

智库，2023.

[26]何伟，汤亚玮，韦一飞，等．中金专精特新系列｜家电：不断突破，产业升级经典[R/OL]．（2022-10-12）[2024-10-24].https://mp.weixin.qq.com/s/1MfQFwgjPnek68jvUj4WMQ.

[27]张荫楠．世界纺织版图与产业发展新格局（二）：美国篇[J]．纺织导报，2019（2）：39-54，56.

[28]十大关键词，帮您预判2019纺织行业发展趋势[J]．网印工业，2019（2）：42-50.

[29]李艳芬，林明凤．提升广东纺织服装产品出口的对策建议[J]．商业经济，2021（8）：96-98.

[30]荆菊，李娜．广东省纺织服装业出口贸易发展现状及对策分析[J]．中国商贸，2015（2）：81-83.

[31]符婷珊．广东省纺织品出口贸易存在问题及解决对策[J]．对外经贸，2018（1）：31-33.

[32]石慧敏．中国与中亚国家纺织服装产业链分工合作研究[D]．乌鲁木齐：新疆财经大学，2021.

[33]北京爱博西雅展览有限公司．2020—2023全球食品&饮料创新趋势洞察[J]．餐饮世界，2023（8）：20-24.

[34]FBIF食品饮料创新．【榜单】全球食品饮料排行榜大全[EB/OL].（2023-02-20）[2024-11-13].https://www.foodtalks.cn/news/foodnews/top_100/8367.

[35]郑俊婷．渠道变革加剧 食品饮料行业“抢食”成本红利[N]．上海证券报，2024-01-15（6）.

[36]张楠．广东省打造世界级食品制造贸易高地[N]．中国工业报，2024-01-09（8）.

[37]广东省知识产权保护中心．广东省现代农业与食品产业专利统计分析报告[R/OL]．（2022-01-29）[2024-10-29].https://www.gippc.com.cn/ippc/zscqxxts/202208/dbeab719c7184b9bb88bd35732abfd3b/files/%E5%B9%BF%E4%B

8%9C%E7%9C%81%E7%8E%B0%E4%BB%A3%E5%86%9C%E4%B8%9A%E4%B8%8E%E9%A3%9F%E5%93%81%E4%BA%A7%E4%B8%9A%E4%B8%93%E5%88%A9%E7%BB%9F%E8%AE%A1%E5%88%86%E6%9E%90%E6%8A%A5%E5%91%8A20220129-20220811214341418.pdf.pdf.

[38]张黎，周岚，祝叶．建筑材料[M]．3版．南京：东南大学出版社，2022.

[39]钟志华，臧冀原，延建林，等．智能制造推动我国制造业全面创新升级[J]．中国工程科学，2020，22（6）：136–142.

[40]高旭东．推动水泥工业“两能融合”促进行业高质量发展[J]．中国水泥，2021（12）：12–15.

[41]刘志海．我国平板玻璃行业绿色发展的现状及趋势[J]．玻璃，2019，46（10）：5–15.

[42]国家发展改革委关于发布《高耗能行业重点领域节能降碳改造升级实施指南（2022年版）》[J]．中国轮胎资源综合利用，2022（3）：8.

[43]建材行业数字化转型实施指南[J]．中国建材，2024（3）：24–28.

[44] HIRSCHMAN O. A. The Strategy of Economic Development[M]. New Haven: Yale University Press, 1958.

[45]SCHUMPETER A. J. Capitalism, Socialism and Democracy[M]. New York Harper & Brothers, 1942.